Die Krise des sozialen Staates

Für meinen Vater

Heinz Göring

Bibliografische Information der Deutschen Nationalbibliothek: Die Deutsche Nationalbibliothek verzeichnet diese Publikation in der Deutschen Nationalbibliografie; detaillierte bibliografische Daten sind im Internet über dnb.dnb.de abrufbar.

© 2020 Marcus Göring
E-Mail: mago8@gmx.de

Herstellung und Verlag: BoD – Books on Demand, Norderstedt
ISBN: 978-3-7504-8042-1

Marcus Göring

Die Krise des sozialen Staates

Das bedingungslose Grundeinkommen als Weg zu innerem Frieden

Inhaltsverzeichnis

Prolog   11

Einleitung   12

Erster Teil: Die Spaltung der Gesellschaft   17

Das Recht, *da zu sein* vs. Verdrängung und Abschottung   18

    Wohnungsnot in Deutschland   20

    Wohnungsnot in den USA   28

    Historische Konflikte um Grundbesitz   36

        Die Reformversuche der Gracchen   38

        Der deutsche Bauernkrieg   42

        Die französische Revolution   43

        Die Leibeigenschaft in Russland   46

        Sklaven in den USA   48

    Eigentum vs. Verantwortung; Art. 14 III, 15 GG   51

    Exkurs: Private Überschuldung   56

    Migration   62

        Flucht, Vertreibung, Einwanderung   64

        Asylrecht   66

        Die aktuelle Rechtslage im Überblick 71

        Die deutsche Flüchtlingspolitik: 72
        „Herzloser Kopf" vs. „Kopfloses Herz"

        Binnenflüchtlinge, regionale und internationale Flucht 75

Das Recht, *Teil zu haben* vs. Ausgrenzung und Ungleichheit   79

Entwicklung des Sozialstaats 80

Ungleichheit innerhalb der Volkswirtschaft 86

Globale Ungleichheit 96

Hartz IV 101

Zweiter Teil: Das bedingungslose Grundeinkommen 109

Grundeinkommen als soziale Alternative 110

Ausgangslage 113

Entwicklung des Arbeitslebens 114

Vollbeschäftigung 120

Sozialstaat 122

Soziale Gerechtigkeit 124

Konzept sozialer Teilhabe und effizienter Arbeitsförderung 127

Bürokratieabbau 128

Transparenz 128

Arbeitszeitverkürzung 130

Würde statt Stigma 131

Lösung der Mindestlohnfrage 133

Flexibilisierung des Arbeitsmarktes 137

Bekämpfung der Altersarmut 138

Überwindung sozialer Schranken; Integration 139

Freiheit 141

Einwände gegen das bedingungslose Grundeinkommen 145

„Soziale Hängematte" vs. „Leistungsprinzip" 145

Nochmals: Soziale Gerechtigkeit 150

Subsidiarität 153

Das „Zuzugsproblem" 156

Subventionierte Billiglöhne 157

Finanzierung 159

Die Geschichte der Idee 164

Ethische Grundlagen 164

Utopie und politisches Programm 170

Konkrete Vorschläge und Ansätze zur Einführung 173

Alaska 174

Namibia 174

Iran 176

Brasilien 177

Kanada 178

USA 178

Uganda 180

Finnland 180

Höhe und Finanzierung des Grundeinkommens 183

Sozialversicherung 186

Finanzierung: Umsatz- vs. Einkommenssteuer 187

Revision des kollektiven Menschenbildes 193

Dritter Teil: **Epilog: Die Krise der Politik, oder:** 201

Demokratie ohne Diskurs

Bibliographie 221

Prolog

Einer Legende zufolge hat der antike Philosoph und Mathematiker Pythagoras, als er den berühmten, nach ihm benannten Satz entdeckte, den Göttern zum Dank hundert Ochsen geopfert. Seither, so die Legende, erheben sämtliche Ochsen jedes Mal, wenn jemand eine wirklich neue Idee hat, ein fürchterliches Gebrüll.[1]

An diese Geschichte muss man denken, wann immer man sich der leidigen Sozialdebatte zuwendet. Was seit Jahrzehnten stattfindet, ist ein ewiger Stellungskrieg zwischen (Neo-)Liberalen, Sozialisten (bzw. Sozialdemokraten) und Konservativen, immer entlang derselben Frontlinien und ohne die mindeste geistige Beweglichkeit. Die Liberalen rufen nach *Freiheit*, die Sozialisten nach *Gleichheit*, die Konservativen nach *Brüderlichkeit*. Äußert jemand eine neue Idee, passt sie entweder in eines der Denkschemata, dann sind die anderen beiden Lager dagegen; oder die Idee ist so originell, dass sie geeignet wäre, die Lagergrenzen zu überwinden: dann brüllen die Ochsen auf allen Seiten.

---

[1] diese Geschichte wird u.a. von Heinrich Heine überliefert; ich zitiere sie nach Weizsäcker, Der Mensch in seiner Geschichte, S. 113 (Fn)

Einleitung

Wir schreiben das Jahr 2019 nach Christus, und unsere Welt ist in einem merkwürdigen Zustand. Vor 30 Jahren, als die Mauer fiel und die Frontstellung zwischen Ost und West, zwischen Kommunismus und Kapitalismus aufbrach, verkündete der amerikanische Politologe Francis Fukuyama das „Ende der Geschichte".[2] Es mag der Komplexität seiner Beweisführung nicht gerecht werden, aber letztlich lief zumindest die Rezeption seiner These darauf hinaus, dass es nach dem Scheitern der sozialistischen Experimente und dem Triumph des westlichen Gesellschafts- und Wirtschaftsmodells nur noch darum gehen könne, dem Rest der Welt nun ebenfalls Freiheit und Demokratie zu schenken, ihn also zu verwestlichen.

Wie man weiss, kam es anders. Die Konfrontation mit Russland ist kaum weniger beunruhigend als zu Sowjetzeiten, religiös motivierter Terror hat ein Ausmaß erreicht, das ans Mittelalter denken lässt, und selbst aufgeklärte, liberale und wohlhabende westliche Gesellschaften erleben eine Polarisierung und innere Zerrissenheit, wie sie am Ende des letzten Jahrhunderts kaum vorstellbar schien. Ländliche Gegenden gegen Metropolen, Gering- gegen Hochqualifizierte, kleine Angestellte gegen die „Managerelite", ethnische oder sonstige Minderheiten gegen die tatsächlich oder vermeintlich intolerante Mehrheit, usw. Populistische Parteien sind überall auf dem Vormarsch, autoritäre Herrscher etwa in Russland und der Türkei müssen die Massen gar nicht mehr unterdrücken, sondern werden begeistert von satten Mehrheiten unterstützt, und die Schutzmacht von Freiheit und Demokratie hat einen Psychopathen zum Präsidenten gewählt. Regionale militärische Konflikte insbesondere in der Levante verursachen riesige, in diesem Ausmaß kaum je zuvor gesehene Flüchtlingsströme, die sich Richtung Europa bewegen und dort entsprechende soziale Abwehrreflexe und politische Grundsatzkonflikte auslösen. Unterdessen stolpert die Europäische Union von einer Krise in die nächste, der Euro wird fortwährend geret-

---

[2] vgl. Fukuyama, The End of History and the last Man

tet, indem man seine Konstitutionsprinzipien verleugnet, manche EU-Mitgliedsländer nehmen nur noch selektiv am europäischen Projekt teil, also immer nur dort, wo Geld verteilt wird, die Briten treten gleich ganz aus und wundern sich offenbar, dass, wer austritt, anschließend nicht mehr drin ist ... so mancher (im Westen) wünscht sich fast den kalten Krieg zurück: „Wie war der Westen schön unter Breschnew!"[3]

Offenbar hatte die Konfrontation zwischen Ost und West der Welt eine vordergründige Stabilität gegeben, die viele Erosionsprozesse verdeckte. (West-)Europa hatte ein vitales Interesse am Zusammenhalt, und in vielen Weltregionen bestand ein so fein austariertes Gleichgewicht der Großmachtinteressen, dass für die jetzt aufbrechenden zerstörerischen Bewegungen kein Raum war. Außerdem spricht leider viel für die These des amerikanischen Ökonomen Jeremy Rifkin, nach der *glückliche Menschen* sich meist im Privaten aufhalten, während es vor allem die Unzufriedenen und Frustrierten sind, die in die Öffentlichkeit streben und politische Karrieren machen; er nennt das die *Pathologie der Macht,*[4] die dazu führt, dass wir häufig von den falschen Persönlichkeiten regiert werden.[5]

Parallel zu den dramatischen weltpolitischen Entwicklungen geraten aber auch deutsche Binnenstrukturen in gefährliche Schieflagen. Der Generationenvertrag in der Rentenversicherung droht aus demographischen Gründen zu kollabieren, Hartz IV entwickelt sich vom äussersten sozialen Sicherheitsnetz, als das es konzipiert war, zu einem Generationen übergreifenden Lebensmodell, für die einen Synonym für Stigma und sozialen Abstieg, für die anderen immerhin so attraktiv, dass sie einwandern, um in seinen Genuss zu kommen. Wohnen in den Großstädten und deren „Speckgürteln" wird immer mehr zum Luxus, während ländliche Regionen veröden, weil es dort keine Arbeit gibt. Die na-

---

[3] das schrieb bereits 2004 ironisch, aber mit durchaus ernstem Hintergrund, der französische Philosoph André Comte-Sponville, Kapitalismus, S.34

[4] Rifkin, Empathische Zivilisation, S. 20

[5] vgl. auch Taylor, Das Unbehagen an der Moderne, S. 16, demzufolge der moderne Individualismus dazu führt, dass die meisten Menschen die „Genugtuungen des Privatlebens genießens (sic!)", solange die Regierung „sanft und paternalistisch" verfährt

heliegende Lösung, Arbeitsplätze aus den Metropolen in die Fläche zu verlagern, wird gelegentlich beschworen, aber nicht wirklich angegangen. Der Klimawandel ist ein großes Thema mit riesigem Empörungspotential, wenn es gilt, sich über die betrügerische Automobilindustrie, über rücksichtslose Chinesen und ignorante Amerikaner aufzuregen, aber wehe, der Benzinpreis steigt, der umweltbewusste Bürger will schließlich nicht zu viel Geld dafür aufwenden, dass er seine Kinder mit dem SUV zur Schule fährt. Und dieselben, die gegen Atom- und Kohlestrom demonstrieren, wollen natürlich auf gar keinen Fall Windräder oder Stromtrassen in der Nachbarschaft haben. Derweil spaltet sich die deutsche Gesellschaft anhand der Frage, wie mit Migranten im allgemeinen und Flüchtlingen im Besonderen umzugehen sei. Globalisierung und Digitalisierung lassen das Ziel der Vollbeschäftigung mittelfristig illusorisch erscheinen, und im Klima von Abstiegsangst und gefühlten oder tatsächlichen Gerechtigkeitsdefiziten gedeihen Chauvinismus, Populismus und Ressentiments. Der innere Zusammenhalt unserer Gesellschaft scheint in akuter Gefahr.

In dieser Gemengelage werden notwendige politische Debatten oft auch in Entscheidungsgremien, ganz sicher aber in den Massenmedien und mehr noch in der Parallelwelt der digitalen Netzwerke, nicht mehr als interessierter Diskurs geführt, als *Meinungsaustausch*, der auf Erkenntnisgewinn abzielt, sondern als Kampf um die Deutungshoheit. Gleichzeitig spriessen Tabus und Denkverbote, getarnt als „Political Correctness", wie Pilze aus dem Boden.

Neue Ideen, insbesondere wenn sie nicht in die überkommenen Schemata von links und rechts, progressiv und konservativ passen, haben es damit noch schwerer als zu Pythagoras´ Zeiten. Andererseits gehört nicht viel dazu, zu erkennen, dass es so nicht weiter gehen kann, weder in der Klima- noch in der Sozialpolitik, auch nicht in der Weltpolitik, die in postkolonialer Arroganz und Ignoranz dabei ist, wirtschaftliche, soziale, religiöse und kulturelle Konflikte so zu globalisieren, dass buchstäblich jeder von allem bedroht wird.

Trotzdem soll hier versucht werden, für einen begrenzten Raum (die Bundesrepublik Deutschland) und ein begrenztes Thema (die Sozialpolitik) einen Vorschlag zu machen, der nicht an Stellschrauben dreht, sondern eine neue Maschine entwirft. Einen Vorschlag, der vom Menschen und seinen legitimen Bedürfnissen ausgeht, nicht vom Budget, in dessen Licht die Legitimität von Bedürfnissen erst definiert wird, und erst recht nicht vom *Primat der Kontinuität*, demzufolge alles grundsätzlich Neue automatisch suspekt ist. Zu beginnen ist daher mit einem Blick auf den Status quo, einschließlich seiner Einbettung in historische und psychologische Zusammenhänge. Es folgt eine Darstellung des Konzepts des bedingungslosen Grundeinkommens sowie eine Widerlegung der üblichen Einwände dagegen. Schließlich ist auch zu betrachten, warum es diese Idee in der politischen Arena so schwer hat, trotz ihrer offenkundigen Plausibilität (und ihrer beträchtlichen Popularität!).

Grundsätzlich neu ist die hier vertretene Idee nicht: gerade in den letzten Jahren wurde viel dazu geschrieben und gesagt. Was aber immer zu kurz kam in dieser Diskussion, ist die fundamentale Bedeutung dieses Gedankens für das soziale Leben einer Gemeinschaft. Nicht als Vehikel sozialer Umverteilung sollte das bedingungslose Grundeinkommen genutzt werden, sondern als systematische Neuordnung der Leistungsbeziehungen. Nicht einfach um bessere Ausstattung von Armen und Bedürftigen geht es dabei (jedenfalls nicht in erster Linie), sondern um eine sinnvollere und effizientere Organisation des Sozialtransfers. Ziel ist es, die Spaltung unserer Gesellschaft zu stoppen (und umzukehren), nicht einfach nur mehr Geld für irgend etwas oder irgend jemanden.

Das dem Konzept des bedingungslosen Grundeinkommens zugrunde liegende Prinzip, nämlich das Recht auf Teilhabe für jeden und damit der Respekt vor menschlicher Würde, gilt nicht nur hierzulande, sondern überall. Es sollte durchaus auch Leitbild für eine globale Sozial- und Entwicklungspolitik sein. Einstweilen aber wäre schon viel gewonnen, wenn es dort umgesetzt würde, wo man es sich ganz sicher leisten könnte, z.B. in der Bundesrepublik Deutschland.

Erster Teil

Die Spaltung der Gesellschaft

Das Recht, da zu sein vs. Verdrängung und Abschottung

Eines der großen Schlagwörter des beginnenden 21. Jahrhunderts ist „Globalisierung". Es gibt kaum einen Konsumartikel, der nicht entweder komplett oder zumindest in wesentlichen Bestandteilen um den halben Globus transportiert wird, bevor wir ihn kaufen und verbrauchen. Wir essen japanischen Fisch, argentinische Steaks, spanische Oliven, kolumbianische Bananen; wir trinken Orangensaft aus Marokko, Wein aus Italien oder Frankreich, manchmal auch aus Südafrika oder Chile, Whiskey aus Schottland. Elektronik-Artikel sind zumeist „made in China", und T-Shirts, die im Discount-Markt drei Euro kosten, haben auch schon eine lange Reise hinter sich, weil sie wahrscheinlich irgendwo in Asien produziert wurden.

Noch schneller als materielle Güter ist das Geld, namentlich das virtuelle: nur ein paar Klicks sind nötig, um Teilhaber einer Aktiengesellschaft in Australien zu werden, der Zentralbank von Ecuador Geld zu leihen oder auf die Qualität der Getreideernte in den USA zu spekulieren. Die internationale Finanzindustrie ist dermaßen vernetzt, dass Sparer in Deutschland ganz konkret um ihre Einlagen fürchten mussten, als in Amerika 2008 eine Immobilienblase platzte. Für den Wohlstand in Europa ist alles, was an Weichenstellungen durch nationale oder europäische Gremien passiert, von weit geringerer Bedeutung als die Frage, ob die USA und China einen Handelskrieg beginnen oder nicht.

Während Finanzkapital und Wirtschaftsgüter also global ausgetauscht werden und überall willkommen sind, gilt das für Menschen nur sehr eingeschränkt. Wenn von „Mobilität" die Rede ist, geht es meist um die Bereitschaft von Arbeitnehmern, ihren Wohnort zu wechseln, wenn der Arbeitgeber sie anderswo braucht. Insoweit wird auch interkontinentale Mobilität immer mehr vorausgesetzt. Wenn es aber darum geht, dass Menschen nicht von Arbeitgebern geschickt werden, sondern aus eigenem Antrieb in ein anderes Land übersiedeln wollen, weil sie sich dort bessere Lebenschancen erhoffen, sprechen wir nicht von Mobilität, sondern von „Migration", und die hat ein deutlich schlechteres Image.

Es gilt weithin als ausgemacht, dass Staaten die Einwanderung steuern, limitieren, an Voraussetzungen knüpfen oder ganz verhindern dürfen; allenfalls im Rahmen internationaler Verträge (z.B. der Genfer Flüchtlingskonvention) gibt es diesbezügliche Verpflichtungen, und auch diese Verträge sind die Staaten ja freiwillig eingegangen. Ein Menschenrecht auf globale Freizügigkeit wird jedenfalls nicht anerkannt, ganz bewusst auch mit Blick darauf, dass sich angesichts des gewaltigen Wohlstandsgefälles zwischen erster und dritter Welt ansonsten ein großer Teil der Menschheit auf den Weg machen würde. Das Meinungsforschungsinstitut Gallup hat durch umfangreiche Befragungen herausgefunden, dass 750 Millionen Menschen gerne in ein anderes Land ziehen würden, die allermeisten nach Nordamerika, Europa oder Australien.[6] Die Abschottungspolitik insbesondere der reichen Industriestaaten ist aber weit weniger selbstverständlich, als es uns vorkommt. Jahrtausendelang gab es weder Grenzen noch Staaten, jeder konnte gehen, wohin er wollte, und auch nach der Entwicklung von Staatswesen blieb das zunächst so, in Deutschland beispielsweise bis 1938 ![7] Dass man heute Visa zum Reisen braucht und Flüchtlinge in Armut und Krieg abgeschoben werden, mag künftigen Generationen dereinst ähnlich abstossend erscheinen wie uns Heutigen die Sklaverei vergangener Jahrhunderte.

Es ist der Mühe wert, die merkwürdig gegenläufigen Tendenzen der globalen Durchlässigkeit von Waren und Dienstleistungen bei gleichzeitiger Abschottung gegenüber Einwanderern näher zu analysieren, und zwar nicht nur im Hinblick auf die historische Entwicklung und die ökonomischen Hintergründe dieser Entwicklung, sondern insbesondere mit Blick auf die Frage, ob und inwieweit es hierfür eine ethische Rechtfertigung gibt. Wir haben die Frage zu stellen, ob es sich bei dieser neuen Weltordnung um eine zweite Kolonialisierung handelt, in der Gestalt nämlich, dass wir die dritte Welt zwar nicht mehr (direkt) politisch beherrschen, indem wir Vizekönige und Gouverneure entsenden, aber

---

⁶ Quelle: National Geographic (deutsche Ausgabe), Mai 2019, S. 26

⁷ vgl. Tiedemann, Flüchtlingsrecht, Rn. 32,35

weiterhin ökonomisch ausbeuten, indem wir sie zu unseren (billigen) Produktionsstätten machen, uns aber gegen Einwanderer abschotten. Haben wir aus den ehemaligen Kolonien eine Art globalen GULAG gemacht?

Die Frage, wer wo sein darf, ist aber nicht nur im Hinblick auf globale Migrationgsströme relevant. Auch innerhalb der reichen westlichen Gesellschaften resultieren maßgebliche soziale Verwerfungen daraus, dass immer größere Teile der Bevölkerung Schwierigkeiten haben, eine Wohnung zu finden bzw. zu bezahlen. Der moderne, demokratische Rechtsstaat hat zwar sehr effiziente Abwehr- und Freiheitsrechte hervorgebracht, in Deutschland vorbildlich umgesetzt durch den Grundrechtskatalog des Grundgesetzes, aber es gibt kaum Rechte auf Teilhabe, die sozialen Rechte des Sozialgesetzbuches (SGB) sind nicht als Anspruchsgrundlagen definiert.

So ist Wohnungsnot inzwischen in praktisch allen Industrieländern eines der drängendsten sozialen Probleme, und die Bemühungen der Politik, der fatalen Entwicklung etwas entgegenzusetzen, erinnern in ihrer Ineffizienz an die Strampelei eines Nichtschwimmers, den man in ein tiefes Wasserbecken geworfen hat.

Wohnungsnot in Deutschland

Unter allen sozialen Problemen, die im Deutschland des 21. Jahrhunderts diskutiert werden, ragt die Wohnungsnot hervor. Einerseits ist das Wohnen ein Thema, das jeden Menschen nicht nur betrifft, sondern emotional berührt, andererseits ist der Mangel an Wohnraum das einzige soziale Problem, dass nicht einfach durch Umverteilung finanzieller Ressourcen gelöst werden kann. Hartz IV-Regelsätze, Kindergeld und Bafög, aber auch Sozialversicherungsbeiträge und Steuersätze können jederzeit erhöht oder gesenkt werden, je nach politischem Willen; Wohnungen aber sind einfach zu wenige da, egal, was ein Parlament beschliesst. Es ist fast wie beim Klima: wenn man das Problem lange genug ignoriert hat, wird es unbeherrschbar, und politisches Gegensteuern wird nicht nur teuer, sondern es dauert auch lange, bis man Erfolge sieht.

Über viele Jahre hat die Politik das Problem der Wohnungsnot nicht wirklich ernst genommen. Der einstmals beträchtliche Bestand an Wohnungen im Eigentum der öffentlichen Hand wurde an private Investoren verscherbelt, um die Finanzen klammer Kommunen zu sanieren. Gleichzeitig ist der Anteil an Immobilieneigentümern in der deutschen Bevölkerung, jedenfalls gemessen an deren Wohlstand, im Vergleich zu anderen europäischen Ländern niedrig,[8] weshalb der Mietwohnungsmarkt entsprechend groß und gesamtgesellschaftlich wichtig ist; und natürlich sind es überwiegend die weniger Wohlhabenden, die in Mietwohnungen leben. Schließlich zieht es immer mehr Menschen in die wenigen Ballungsräume, die Großstädte wachsen, einschließlich der sogenannten „Speckgürtel", während auf dem Land das große „Dorfsterben" grassiert. Daran wird sich auch vorläufig nichts ändern; für den Zeitraum bis 2050 wird ein weiterhin ungebremstes Wachstum für die meisten Metropolen prognostiziert, parallel dazu schrumpft und überaltert die Bevölkerung ländlicher Gebiete.[9]

Diese Probleme sind übrigens nicht neu, und auch die naheliegende Maßnahme, um Abhilfe zu schaffen, ist keine Erfindung christ- und sozialdemokratischer Nachkriegsregierungen. Vielmehr wurden z.B. in den 1920-er Jahren in Deutschland ca. 300.000 öffentlich geförderte Wohnungen gebaut, auch in Großbritannien begann man mit dem Bau sogenannter „council houses", um der katastrophalen Wohnverhältnisse in den Großstädten Herr zu werden.[10]

Seit die Wohnungsnot im beginnenden 21. Jahrhundert irgendwann (wieder) so groß wurde, dass sie als Wahlkampfthema taugte (in der modernen Demokratie der zuverlässigste Trigger, um Politiker zum Handeln zu bewegen), tobt der Wettstreit der Ideologen, ob das Heil

---

[8] ca. 48%, Quelle: FAZ 17.4.2019, S. 19

[9] vgl. FAS 14.4.2019, S. R1

[10] Kershaw, Höllensturz, S. 224 f.

nun in Liberalisierung liegt oder in Regulierung.[11] Der Verlauf der Diskussion ist dabei ebenso berechenbar wie ergebnislos: die Bauwirtschaft und als ihre politische Vertretung insbesondere die FDP argumentieren, die Knappheit an günstigem Wohnraum liege an der schleppenden Bearbeitung von Bauanträgen sowie an viel zu hohen Standards vor allem mit Blick auf Umweltauflagen. Die Gründe für den erkannten Misstand sind in der neoliberalen Betrachtung also wieder einmal Bürokratie und Regulierung. Umgekehrt versprechen sich Vertreter des linken Spektrums (in diesem Fall allerdings bis weit in die Mitte ragend) Besserung gerade von stärkerer Regulierung z.B. durch die sogenannte Mietpreisbremse. Dass diese Maßnahme die erhoffte Wirkung verfehlen wird, kann man deshalb (noch) nicht beweisen, weil sie bislang handwerklich so schlecht gemacht ist, dass man die ausbleibende Wirkung nicht ohne weiteres der Idee anlasten kann. Es besteht aber kaum Hoffnung, dass solche Initiativen den erwünschten Erfolg haben werden. Gleiches gilt auch für die wenig originelle Idee, Maklercourtagen durch gesetzliche Vorschrift den Vermietern bzw. Verkäufern von Wohnungen aufzubürden und damit die Mieter bzw. Käufer zu entlasten. Es gibt, wenn die Machtverhältnisse am Markt es zulassen, immer einen Weg, solche Regelungen zu unterlaufen, z.B. indem das Maklerhonorar einfach in den Kaufpreis eingerechnet wird; am Ende ist nur wichtig, wie viel der Käufer insgesamt zu zahlen bereit ist.

Aber natürlich ist auch der oben erwähnte Griff in die neoliberale Hausapotheke nicht zielführend: der Immobilienmarkt weist gegenüber anderen Märkten wichtige Besonderheiten auf, insbesondere den Umstand, dass Grund und Boden nicht beliebig vermehrbar sind. Man kann versuchen, die Flächen effizienter zu nutzen, enger und höher zu bauen, aber letztlich lässt sich die Erde nicht aufpumpen. Während eine hohe Nachfrage nach Fernsehern oder Fahrrädern also nicht zu dauerhafter Verknappung und hohen Preisen führt, weil mit höherer Produktion und

---

[11] wobei darauf hinzuweisen ist, dass die politische Diskussion wie üblich auch hier nicht etwa, wie man annehmen sollte, in erster Linie um die Ärmsten kreist (also um die Obdachlosen), sondern um die Mittelschicht, die sich das Wohnen in den bevorzugten Stadtvierteln nicht mehr leisten kann. Obdachlosigkeit in einem reichen Industriestaat ist ein gesellschaftlicher Skandal, an den wir uns offenbar so gewöhnt haben, dass sich unser Unwille mehr gegen die Obdachlosen als gegen die Obdachlosigkeit richtet. Vgl. hierzu aus den siebziger Jahren den Bericht von Klee, Pennbrüder und Stadtstreicher, der an Aktualität kaum etwas verloren hat.

damit höherem Angebot reagiert wird, was die Preise meist sogar fallen lässt, trifft die steigende Nachfrage nach Wohnraum (in Ballungsgebieten) auf ein natürlich begrenztes Angebot; wer das einfach dem Markt überlassen will, ist nicht nur sozial ziemlich unsensibel, sondern hat auch die liberalen Klassiker nicht wirklich verstanden. John Locke etwa postulierte zwar mit aller Entschiedenheit das Recht auf privates Eigentum, wies aber - gerade mit Blick auf Grund und Boden ganz ausdrücklich - darauf hin, dass es eine Pflicht zur Nutzung des Eigentums gebe: wer etwa Wohnungen leer stehen lässt, weil er sich davon höhere Spekulationsgewinne verspricht, könnte nach Locke enteignet werden![12]

Letztlich hat die deutsche Wohnungspolitik in den letzten dreissig Jahren mehr oder weniger alles falsch gemacht:

- der einstmals hohe Bestand an Wohnungen in der öffentlichen Hand wurde zu großen Teilen verkauft;
- verbliebene Sozialwohnungen werden zu einem erheblichen Teil von Mietern bewohnt, die aus ihrer Bedürftigkeit längst herausgewachsen sind;
- falsch gesetzte bzw. anderen Zielen dienende Anreize, insbesondere zur ökologischen Sanierung, verteuern den vorhandenen Wohnraum zusätzlich und „gentrifizieren" damit die Städte;
- Bürokratie und teure Umwelt- und Sicherheitsstandards machen Neubauten zwangsläufig langwierig und teuer;
- das Fehlen tragfähiger Konzepte für die wirtschaftliche Entwicklung sowie die verkehrsmässige Anbindung ländlicher Gebiete führt zur fortgesetzten Landflucht und damit zu ständig steigender Nachfrage nach städtischem Wohnraum;
- die rasant steigenden Grundstückspreise führen dazu, dass es sich mehr lohnt, ein bebauungsfähiges Grundstück brach liegen zu lassen und auf steigende Preise zu spekulieren, als es zu bebauen;

---

[12] Locke, Regierung II. § 38, S. 224 "Wenn aber das Gras seines eingezäunten Landes am Boden verdarb oder die Früchte seiner Anpflanzung verfaulten, ohne dass sie gesammelt und aufbewahrt wurden, so war dieser Teil der Erde, ungeachtet seiner Abgrenzungen, noch als herrenlos zu betrachten und konnte von einem anderen in Besitz genommen werden."

- ebenso werden frei werdende Wohnungen häufig nicht neu vermietet, sondern frei gelassen, weil das entmietete Haus am Markt wertvoller ist als das vermietete (es ist ein Skandal, wenn derzeit in Europa auf jeden Obdachlosen zwei leerstehende Wohnungen kommen![13]).

Es mag sein, dass man ein wenig Bürokratie abbauen könnte. Vielleicht kann man auch ein paar Standards zur Wärmedämmung oder zum Brandschutz etwas flexibler gestalten. Vielleicht kann man andererseits auch den Maklern etwas genauer auf die Finger schauen und es noch einmal mit einer Mietpreisbremse versuchen, die ein wenig intelligenter ausgestaltet ist als ihre Vorgängerin. Auch bei den steuerlichen Bau- und Sanierungsanreizen kann man sicherlich einiges verbessern. Aber alles zusammen wird das Problem nicht beheben; das spüren die betroffenen Menschen, und es regt sich dementsprechender Unmut, der rasch zum Aufruhr werden kann. Ein Durchschnittsverdiener kann sich in München, Stuttgart oder Frankfurt keine Wohnung mehr leisten, es sei denn, er hat sie schon sehr lange. Diese Diskrepanz zwischen günstigen Altmietverträgen und viel teureren Neumietverträgen kollidiert übrigens auf geradezu absurde Weise mit der gesellschaftlichen Forderung nach „Mobilität" im Arbeitsleben. Wer etwa in Köln seit zwanzig Jahren in einer Mietwohnung lebt, muss schon einen gewaltigen Gehaltssprung machen, damit der neue Job (samt neuer Wohnung) in Hamburg attraktiv wird. Politische Ideen wie neuerdings das sogenannte „Baukindergeld" kommen - wie üblich - nicht den Schwachen zugute, sondern allenfalls denen, die ohnehin besser gestellt sind, also an Immobilienerwerb überhaupt denken können; wahrscheinlicher noch ist aber, dass das Baukindergeld einfach die Kaufpreise weiter erhöht, weil es zu einer Steigerung der Nachfrage führt. Am Ende landet die staatliche Förderung, finanziert aus den Steuermitteln, die von Millionen fleissiger Durchschnittsbürger erwirtschaftet wurden, also bei den Immobilienspekulanten, denen man doch eigentlich das unsoziale Handwerk legen will.

---

[13] in den USA sind es sogar fünf, vgl. Bregman, Utopien, S. 78, m.w.N.

Es ist ganz offensichtlich, dass man den Immobilienmarkt nicht dem freien Spiel der Kräfte überlassen darf - für diese Erkenntnis genügt eigentlich schon die oben erwähnte Tatsache, dass man Grund und Boden nicht vermehren, also nur sehr begrenzt am Angebot schrauben kann.

Diese Zusammenhänge hatten im Prinzip schon die Väter und Mütter des Grundgesetzes erkannt, als sie in Art. 15 GG die Möglichkeit einer „Vergesellschaftung" von Grund und Boden[14] normierten. Einerseits war dies Ausdruck der im Hinblick auf eine künftige Wirtschaftsordnung noch nicht festgelegten Haltung des Grundgesetzes,[15] andererseits erkannten die Verfasser aber auch die besondere Bedeutung, die dem Grund und Boden zukam. Auch das Bundesverfassungsgericht hat hierzu klargestellt, dass „die Tatsache, dass der Grund und Boden unvermehrbar und unverzichtbar ist, (es) verbietet, seine Nutzung dem unübersehbaren Spiel der Kräfte und dem Belieben des Einzelnen vollständig zu überlassen."[16] Schließlich gibt es in § 176 des Baugesetzbuches (BauGB) das sogenannte Baugebot, demzufolge der Eigentümer eines bebauungsfähigen Grundstücks zur Bebauung verpflichtet werden kann; § 176 Abs. 8 BauGB droht mit Enteignung, falls der Eigentümer dem Baugebot nicht nachkommt.

All diese Vorschriften bzw. Entscheidungen zeigen, dass es sich beim Grund und Boden nicht um einen gewöhnlichen Vermögenswert handelt. Für den Spekulanten mag es egal sein, ob er wertvolle Gemälde kauft und hofft, sie irgendwann mit astronomischem Gewinn an einen russischen Oligarchen verkaufen zu können, oder ob er auf Wertsteigerungen von brachliegenden Grundstücken zockt: der Staat aber muss hier einen Unterschied machen.

---

[14] sowie von „Naturschätzen und Produktionsmitteln"

[15] eine Sozialisierung besonders wichtiger Wirtschaftsgüter sollte trotz der Eigentumsgarantie des Art. 14 GG nicht ausgeschlossen werden; „Enteignung" gem. Art 14 (3) GG ist demgegenüber nicht aus politischen Gründen, sondern nur „zum Wohle der Allgemeinheit" zulässig

[16] BVerfGE, Beschluss v. 12.1.1967 1967, 1 BvR 169/63

Ob es dabei zu Vergesellschaftungen nach Art. 15 GG kommen muss, wie es eine derzeit laufende Berliner Initiative zu einem entsprechenden Volksbegehren[17] bezweckt, ist eine andere Frage. Von neoliberaler Seite[18] kommt hierzu der durchaus originelle Einwand, Art. 15 GG sei so etwas wie der Blindarm des Grundgesetzes, nämlich „enthalten, aber nutzlos und im Zweifel ein Entzündungsherd". Der ehemalige Verfassungsrichter Udo di Fabio nennt Art. 15 GG eine „vertrocknete Norm", weil er zwar als Konzession an die SPD in die Verfassung aufgenommen, aber nie angewandt worden sei, und die Kritik an der liberalen Eigentumsordnung sei ein Bestandteil des „Arsenals antiwestlicher Affekte".[19] Es scheint aber unvermeidlich, dass die öffentliche Hand zumindest einen gewissen Bestand eigener Wohnungen aufbaut, um marktsteuernd eingreifen und Härten abfedern zu können. Das ist übrigens auch mit Blick auf öffentliche Finanzen sinnvoll, wie das folgende Beispiel aus meiner eigenen Praxis als ehrenamtlicher Schuldnerberater beim Caritasverband Frankfurt am Main zeigt:

In meine Sprechstunde bei der Schuldnerberatung kam im Sommer 2016 ein bulgarisches Ehepaar, das einige Zeit zuvor im Rahmen der EU-Freizügigkeit mit vier Kindern nach Frankfurt gezogen war. Die Familie hatte dafür gute Gründe, war sie doch als Angehörige einer türkisch-sprachigen Minderheit und wegen ihrer Zugehörigkeit zur Volksgruppe der Sinti und Roma in ihrem Heimatland besonderen Schwierigkeiten ausgesetzt. In Frankfurt lebte die Familie von Hartz IV und war, wegen der Wohnungsknappheit in der Mainmetropole, in einem Hotel untergebracht.

Es muss an dieser Stelle erwähnt werden, dass sich jegliche Assoziationen an Urlaubshotels oder Luxusherbergen in solchem Zusammenhang verbieten. Die sogenannten Hotels, in denen großstädtische Behörden Familien unterbringen, die ansonsten obdachlos wären, was

---

[17] Ziel ist hier die Vergesellschaftung von Wohnungen, die im Eigentum von Wohnungsgesellschaften mit einem Bestand von mehr als 3000 Wohnungen stehen

[18] von dem FDP-Politiker Marco Buschmann

[19] vgl. Rainer Hank in: FAS v. 14.4.19, S. 17

man zumindest wegen der Kinder nicht in Kauf nehmen kann, sind grundsätzlich eng, schmutzig und oft baufällig; niemand, der eine Alternative hat, will dort wohnen.

Das hindert die Betreiber solcher Unterkünfte allerdings nicht daran, stolze Preise aufzurufen: im vorliegenden Fall € 30,- pro Person und Tag, d.h., 6 Personen x 30 Tage x € 30,- = € 5.400,- im Monat! Seit Jahren!!

Für diesen Preis kann man selbst in Frankfurt eine Luxusvilla mieten, und natürlich könnte man dafür auch Wohnungen bauen. Eine öffentliche Hand, die sich nicht darum kümmert, dass sie ihre gesetzlich geregelten Pflichten gegenüber bestehenden Ansprüchen nach dem Sozialgesetzbuch erfüllen kann und dann Steuergelder in solchem Umfang aufwendet, um sich heraus zu kaufen, handelt grob pflichtwidrig.

Dabei gibt es durchaus Beispiele, wie so etwas funktionieren kann, ohne dass man gleich die DDR 2.0 ausruft. In Wien etwa verfügt die Kommunalverwaltung über einen gewaltigen Bestand an modernen, gut ausgestatteten Wohnungen, der über viele Jahrzehnte aufgebaut und gepflegt wurde. Jeder vierte Wiener Bürger wohnt in einer städtischen Wohnung, und man kann seinen Mietvertrag sogar vererben.[20] Und natürlich gibt es - siehe § 176 BauGB - auch unterhalb von Enteignung und Vergesellschaftung Eingriffsmöglichkeiten des Staates, wenn Wohnungen oder Grundstücke aus spekulativen Gründen dem Markt entzogen werden. Dass es Arbeitsschutzgesetze gibt, die für Angestellte in Büros eine Mindestfläche pro Mitarbeiter vorschreiben, gleichzeitig aber Menschen im Winter in U-Bahnhöfen übernachten, um sich vor der Kälte zu schützen, kann eine humane Gesellschaft nicht hinnehmen.

Jedenfalls hat der Staat die Brisanz des Problems der Wohnungsknappheit über Jahrzehnte verkannt bzw. nicht ausreichend ernst genommen, und jedenfalls muss hier dringend konsequent gegengesteuert werden. Dabei müssen die zu treffenden Massnahmen weit darüber

---

[20] dieser ausgeprägte Bestandsschutz hat freilich die üblichen Nebenwirkungen: es wird selten etwas frei

hinausgehen, mit ein paar Subventionen hier und ein paar Regulierungen dort am Markt herumzufummeln; es braucht einen Paradigmenwechsel in der Wohnungspolitik, der die Schaffung von Wohnraum, ggf. auch die Erschließung ländlicher Wohngebiete durch öffentlichen Verkehr und Infrastruktur zum Primat der Politik erklärt. Außerdem muss dringend darüber diskutiert werden, wie die inzwischen in manchen Bereichen absurde Spreizung der Einkommen begrenzt werden kann; die Notwendigkeit, Geringverdiener besser zu stellen, folgt nicht zuletzt aus der grassierenden Wohnungsnot. Der Ruf nach Eindämmung der Ungleichheit ist - jedenfalls hier im Zusammenhang mit der Wohnungsnot - nicht einseitig ideologisch motiviert, sondern ergibt sich zwingend aus dem Ziel, die Stabilität und den Zusammenhalt einer liberalen Gesellschaft zu bewahren.

Wohnungsnot in den USA

Wir haben gesehen, dass und warum die Wohnungsnot ein zentrales soziales Problem in Deutschland ist. Natürlich ist die Lage in anderen europäischen Ländern nicht besser; überall ziehen die Menschen in die Ballungsräume, überall steigen die Immobilienpreise, überall versagt der Staat bei seiner Aufgabe, die Lebensgrundlagen für seine Bürger auch mit Blick auf erforderlichen Wohnraum zu sichern. Aber alles ist relativ, und wenn man die Situation in den USA betrachtet, erscheinen deutsche Zustände plötzlich paradiesisch. Und auch wenn Thema dieses Buches der *deutsche* Sozialstaat ist, lohnt ein Blick auf die USA, weil man hier sehen kann, in welche Richtung sich unsere Wohnungsnot entwickeln könnte, wenn nicht rechtzeitig und entschlossen gegengesteuert wird.

Der amerikanische Soziologe Matthew Desmond, seinerzeit Professor in Harvard[21], legte 2016 ein mit dem Pulitzer-Preis ausgezeichnetes Buch über Obdachlosigkeit bzw. Zwangsräumungen sowie die Macht- und (faktische) Rechtlosigkeit von Mietern in amerikanischen Großstäd-

---

[21] inzwischen in Princeton

ten vor.[22] Er hatte hierfür über ein Jahr lang in den prekären Wohngebieten von Milwaukee gelebt,[23] einer im Niedergang befindlichen Stadt im Staat Wisconsin am Lake Michigan. Milwaukee gehörte einst zu den prosperierenden Industriestädten des mittleren Westens, mit einer Einwohnerzahl von etwa 750.000 in den 1960-er Jahren; inzwischen leben nur noch ca. 600.000 Menschen in der Stadt, die Arbeitslosigkeit ist hoch, die Kriminalitätsrate ebenfalls, Drogenmissbrauch ist allgegenwärtig, Perspektiven für Jugendliche gibt es kaum, zumal wenn sie keine brauchbare Ausbildung vorweisen können. Dabei ist die Situation natürlich für die afro-amerikanische Population noch weit problematischer als für Weiße. Etwa die Hälfte der schwarzen Männer in erwerbsfähigem Alter ist arbeitslos, ca. ein Drittel saß vor dem vierzigsten Geburtstag schon im Gefängnis.[24] Milwaukee ist damit durchaus repräsentativ für die USA der Gegenwart.

In seinem Buch verfolgt Desmond die Schicksale einiger Personen bzw. Familien, die von der Zwangsräumung ihrer Wohnungen betroffen sind, in der Regel weil sie nicht (mehr) in der Lage waren, die Miete zu zahlen. Dabei begleitet er seine Protagonisten bei der mitunter verzweifelten Wohnungssuche, er verfolgt ihre Gerichtsverfahren, er schildert vorurteilslos die Gründe für die finanziellen Zwangslagen, aus denen die Obdachlosigkeit schließlich resultiert, und analysiert die Folgen sowohl für die Betroffenen als auch für die amerikanische Gesellschaft insgesamt. Er idealisiert seine Figuren keineswegs, sie sind fast immer unfähig zu sinnvoller Zukunftsplanung, oft alkohol- oder rauschgiftabhängig, nicht selten kriminell, auch gewalttätig. Aber er sieht sie nicht in erster Linie als gesellschaftliches „Problem", das in eine Ecke gedrängt werden muss, damit es den öffentlichen Frieden nicht zu sehr stört, sondern er wendet sich den betroffenen Menschen zu, er betrachtet sie mit dem Respekt, der ihnen auch in der amerikanischen Rechtsordnung eigentlich zukommt, und er vermeidet moralische Urteile (übrigens auch gegenüber den Vermietern).

---

[22] Desmond, Evicted (dt. „Zwangsgeräumt"); vgl. auch: Desmond, Eviction and Urban Poverty

[23] Desmond, Eviction and Urban Poverty, S. 96

[24] Desmond, Evicted, Note No.10 to chapter 8. (p. 98)

Was Matthew Desmond an Resultaten präsentiert, ist erschütternd:
Die Zwangsräumung von Mietwohnungen, in Deutschland trotz aller sozialer Probleme und trotz der dramatischen Wohnungsnot selten und in ihrer Durchsetzung langwierig, ist in US-Großstädten an der Tagesordnung, insbesondere in ärmeren Stadtvierteln. Pro Jahr werden in Milwaukee 3,5% aller Mietwohnungen zwangsgeräumt; in „high poverty neighborhoods" sind es 7,2%.[25] Dabei trifft es weitaus häufiger schwarze Mieter als weiße (Hispanics liegen dazwischen), und unter den Schwarzen vor allem Frauen.[26] „Poor black men were locked up. Poor black women were locked out."[27]

Was die Häufung von Zwangsräumungen bei Schwarzen betrifft, spielt neben dem offenkundigen Rassismus,[28] der sich auch über 50 Jahre nach der Bürgerrechtsbewegung hartnäckig als prägendes Merkmal der amerikanischen Gesellschaft hält, natürlich auch die (freilich aus dem langfristigen Rassismus resultierende) Tatsache eine Rolle, dass Schwarze sehr viel häufiger von Armut betroffen sind als Weisse. Sozialpolitisch noch skandalöser ist hingegen die Diskrepanz zwischen Frauen und Männern[29]: sie hat nämlich oft damit zu tun, dass Kinder in Mietwohnungen unerwünscht sind. Natürlich wachsen viele Jugendliche in den USA, insbesondere viele schwarze Jugendliche, und ganz besonders viel schwarze Jugendliche in armen Wohnvierteln, als Kinder alleinerziehender Mütter auf. Dass solchermaßen dreifach benachteiligte junge Menschen die besondere Fürsorge des Staates brauchen, versteht sich aus sozialpolitischer Sicht eigentlich von selbst. In den USA jedoch werden alleinerziehende Mütter und ihre Kinder zusätzlich dadurch diskriminiert, dass sie am umkämpften Wohnungsmarkt eine besonders schlechte Position einnehmen, weil sie für Vermieter potentiell

---

[25] Desmond, Eviction and Urban Poverty, S. 97

[26] Desmond, Eviction and Urban Poverty, S. 99

[27] Desmond, Evicted, S.98 (dt: „Arme schwarze Männer werden eingesperrt, arme schwarze Frauen werden ausgesperrt")

[28] vgl. hierzu z.B. Desmond, Evicted, S. 235 ff.

[29] vgl. die Statistik bei Desmond, Eviction and Urban Poverty, S. 100, 103

unbequem sind und die Marktmacht der Immobilienbesitzer gegenüber den verzweifelt nach Behausung suchenden Mietern es den Erstgenannten erlaubt, Mietkandidaten wegen solchen „Unbequemlichkeitspotentials" einfach auszusortieren („… children can cost landlords money and cause them `headache`").[30] Während Kinder im Haushalt hier zu Lande einen Schutz vor Obdachlosigkeit bieten, weil Familien bei der Vergabe von öffentlichem Wohnraum bevorzugt werden und die Vermeidung von Kinder-Obdachlosigkeit für kommunale Verwaltungen eine hohe Priorität geniesst, stellen sie in den USA einen wichtigen Risikofaktor für Zwangsräumung und Obdachlosigkeit dar („Children didn´t shield families from eviction; they exposed them to it"[31]). Einerseits ist es für Familien mit Kindern signifikant schwieriger, überhaupt eine Wohnung zu finden,[32] andererseits wurde eine der Mieterinnen („Arleen"), deren Schicksal Desmond in seinem Buch verfolgt, innerhalb von zwei Jahren mehrfach aus Wohnungen geworfen, weil ihr Sohn „aufgefallen" war; dabei ging es nicht etwa um schwere Straftaten, sondern darum, dass etwa ein unbekannter Mann, dessen Auto Arleen´s Sohn mit einem Schneeball beworfen hatte, die Tür zur Wohnung eintrat, wofür Arleen verantwortlich gemacht wurde,[33] oder, bei einer späteren Zwangsräumung, um eine Rangelei in der Schule, die dem Vermieter zu Ohren kam.[34] Die Anwesenheit von Kindern im Haushalt verdreifache die Wahrscheinlichkeit einer Zwangsräumung, so Desmond.[35] Noch unglaublicher erscheint es, wenn Desmond von einer Frau berichtet, die ihre Wohnung verlor, weil sie wegen häuslicher Gewalt die Polizei rufen musste![36]

---

[30] Desmond, Eviction and Urban Poverty, S. 109 (dt. „Kinder kosten den Vermieter Geld und machen Ärger")

[31] Desmond, Evicted. S. 287 (dt. „Kinder schützten nicht vor der Zwangsräumung, sondern sie erhöhten sogar das Risiko einer solchen")

[32] Desmond, Evicted, S. 229

[33] Desmond, Evicted, S. 1 f.

[34] Desmond, Evicted, S. 287 f.

[35] Desmond, Evicted, S. 332

[36] Desmond, Evicted, S. 191

In der Regel erfolgen solche Zwangsräumungen „informell", werden also nicht auf ihre Rechtmässigkeit hin geprüft. Betroffene Mieter haben weder die Kenntnisse noch die finanziellen Mittel, um sich gegen Kündigung und Zwangsräumung zu wehren. Folgerichtig ist eine der wichtigsten Forderungen, die von Matthew Desmond in diesem Zusammenhang erhoben werden, diejenige nach einem Zugang zu kostenfreier Rechtsberatung; nach Desmonds Recherchen bekommen 70% der Betroffenen keine juristische Unterstützung.[37] Und dabei ist noch zu berücksichtigen, dass hier nur die Verfahren erfasst sind, die vor Gericht landen; die weit überwiegende Mehrzahl der Zwangsräumungen erfolgt, ohne dass sich die Mieter zur Wehr setzen (bis zu 90%[38]).

Unabhängig von dieser fehlenden „Waffengleichheit", die zu gewährleisten das deutsche Recht sich alle Mühe gibt, die in den USA aber erkennbar kaum eine Rolle spielt, sind allerdings auch die Rahmenbedingungen im Mietrecht sehr unterschiedlich:

In Deutschland muss ein Vermieter, um die Wohnung außerordentlich kündigen zu können, einen Rückstand von zwei Monatsmieten (oder sonstige schwere Verstöße gegen den Mietvertrag) nachweisen. Er hat eine Räumungsklage einzureichen und nach deren erfolgreicher Durchführung eine Zwangsräumung per Gerichtsbeschluss zu beantragen. Während dieses sich über viele Monate hin ziehenden Prozesses hat der Mieter verschiedene Möglichkeiten, seine Zwangsräumung abzuwenden; u.a. steht ihm die Möglichkeit offen, beim Sozialamt ein Mietdarlehen zu beantragen, mit dem er die Mietrückstände ausgleichen kann und das er mit kleinen Raten (i.d.R. ca. € 40,-pro Monat) zurückzahlen kann. Dieses Darlehen wird unabhängig von der Bonität des Mieters gewährt, in der Praxis werden viele dieser Darlehen nicht zurückgezahlt, erfüllen aber dennoch den Zweck, eine Zwangsräumung zu vermeiden. Kommt es zum Prozess, kann der Mieter sich juristischen Beistand besorgen, indem er Prozesskostenhilfe beantragt, außerdem gibt es kostenfreie Beratungsangebote einer Reihe gemeinnütziger Organisationen.

---

[37] Desmond, Eviction and Urban Poverty, S. 123

[38] Desmond, Eviction and Urban Poverty, S. 95

In den USA[39] genügt es, dass der Mieter mit der Mietzahlung überhaupt in Rückstand kommt, außerdem gibt es den in Deutschland etablierten Kündigungsschutz ohnehin insofern nicht, als Wohnungen oft „Month to Month" vermietet werden, also auch dann monatlich kündbar sind, wenn sich der Mieter gar nichts zu schulden hat kommen lassen.

Bei einer typischen „off-the-record-eviction", also einer Zwangsräumung, die nicht vor Gericht verhandelt wurde, übergibt der Vermieter dem Mieter eine „Eviction Notice" (Räumungsaufforderung), mit einer Frist von häufig lediglich fünf Tagen (!), anschließend rückt er, wenn der Mieter nicht freiwillig ausgezogen ist, mit der Polizei und ein paar Möbelpackern an. Der Mieter wird einfach rausgeworfen, seine Habseligkeiten werden irgendwo eingelagert, und wenn er sie zurückbekommen will, muss er zuerst die Kosten der Räumung und der Einlagerung bezahlen, was er in der Regel nicht kann, weshalb die Zwangsräumung neben der Obdachlosigkeit auch noch den Verlust seines gesamten Hausrats bedeutet.[40] Weil die gekündigten Mieter das wissen, räumen sie die Wohnung meist freiwillig und bringen ihre mobilen Güter irgendwo bei Freunden unter.[41] Gelegentlich helfen Vermieter nach, indem sie eine „Prämie" (von wenigen hundert Dollar) zahlen, wenn die Wohnung freiwillig geräumt wird.[42]

Jenseits dieser verfahrenstechnischen Unterschiede, die in den USA nahezu jede denkbare Situation zum Nachteil des Schwächeren regeln, während der deutsche Rechtsstaat hier zumindest grundsätzlich um einen gewissen Ausgleich bemüht ist, gibt es selbstverständlich auch gewaltige Diskrepanzen, was die zur Abwendung entsprechender Konflikte bereit stehenden Sozialleistungen betrifft. Das deutsche „Hartz IV"-System wird im folgenden Text noch einer grundsätzlichen Kritik zu

---

[39] jedenfalls in Milwaukee, aber offenbar ist diese Stadt insofern keine Ausnahme, Desmond, Eviction and Urban Poverty, S. 92

[40] vgl Desmond, Eviction and Urban Poverty, S. 119, Desmond, Evicted, S. 296

[41] Desmond, Evicted, S. 113 ff.

[42] Desmond, Eviction and Urban Poverty, S. 95

unterziehen sein, es ist unabhängig von Verteilungsfragen, die sich an der Höhe der Regelsätze entzünden, strukturell verfehlt. Aber immerhin hat der deutsche Sozialgesetzgeber erkannt, dass „Wohnen" ein Grundbedürfnis ist, das gewährleistet werden muss, unabhängig von sonstigen Teilhaberechten. Deshalb sehen SGB II und SGB XII vor, dass Sozialleistungsempfänger einen Regelsatz erhalten, der ein menschenwürdiges Existenzminimum ermöglichen soll (z.Zt. für allein stehende Erwachsene € 424,- pro Monat[43]); zuzüglich aber übernehmen das Jobcenter bzw. das Sozialamt die Miete inkl. Heizung und Nebenkosten.[44]

In den USA ist nicht nur der Zugang zu Sozialleistungen schwieriger, sondern auch deren Höhe i.d.R. unabhängig von den Mietkosten, und sie stagnieren über lange Zeiträume, während die Mieten stark steigen. Z.B. stieg die marktübliche Miete für ein „two-bedroom-Apartment in Milwaukee zwischen 1997 und 2008 von $ 585 auf $ 795; die sog. „welfare-stipends", die im US-System am ehesten der deutschen Sozialhilfe entsprechen, wurden in diesem Zeitraum überhaupt nicht erhöht![45] Aus diesem Grund kommt es häufig vor, dass die Einkünfte armer Familien kaum über die Miete hinausgehen, die Mietrückstände sich also zwangsläufig einfach aus der Notwendigkeit ergeben, Lebensmittel zu kaufen.[46]

Besonders perfide wirkt sich die Marktmacht der Vermieter aus, wenn etwa Mieter von vornherein abgelehnt werden, weil sie innerhalb der letzten drei Jahre zwangsgeräumt wurden;[47] das bedeutet in der Praxis, dass man nach einem Wohnungsverlust entweder gar keine neue Unterkunft mehr findet oder zusätzliche Zugeständnisse machen, also noch höhere Mieten zahlen oder massive Wohnungsmängel in Kauf

---

[43] Stand: 2019

[44] bis auf den Strom, der ist im Regelsatz enthalten, was häufig zu Problemen führt, wenn etwa die Nachzahlung für die Stromrechnung nicht bezahlt und die Energieversorgung daraufhin abgestellt wird

[45] Desmond, Eviction and Urban Poverty, S. 106

[46] vgl. Desmond, Evicted, S. 219, 302, Desmond, Eviction and Urban Poverty, S. 107

[47] Desmond, Evicted, S. 246

nehmen muss.[48] Dieser Zusammenhang erklärt auch, warum die Mieten in armen schwarzen Stadtvierteln irrational hoch sind. Während die *Kaufpreise* für durchschnittliche „two-bedroom"-Wohnungen in besseren Stadtvierteln („South Side") von Milwaukee 100-200% höher sind als in den armen Vierteln der schwarzen North-Side, beträgt der Unterschied bei den *Mieten* für dieselben Wohnungen nur ca. 50%.[49] Für Immobilieninvestoren sind also gerade die schlechtesten Wohnungen in den ärmsten Stadtvierteln die attraktivsten Renditeobjekte. Weil die verzweifelten Menschen keine geeignete Unterkunft finden, sind sie bereit, völlig überhöhte Mieten für mangelhafte Apartments zu zahlen, die sie sich dann mittelfristig nicht leisten können.

Auch Matthew Desmond weist darauf hin, dass eine Unterkunft ein fundamentales menschliches Bedürfnis ist, dass ohne stabile Wohnverhältnisse kein Leben gelingen kann, insbesondere nicht das Aufwachsen von Kindern.[50] Vielleicht brauchen wir den Blick auf die USA als ein Beispiel für eine wirklich freie Immobilienmarktordnung, um uns klar zu machen, wohin uns neoliberale Gedankenspiele führen könnten. Was tatsächlich not tut, sowohl in den USA als auch in Europa, ist ein wirkungsvolles Eindämmen der Grundstücksspekulation, das ohne staatliche Intervention wohl nicht gelingen kann, und ein vernünftiges Maß an staatlicher Fürsorge für Menschen, die am freien Markt unter die Räder kommen, besonders, wenn Kinder betroffen sind. Die gesellschaftlichen Kosten eines exponentiell wachsenden „Prekariats", schlecht ausgebildeter, ohne Geborgenheit aufwachsender Jugendlicher, hoher Kriminalitätsraten und steigenden Drogenkonsums - alles Phänomene, die mit desperaten Wohnsituationen in direktem Zusammenhang stehen - übersteigen den notwendigen Aufwand für solche Maßnahmen bei weitem.

Matthew Desmond hat viel Anerkennung für sein Buch bekommen, auch einen hochangesehen (Pulitzer-)Preis; die Hoffnung, ausgerechnet

---

[48] Desmond, Eviction and Urban Poverty, S. 118

[49] Desmond, Evicted, S. 151 f.

[50] „without stable shelter, everything else falls apart," Desmond, Evicted, S. 300

die USA könnten in der Frage der verzweifelten Wohnungsnot grundsätzlich umdenken, ist freilich nicht besonders ausgeprägt. Neueste Zahlen, immerhin (beispielsweise) aus Los Angeles, das nicht wie Milwaukee seit Jahrzehnten im Niedergang begriffen, sondern eine der vitalsten Metropolen des Landes ist[51], belegen eine deprimierende Zunahme der Obdachlosigkeit: 36.000 Menschen in L.A. waren 2018 ohne Dach über dem Kopf, ein Anstieg um 16% in nur einem Jahr![52]

Programmatik und Prioritäten der gegenwärtigen amerikanischen Regierung lassen keine rasche Besserung dieser Lage erwarten; aber selbst demokratische Administrationen, zuletzt unter Barack Obama, haben nicht wirklich entschlossen in die Wohnraumversorgung investiert. Die Sorge für Arme im Allgemeinen und Obdachlose im Speziellen ist, man muss das wohl so sagen, in den USA noch weitaus schwächer ausgeprägt als in Europa.

Historische Konflikte um Grundbesitz

Spätestens seit die Menschen seßhaft wurden, haben sie sich mit der Frage beschäftigt, wer welche Rechte auf Grund und Boden geltend machen durfte. Dabei ging es natürlich nicht nur - vielleicht auch zunächst gar nicht in erster Linie - um das Wohnen, sondern um die Nutzung des Bodens, also um Landwirtschaft. Aber die Eigenschaft des Bodens, nicht vermehrbar zu sein, hat ihn schon immer zu einem besonderen Gut gemacht. So sagte Mark Twain einst: „Buy land, they're not making it any more."[53] Andrew Carnegie meinte, neunzig Prozent der Millionäre hätten ihr Vermögen in erster Linie durch Immobilieninvestitionen erworben, und ein weiteres geflügeltes Wort in der Branche lautet: „Don´t wait to buy real estate; buy real estate and wait."[54]

---

[51] wenn auch mit hoher Armutsrate

[52] Quelle: CNN: https://edition.cnn.com/2019/06/05politics/los-angeles-homeless-count/index.html, Zugriff am 6.6.2019

[53] dt: „Kauf´ Land, es kann nicht vermehrt werden"

[54] dt: Warte nicht damit, Grund und Boden zu kaufen; kauf´ Grund und Boden und warte ab"

Es verwundert also nicht, wenn schon das alte Testament entsprechende Vorschriften enthält: „Grund und Boden darf nicht für immer verkauft werden, denn mir gehört das Land",[55] heisst es dort, gefolgt von detaillierten Anweisungen, wie Grundbesitz und dessen Übertragung geregelt werden sollten. „Mir", das ist Gott, der den Menschen das Land überlässt, um es zu bestellen, und der menschlichem Großgrundbesitz offensichtlich mit Argwohn begegnet.

Kriege wurden bis in die jüngste Vergangenheit hauptsächlich als Territorialkriege geführt, also zur Ausdehnung des Lebensraumes; es wurden auch Erfolge im Krieg genutzt, um verdiente Soldaten mit Landzuteilungen zu belohnen. Julius Caesar nutzte solchen „ager publicus" zur Veteranenversorgung, als er sein Agrargesetz gegen erhebliche Widerstände im Senat durchsetzte.[56] Napoleon Bonaparte versprach seinen Kämpfern zwar Geldprämien, stellte aber ausdrücklich in Aussicht, diese würden hoch genug ausfallen, um sich einen Bauernhof mit sechs Arpents (= 2 Hektar) zu kaufen.[57] Der Besitz von Land war immer ein prägendes Motiv menschlichen Wirtschaftens und massgeblicher Auslöser militärischer Aggression. Dabei war die Frage, wer den Gewinn aus dem Land zieht, und wer andererseits die Arbeit in das Land steckt, um solchen Gewinn zu ermöglichen, eng verbunden mit einigen der schändlichsten Einrichtungen, die die Menschheitsgeschichte hervorgebracht hat: mit der Sklaverei, der Leibeigenschaft von Bauern, mit deren Ausbeutung in der Feudalgesellschaft und mit der Ausplünderung von Kolonien. Versuche, das Land und seine Früchte fairer zu verteilen, wurden immer wieder unternommen, waren aber in der Regel nicht erfolgreich.

---

[55] Leviticus 25, 23

[56] vgl. Plutarch, Caesar, Bd. V, S. 114; Bringmann, Römische Republik, S. 314 f.

[57] Zamoyski, Napoleon, S. 219

Die Reformversuche der Gracchen

Im ersten Jahrhundert vor Christus, gegen Ende der römischen Republik, hatte sich Eigentum und Besitz an Grund und Boden in den Hän-
den einer kleinen Senatsoligarchie konzentriert. Bestellt wurde das
Land hauptsächlich von Sklaven, während die freien Bauern, die einstmals eigenes Land bewirtschaftet hatten, sich irgendwann nicht mehr
halten konnten und ihr Land verkauften. Dabei spielte nicht zuletzt eine
Rolle, dass die Bauern regelmässig die Hauptlasten der vielen, vom römischen Senat angezettelten Kriege zu tragen hatten; die Söhne der
Bauern mussten zur Legion und fehlten deshalb als Arbeitskräfte auf
dem Hof, so dass reiche Aristokraten das Land schließlich billig aufkau-
fen konnten.[58]

Ursprünglich war der Landbesitz in der römischen Republik durchaus
anders (und einigermassen vernünftig) geregelt worden. Bis ins vierte
Jahrhundert v.Chr. geht eine Regelung zurück, die den Landbesitz ein-
zelner Familien auf 500 iugera (ca. 125ha) begrenzte,[59] um eine zu starke Konzentration auf eine schmale Elite zu verhindern. Land, das in Ter-
ritorialkriegen erobert oder römischen Vasallen abgepresst worden war,
wurde genutzt, um Legionäre zu belohnen; noch im Gefolge des zweiten punischen Krieges hatten 43.000 Veteranen Landzuteilungen erhalten.[60]

Etwa um das Jahr 170 v.Chr. endete diese Praxis.[61] Neue Kolonien
wurden nicht mehr gegründet, Landzuteilungen an Veteranen gab es
kaum noch, und die beschriebenen Regeln zur Dienstzeit von Soldaten
förderten die Konzentration des Landbesitzes. Dabei ist zu beachten,
dass weite Teile des Landes eigentlich noch immer dem Staat gehörten,

---

[58] die Wehrpflicht in der römischen Republik galt vom 17. bis zum 46. Lebensjahr; in diesem Zeitraum konnte der Wehrpflichtige insgesamt 16 Jahre zu den Waffen gerufen werden, vgl. Bringmann, Krise, S. 33

[59] vgl. Christ, Römische Republik, S. 118; s. auch Plutarch, Tiberius Gracchus, Bd. VI, S. 243

[60] Bringmann, Krise, S. 31 f.

[61] Bringmann, Krise, S. 34, 36

der sogenannte *ager publicus,* im Unterschied zum *ager privatus.* Man hatte aber zugelassen, dass dieses Land, häufig sogar ohne Bezahlung, von reichen Römern okkupiert worden war. Nachdem solche Grundstücke über lange Zeiträume faktisch in Privatbesitz gehalten und teilweise mehrfach übereignet worden waren, hatte sich allmählich eine eigentumsähnliche Struktur herausgebildet, die anzutasten massive Widerstände auslöste.[62] Es hatte quasi „die Zeit, die ja zuletzt allen Besitz heiligt, auch diesem Besitz ihr Siegel bereits aufgedrückt.“[63] Der römische Staat hatte sich durch diese Nachlässigkeit eines wesentlichen Gestaltungsmittels beraubt, das über Jahrhunderte hinweg zur Wahrung bzw. Wiederherstellung gesellschaftlicher Gleichgewichte genutzt worden war.[64]

Tiberius Gracchus entstammte einer vornehmen römischen Familie; sein Vater, der ebenfalls Tiberius Gracchus hiess, war römischer Zensor gewesen, zweimal zum Konsul gewählt worden und hatte zwei Triumphe gefeiert; verheiratet war der ältere Tiberius mit Cornelia (die später „Mutter der Gracchen“ genannt wurde), der Tochter des Scipio, der den zweiten punischen Krieg gegen Hannibal gewonnen hatte.[65]

Der jüngere Tiberius wird bei Plutarch als hochbegabter, edler Charakter geschildert, der schon in jungen Jahren zu hohem Ansehen gelangt war und dem eine glänzende Senatskarriere bevorstand, als er bei einer Reise durch Etrurien sah, wie verödet das einstmals reiche Land war und dass auf diesem Land keine freien Bauern mehr, sondern fast nur Sklaven arbeiteten.[66] Gemeinsam mit einigen anderen Reformern, darunter sein einflußreicher Schwiegervater Appius Claudius Pulcher, betrieb er daraufhin den Plan einer grundlegenden Agrarreform. Beabsichtigt war, die alten Regeln zur Begrenzung des Privatbesitzes an (eigentlich) öffentlichen Flächen (ager publicus) wieder zur Geltung zu bringen

---

[62] Bringmann, Krise, S. 37

[63] Peter, Geschichte Roms, Bd. 2, S. 12

[64] vgl. Nitzsch, Gracchen, S. 23 f.

[65] vgl. Plutarch, Tiberius Gracchus, Bd. VI, S. 237

[66] Christ, Römische Republik, S. 121

und das frei werdende Land parzelliert an freie Bauern zu vergeben.[67] Ziel war trotz allen menschlichen Edelmuts des Tiberius[68] allerdings wohl vor allem, die Wehrfähigkeit Roms zu stabilisieren, die durch die fortschreitende Verarmung der Bauern offenbar bereits stark beeinträchtigt war.[69]

Natürlich stieß das Vorhaben auf massiven Widerstand der einflußreichen Großgrundbesitzer; dennoch gelang es Tiberius, das Agrargesetz während seines Tribunats im Jahr 133 v.Chr. durchzusetzen. Danach sollte derjenige Teil des ager publicus, der über die genannten Grenzen hinaus von einzelnen Bürgern in Besitz genommen war, gegen Entschädigung enteignet und zu unveräusserlichem(!) Besitz verteilt werden. Dabei war gerade die Einschränkung des Verfügungsrechtes wichtig, um längerfristig die erneute Konzentration von Grundbesitz unter Kontrolle zu halten. Man fühlt sich unwillkürlich erinnert an die oben zitierte Bibelstelle im Leviticus 25,23, wo Gott den Menschen aufgibt, sie dürften Grund und Boden nicht „für immer" verkaufen. Die Skepsis gegenüber einem uferlosen, unkontrollierten Großgrundbesitz hatten die Reformer um Tiberius offenbar mit den Autoren des alten Testaments gemeinsam. Interessant ist aber auch die Parallele zur heutigen Diskussion um Vergemeinschaftung von Immobilien (gem. Art. 15 GG), nachdem die öffentliche Hand den größten Teil ihres Wohnungsbestandes in private Hände verkauft, also quasi den ager publicus der Bundesrepublik verhökert hat, um kurzfristige Finanzlöcher zu stopfen.

Die Umsetzung des Ackergesetzes wurde in die Hände einer dreiköpfigen Kommission gelegt, der ausser Tiberius Gracchus selbst noch sein jüngerer Bruder Gaius sowie sein Schwiegervater Appius Claudius Pulcher angehörten. Vordergründig hatte sich Tiberius damit auf der ganzen Linie durchgesetzt. Allerdings war dieser Triumph dadurch erkauft worden, dass er seinen Kollegen im Volkstribunat, M. Octavius, der ge-

---

⁶⁷ vgl. zu den Einzelheiten insbesondere auch der politischen Auseinandersetzung im römischen Senat die Darstellungen bei Bringmann, Krise, S. 36 ff.; Peter, Geschichte Roms, Bd. 2, S. 13 ff.; Christ, Römische Republik, S. 120 ff.

⁶⁸ Karl Christ zufolge war er ein „reiner und konsequenter Idealist", Römische Republik, S. 122

⁶⁹ Meyer, Gracchen, S. 14; Bringmann, Krise, S. 36

gen das Gesetz sein rechtlich wirksames Veto eingelegt hatte, einfach absetzen ließ. Die rechtliche Grundlage dieser Massnahme war zumindest zweifelhaft, Tiberius´ Legitimation damit beschädigt.

Die fortgesetzte Opposition der Partei der „Optimaten" im Senat zwang Tiberius überdies dazu, gegen geltendes Recht seine (eigentlich unzulässige) Wiederwahl als Volkstribun zu betreiben; auch damit leistete er der (ungerechtfertigten) Unterstellung Vorschub, er stelle sich selbst über das Gesetz und strebe eine Alleinherrschaft an. Die Folge waren gewalttätige Auseinandersetzungen zwischen seinen Anhängern und seinen Gegnern während der Volksversammlung anläßlich der Wahlen für das Jahr 132 v.Chr., in deren Verlauf Tiberius erschlagen wurde. Das Ackergesetz blieb zwar in Kraft, wurde aber ein Misserfolg, trotz der Versuche eines zweiten Reformerkreises um Tiberius´ Bruder Gaius, die Agrarreform in breiter angelegte Sozialreformen einzubetten. Auch Gaius bezahlte seine Bemühungen mit dem Leben.

Die Reformversuche der Gracchen werden allgemein als Anfang vom Ende der römischen Republik betrachtet. Es folgten endlose Auseinandersetzungen zwischen den beiden vorherrschenden Senatsparteien, den Optimaten (der aristokratischen Elite) und den Popularen (mit basisdemokratischer Orientierung),[70] gefolgt von einer Kette von Bürgerkriegen, die schließlich in der Diktatur des Julius Cäsar gipfelten und ins Kaiserreich mündeten. Man soll solche historischen Vergleiche nicht übertreiben, aber es kann uns auch heute zu denken geben, dass die römische Republik (auch) an der Frage gescheitert zu sein scheint, wie der begrenzte Grund und Boden zu verteilen sei, bzw. inwieweit es staatlicher Interventionen bedarf, um das Recht der Bürger auf Teilhabe am Boden und an dessen Ressourcen gegen die Kräfte eines freien und ungezügelten Marktes zu schützen. Jedenfalls verlief die Auseinandersetzung um die Agrarreformen der Gracchen vor zweitausend Jahren entlang derselben Argumentationslinien und Interessengegensätze wie die aktuellen politischen Diskussionen über Wohnraum und Immobilienspekulation, Sozialbindung und Enteignung.

---

[70] vgl. Christ, Römische Republik, S. 146 f.

Der deutsche Bauernkrieg

Der europäische Feudalstaat des Mittelalters konzentrierte den Grundbesitz nahezu vollständig in der Hand des Adels und des Klerus. Die Bauern waren abhängig von den Grundbesitzern und wurden von diesen rücksichtslos ausgebeutet. Sie lebten kaum besser als die Sklaven der Antike, und sie genossen auch kaum höhere Achtung: „Man verachtete sie, weil es üblich war, aber man verachtete sie auch, weil man sie sonst nicht in der Weise hätte ausbeuten können, wie es geschah."[71]

Die Feudalherren waren durchaus einfallsreich, wenn es darum ging, die Erträge der Bauern abzuschöpfen; es gab den Zehnten,[72] dazu Steuern, Zölle und Zinsen auf entstandene Schulden. Sogar für den Todesfall des Bauern gab es eine besondere Steuer, den „Todfall", die seiner ohnehin hungernden Familie mitunter den Rest gab.[73] Außerdem hatten die Bauern Frondienste zu leisten, also Arbeitseinsätze zu Gunsten der Feudalherren, wo immer sie gebraucht wurden. Viele Bauern gerieten im Gefolge des aus diesen Verpflichtungen entstehenden wirtschaftlichen Drucks in Hörigkeit bzw. Leibeigenschaft. Manchen erging es indes noch schlimmer, wenn etwa ihre Herrschaften wegen der höheren Profitabilität beschlossen, vom Ackerbau auf Viehzucht umzustellen: die Bauern wurden als Arbeitskräfte nicht mehr gebraucht und einfach von ihren Höfen gejagt, sie wurden zu Bettlern und Landstreichern. Schließlich wurden die *Allmenden*, seit Jahrhunderten bestehende gemeinschaftliche Rechte zur Fischerei und Jagd, einfach abgeschafft.

Vor diesem Hintergrund hatte es schon seit dem 14 Jahrhundert immer wieder Bauernaufstände gegeben, die immer mehr oder weniger blutig

---

[71] Huch, Deutsche Geschichte, Bd. 2, S. 303

[72] unterteilt in „Großzehnt" und „Kleinzehnt" hinsichtlich der unterschiedlichen landwirtschaftlichen Produkte

[73] Huch, Deutsche Geschichte, Bd. 2, S. 305

niedergeschlagen wurden. Im Gefolge der Reformation aber, gefördert von Reformatoren wie Thomas Müntzer, organisierten sich die Bauern 1524 erstmals in einem größeren Zusammenhang. Martin Luther selbst freilich, und wohl noch entschiedener Philipp Melanchthon, stellten sich gegen die Bewegung, die ihnen wohl als sozialromantische Schwärmerei erschien und die ihre politikferne Innerlichkeit störte.[74]

Mit den sogenannten „12 Artikeln", die von Vertretern der verschiedenen bäuerlichen Organisationen Anfang 1525 in der freien Reichsstadt Memmingen verhandelt und beschlossen wurden, forderten die Bauern u.a. die Abschaffung der Leibeigenschaft, freie Jagd und Fischerei sowie die Reduzierung der Abgaben und Frondienste. Damit hatten sie endlich ein gemeinsames Programm und traten damit auch erstmals mit einer gewissen Geschlossenheit auf. Wie jedoch nicht anders zu erwarten war, standen Aristokraten und Kleriker diesen Ideen ähnlich feindselig gegenüber wie seinerzeit die römische Nobilität den Vorschlägen der Gracchen, und natürlich wurde der Aufstand der Bauern brutal niedergeschlagen. Es sollte noch Jahrhunderte dauern, bis sich Grundlegendes am Los der Bauern änderte.

Die französische Revolution

Auf dem philosophischen Fundament der Aufklärung entwickelten sich gegen Ende des 18. Jahrhunderts breit angelegte Bewegungen, die die persönliche Freiheit des Menschen, seine Gleichheit vor dem Gesetz und die Idee sozialer Gerechtigkeit zum Gegenstand hatten. Als wichtigste Meilensteine dieser Entwicklung gelten die amerikanische Unabhängigkeitserklärung von 1776 und, nur wenig später, die französische Revolution ab 1789.

Im absolutistischen Frankreich unter Ludwig XVI. herrschte noch immer jene nach Ansicht der Mächtigen gottgewollte Ordnung, nach der die einen das Land besaßen, während die anderen es zu bewirtschaften

---

[74] vgl .Winkler, Geschichte des Westens, Bd. 1, S. 113 f., Roper, Luther, S. 334 ff.

hatten. Reich waren Aristokraten und Kleriker, während sich die Bauern von einer Hungersnot zur nächsten hangelten. Die verschiedenen Steuern und Abgaben, die die Bauern zu leisten hatten, waren ähnlich drückend wie vor dem Bauernkrieg in Deutschland zweieinhalb Jahrhunderte zuvor, und Jagd- bzw. Fischereirechte lagen noch immer ausschließlich bei den Großgrundbesitzern. Das ging so weit, dass Grundherren bei ihren Treibjagden Felder und Ernten der Bauern verwüsteten, während Bauern als „ohnmächtige Heloten", die etwa ein Wildschwein erlegten, weil es ihre Saat zerstörte, dafür mit lebenslanger Zwangsarbeit auf einer Galeere bestraft werden konnten.[75] Insofern folgerichtig kam es bereits im Vorfeld der Vorgänge in Versailles und Paris im Sommer 1789, die als Beginn der Revolution gelten, zu Erhebungen der bäuerlichen Landbevölkerung, und solche setzten sich auch nach den ersten Revolutionswellen fort.[76]

Jean-Jaques Rousseau beginnt sein Buch über den Gesellschaftsvertrag mit dem berühmt gewordenen Satz: „Der Mensch wird frei geboren, und überall liegt er in Ketten."[77] Das zu ändern, waren die französischen Revolutionäre angetreten, und während des wechselhaften, letztlich freilich vor allem gewalttätigen und tragischen Verlaufs der Revolution hat es nicht an Versuchen gefehlt, auch das Eigentum an Grund und Boden neu und (sach-)gerechter zu verteilen. Antoine de Cournand verlangte eine Aufteilung des Eigentums an Grund und Boden unter allen Staatsbürgern, und zwar zu gleichen Teilen. Er hielt das für eine zwingende Konsequenz aus Artikel 2 der Deklaration der Menschenrechte.[78] Cournand entwarf einen Plan für ein Ackergesetz nach dem Vorbild desjenigen der Gracchen,[79] wobei er darauf hinwies, der Boden

---

[75] Willms, Tugend und Terror, S. 50 f.

[76] Thanner, Französische Revolution, S. 36 f.

[77] Rousseau, Gesellschaftsvertrag, S. 12

[78] Cournand, Aufteilung des Grundbesitzes, S. 122; Art. 2 garantierte das Recht auf Freiheit, Eigentum, Sicherheit sowie Widerstand gegen Unterdrückung

[79] Der Plan sah vor, einfach die Gesamtfläche Frankreichs durch die Zahl der Einwohner zu teilen und per Losverfahren jedem eine Parzelle zuzuweisen, Cournand, Aufteilung des Grundbesitzes, S. 123

gehöre von Natur aus allen Menschen gleichermassen,[80] und die Tatsache, dass drei Viertel der Menschen in ihrer Existenz von Großgrundbesitzern abhängig seien, sei widernatürlich und müsse überwunden werden.[81] Thomas Paine hingegen, darauf wird später noch einzugehen sein, ging zwar von einer ähnlichen Prämisse aus, dass nämlich im Naturzustand alle Menschen gleiche Rechte zur Nutzung des Bodens hatten, war aber der Auffassung, „die Rückkehr vom zivilisierten Zustand zum Naturzustand" sei unmöglich, weshalb er für eine Ausgleichszahlung an alle Bürger plädierte.[82] Auch der schon genannte Jean-Jaques Rousseau als einer der geistigen Wegbereiter der Revolution hatte jenen Naturzustand romantisiert und gesagt: „Der erste, der ein Stück Land eingezäunt hatte und auf den Gedanken kam zu sagen ́Dies ist mein ́ und der Leute fand, die einfältig genug waren, ihm zu glauben, war der wahre Begründer der zivilen Gesellschaft,"[83] wobei Rousseau „zivil" nicht positiv im Sinne von „zivilisiert" meinte, sondern als Gegensatz zu „natürlich".[84]

Am Ende wurde zwar der Klerus (gegen relativ geringe Entschädigungen) enteignet, weil sich die Revolutionäre in ihrer Kirchenfeindlichkeit weitgehend einig waren. Das Grundeigentum der reichen Bürger hingegen, die in der Nationalversammlung gut vertreten waren und ihre Privilegien zu verteidigen wussten, wurde nicht angetastet. Die Verteilung der ehemaligen Kirchengüter wiederum erfolgte in der Regel qua Auktion, so dass hier wiederum nur Kaufinteressenten zum Zuge kamen, die das nötige Kapital mitbrachten.[85]

---

[80] Cournand, Aufteilung des Grundbesitzes, S. 120

[81] Cournand, Aufteilung des Grundbesitzes, S. 121

[82] Paine, Grundeinkommen, S. 129 ff.

[83] Rousseau, Ungleichheit, S. 74

[84] Rousseau, Ungleichheit, Anm. d. Hrsg., S. 165

[85] Willms, Tugend und Terror, S. 206 f.

Die Leibeigenschaft in Russland

Länger als anderswo in Europa hielt sich die Leibeigenschaft in Russland, wo sie erst 1861 durch Zar Alexander II. abgeschafft wurde. Während im Westen schon lange das Zeitalter der Industrialisierung angebrochen war, steckte Russland quasi noch im Mittelalter fest, mit 50 Millionen unfreien Bauern, die in bitterer Armut lebten.[86] Seit Ende des 18. Jahrhunderts hatte es immer wieder Bauernaufstände gegeben, aber bis auf ein paar westlich erzogene Adlige und Intellektuelle war das gesamte politische und wirtschaftliche Establishment des Zarenreiches der Auffassung, eine Befreiung der Bauern würde das Land ruinieren und in unkontrollierte Anarchie treiben.

1825 war der sogenannte Dekabristen-Aufstand gescheitert, in dem junge, fortschrittlich gesinnte Aristokraten, geprägt von der national einigenden Erfahrung des napoleonischen Krieges von 1812, in dem bäuerliche Soldaten offenbar häufig mehr Patriotismus an den Tag gelegt hatten als viele Adlige,[87] gegen die zaristische Autokratie, aber ausdrücklich auch gegen die Leibeigenschaft aufbegehrten. Die Rädelsführer des Aufstandes wurden hingerichtet, Hunderte anderer Beteiligter zur Zwangsarbeit nach Sibirien deportiert.[88] Auf Zar Nikolaus I. hatte die Revolte indes einen so nachhaltigen Eindruck gemacht, dass er einen Polizeiapparat bis dahin unbekannten Ausmaßes installieren ließ; statt der erhofften liberalen Reformen verordnete er dem Land einen totalen Überwachungsstaat.[89]

Eine Opposition, die ihre Legitimation aus einem überlegenen ethischen Ansatz zieht, lässt sich auf Dauer freilich nur drangsalieren, nicht aber ausschalten. Die linken, revolutionären Zirkel bekamen immer neuen Zulauf, und die hervorragendsten Intellektuellen Russlands ergriffen

---

[86] vgl. Christoph Gunkel in Klussmann/Pieper, Zaren, S. 149

[87] vgl. hierzu Orlando Figes' Darstellung des Dekabristen Sergej Wolkonski und seiner Motivation, Figes, Natasha's Dance, S. 72 ff.

[88] vgl. Montefiore, Romanows, S. 493 f., 498 f.: auch Alexander Puschkin hatte sich im Dunstkreis der Verschwörung bewegt, war aber straflos davongekommen

[89] Carmen Eller in Klussmann/Pieper, Zaren, S. 118 ff.; Montefiore, Romanows, S. 496

mehr oder weniger offen Partei für eine liberale Öffnung des Landes. Dostojewskij musste ab 1849 für mehrere Jahre als Sträfling nach Sibirien, weil er der oppositionellen Gruppierung der „Petraschewzen" angehört hatte;[90] Tolstoi nahm nicht nur den Dekabristen Sergei Wolkonski zum Vorbild für seinen Helden Andrej Bolkonski aus `Krieg und Frieden`,[91] sondern schrieb immer wieder ausdrücklich gegen die Leibeigenschaft und die Habgier der Großgrundbesitzer an, nicht nur in Krieg und Frieden, wo etwa Pierre Besuchow für die Bauern Partei ergreift, sondern z.B. auch in der Parabel `Wieviel Erde braucht der Mensch`, in der ein Bauer, der zunächst mit einem kleinen Stück Land glücklich ist, durch seinen Erfolg immer gieriger wird und schließlich endet in einem „Grab, genau so lang wie das Stück Erde, das er mit seinem Körper … bedeckte."[92]

Als dreissig Jahre nach dem Dekabristenaufstand Alexander II. den Thron bestieg, begann die längst überfällige Modernisierung, wenn auch gegen massive Widerstände aus der herrschenden Klasse. Die Dekabristen durften aus dem Exil zurückkehren, der Polizeistaat wurde gemässigt, die Politik orientierte sich - auch aus der Erfahrung des verlorenen Krimkrieges[93] - nach Westen. Mit Dekret vom 19. Februar 1861 erfolgte schließlich die Befreiung der Leibeigenen.

Natürlich erwies sich in der Folgezeit, wie schon im alten Rom der Gracchenreformen und im Frankreich der Revolution, dass die Beharrungskräfte der mächtigen Reaktionäre den Erfolg der Leibeigenen-Emanzipation stark eindämmten. Zum einen ist es verständlicherweise kaum möglich, zig Millionen von Menschen quasi direkt aus dem Mittelalter in die Moderne zu katapultieren, zum anderen waren die Bauern nach 1861 zwar frei, aber immer noch arm. Wohl sah das Dekret Alexanders neben der Befreiung der Leibeigenen auch vor, dass die Bauern

---

[90] Guski, Dostojewskij, S. 91 ff.

[91] Figes, Natasha´s Dance, S. 139 - Krieg und Frieden erschien freilich erst nach der Befreiung der Leibeigenen

[92] Tostoi, Wieviel Erde braucht der Mensch, S. 87

[93] Winkler, Geschichte des Westens, Bd. 1, S. 697

das Land, das sie bewirtschafteten, kaufen durften; aber natürlich hatten sie kein Geld und wurden überdies oft von ihren ehemaligen Grundherren übers Ohr gehauen.[94] Außerdem wurden die Adligen ohnehin recht weitgehend für den Verlust ihrer Ländereien entschädigt, während Bauern, die für den Kauf von Land einen Kredit erhielten, diesen nicht nur in 49 Jahresraten zurückzuzahlen hatten, sondern auch überwiegend relativ unfruchtbaren Boden bekamen.[95]

Wie viele andere Prozesse des Fortschritts - auch in der Gegenwart - zeigt eben auch die Befreiung der Leibeigenen, dass die Reform des *geschriebenen* Rechts nur der erste Schritt ist. Oft dauert schon die Entwicklung des *gesprochenen* Rechts wesentlich länger (wenn man etwa an rassistische Jury-Urteile in den USA denkt); am schwerfälligsten hingegen ist das *gelebte* Recht im Alltag, das auf die tatsächliche Akzeptanz der Menschen angewiesen ist.

Sklaven in den USA

Waren die Russen auch hinter der europäischen Entwicklung weit zurück, was die Abschaffung der Leibeigenschaft betraf, so waren sie erstaunlicherweise immer noch der Nation voraus, die als erste unveräußerliche Menschenrechte proklamiert hatte. Noch vor der Unabhängigkeitserklärung der USA vom 4. Juli 1776 war in Amerika am 12. Juni 1776 die `Virginia Declaration of Rights` erfolgt, deren erster Artikel lautete: „That all men are by nature equally free and independent, and have certain inherent rights ...“[96] Dass dieses Bekenntnis zu menschlicher Würde und Gleichheit weder Indianer noch Sklaven einschloss, bezeichnet Heinrich August Winkler als „die große Hypothek der Vereinigten Staaten ... bis zur Gegenwart.“[97]

---

[94] vgl. Montefiore, Romanows, S. 561

[95] Winkler, Geschichte des Westens, Bd. 1, S. 734

[96] dt: „Alle Menschen sind von Natur aus in gleicher Weise frei und unabhängig und besitzen bestimmte angeborene Rechte ...“

[97] Winkler, Geschichte des Westens, Bd. 1, S. 277; vgl. auch Lepore, These Truths, S. 45 ff.

Die Sklaverei, verharmlosend „peculiar institution"[98] genannt, stand durchaus in der Tradition brutaler Machtpolitik, mit der die Siedler, die aus Europa kamen, die Indianer immer weiter in die Enge trieben. Es kann auch leider keine Rede davon sein, dass die Nordstaaten (oder Präsident Lincoln in Person) einer wirklichen Gleichberechtigung der Schwarzen das Wort geredet hätten. Zwar hielt Lincoln die Sklaverei für ein „moralisches, soziales und politisches Übel". Sein politisches Ziel im Vorfeld des Bürgerkrieges war aber pragmatisch und defensiv; es beschränkte sich darauf, dass sich die Sklaverei nicht weiter ausbreiten sollte, also keine neuen Sklavenstaaten in die Union aufgenommen werden sollten.[99] Und dass es die Südstaaten waren, die an der Sklaverei festhielten, lag nicht unbedingt daran, dass die Nordstaatler ethisch weiter entwickelt gewesen wären, sondern an der landwirtschaftlichen Prägung der Südstaaten: die Plantagenbesitzer in Carolina oder Georgia waren auf ihre Sklaven wirtschaftlich angewiesen, der industrialisierte Norden nicht. Auch hier ist wieder auffällig, dass die Ausbeutung des Menschen, sei es durch Sklaverei, Leibeigenschaft oder einfach durch seine Armut, eng mit (Groß-)Grundbesitz zusammenhängt. Das ist die große Klammer, die sich von der Spätphase der römischen Republik über das Mittelalter und die Bauernkriege bis zu den Emanzipationsbewegungen der Neuzeit spannt. Die Inbesitznahme des Landes durch die frühen amerikanischen Siedler hat man sich wohl tatsächlich ungefähr so vorzustellen, wie Rousseau sarkastisch formulierte:[100] Sie schlugen einfach vier Pflöcke in den Boden und erklärten denselben zu ihrem Eigentum. Dass das Land jahrhundertelang den Indianern gehört hatte, interessierte sie selbstverständlich nicht.[101] Die Puritaner und Kongregationalisten, die unter den Siedlern den Ton angaben, formulierten ein selbstbewusstes Narrativ, indem sie sich als neues auserwähltes Volk sahen, das Gott aus Europa in die neue Welt geführt hatte. Sogar einen neuen Bund, den „covenant", hatte Gott mit den Puritanern geschlos-

---

[98] dt: „besondere Einrichtung"

[99] Winkler, Geschichte des Westens, Bd. 1, S. 743

[100] vgl. Rousseau, Ungleichheit, S. 74

[101] vgl. Sautter, Geschichte der USA, S. 54

sen.[102] Quäker und Baptisten, die eher auf einen friedlichen Ausgleich mit den Indianern setzten, hatten gegenüber dieser Politik der Stärke das Nachsehen.[103]

Alexis de Tocqueville hat die Fortschrittlichkeit der US-amerikanischen Gesellschaftsordnung damit begründet, dass es hier keine feudale Tradition gebe: „Die Bürger der Vereinigten Staaten haben sich niemals durch irgendein Vorrecht unterschieden; sie haben nie die Wechselbeziehungen zwischen Untergebenem und Herrn kennengelernt ...“[104] Die Amerikaner waren also prädestiniert für demokratische Strukturen, für Freiheit und Gleichheit, weil sie diese nicht erst einer verbohrten Aristokratie abtrotzen mussten. Aber ebenso wie die Indianer gehörten die Schwarzen einfach nicht dazu, wenn die Amerikaner Rechte definierten. Tocqueville schrieb in seinem genannten Buch übrigens auch ein bemerkenswertes Kapitel über die „Stellung der schwarzen Rasse in den Vereinigten Staaten“.[105] Er verritt die Auffassung, die beiden Rassen könnten keinesfalls gleichberechtigt zusammenleben, hält die Abschaffung der Sklaverei aber für unausweichlich, prognostiziert, dass dies „den Widerwillen der weißen Bevölkerung gegen die Schwarzen steigern wird,“[106] und sagt quasi das Apartheid-System nach Abschaffung der Sklaverei voraus.

Am 1. Januar 1863 trat die von Präsident Lincoln proklamierte Emanzipation der Sklaven in Kraft. Es dauerte freilich bis zum April 1865, bis der amerikanische Bürgerkrieg endete und die Sklaven der Südstaaten auch tatsächlich befreit wurden; Lincoln selbst erlebte das nicht mehr, er wurde am 14. April 1865 von einem fanatischen Südstaatler erschossen. Was aber das Los der schwarzen Amerikaner betraf, so dauerte es noch ziemlich lange, bis es sich merklich besserte. Wieder einmal war das geschrieben Recht weitaus fortschrittlicher als die gelebte Rechtswirklichkeit. Die Schwarzen waren zwar wahlberechtigt, aber die weißen

---

[102] Winkler, Geschichte des Westens, Bd. 1, S. 264 f

[103] Winkler, Geschichte des Westens, Bd. 1, S. 262 f.; Lepore, These Truths, S. 19 ff

[104] Tocqueville, Amerika, S. 319 f.

[105] Tocqueville, Amerika, S. 198 ff.

[106] Tocqueville, Amerika, S. 200

Rassisten in den Südstaaten höhlten dieses Wahlrecht systematisch aus. Der Ku-Klux-Klan wurde gegründet und verbreitete seinen Schrecken bis in die Zeiten der Bürgerrechtsbewegung in den 1960-er Jahren. Es folgten die „Jim-Crow-Gesetze", mit denen an Schulen, in Restaurants und öffentlichen Verkehrsmitteln die Rassentrennung eingeführt wurde. Erst als Afrika nach dem zweiten Weltkrieg „entkolonisiert" wurde, setzten sich auch die amerikanischen Schwarzen gegen den „inneren Kolonialismus" innerhalb der USA durch und erzwangen das Ende der Rassentrennung auch im südlichen Teil des Landes.[107] Der Verteilung des Wohlstands in diesem „Land of the Free" merkt man diese schwierige Geschichte freilich noch immer an.

Eigentum vs. Verantwortung; Art. 14 III, 15 GG

Über Sklaverei und Leibeigenschaft sind wir inzwischen hinweg gekommen, und die Geltung universeller Menschenrechte steht in unseren Breiten jedenfalls grundsätzlich nicht mehr zur Disposition. Trotzdem ist es notwendig, sich zu vergegenwärtigen, auf welchen Fundamenten unsere Eigentums- und Wirtschaftsordnung steht.

Der Versuch einer kommunistischen Weltrevolution, die jene aus feudalen Strukturen hervorgegangenen, als ungerecht empfundenen Eigentumsverhältnisse komplett beseitigen wollte, ist einigermassen krachend gescheitert. Erfolgreicher war da schon der gemäßigte Kapitalismus, den westeuropäische Staaten, allen voran die Bundesrepublik Deutschland, nach dem zweiten Weltkrieg entwickelten. Wir müssen heute keine Bauern mehr befreien, und die politische und soziale Sicherheit, die wir unseren Bürgern bieten, geht weit über alles hinaus, was sich die russischen Bauern oder die amerikanischen Sklaven im 19. Jahrhundert hätten träumen lassen. Aber wir tragen noch immer dieselben Konflikte aus: es geht um Besitzstände von Minderheiten, mehr oder weniger legitimiert, die mit sozialen Ansprüchen kollidieren.

---

[107] Winkler, Geschichte des Westens, Bd. 3, S. 439 f.

Das Grundgesetz ist, was die Wirtschaftsverfassung betrifft, weitgehend neutral formuliert;[108] das ist kein Wunder, hatten doch die konservative CDU/CSU und die damals noch ziemlich sozialistische SPD auf einen gemeinsamen Nenner zu kommen. Die vorläufige Entscheidung für die soziale Marktwirtschaft und gegen eine stärker planwirtschaftlich ausgerichtete Republik fiel nicht im Parlamentarischen Rat, der das Grundgesetz erarbeitete, sondern in der Bundestagswahl im August 1949.[109] Vorläufig war sie deshalb, weil das Grundgesetz die soziale Marktwirtschaft eben nicht als verbindlich festschreibt, sondern eine Revision der Wirtschaftsverfassung qua Mehrheitsentscheidung bewußt offen lässt.[110]

Im Parlamentarischen Rat tobte seinerzeit ein intensiver ideologischer Streit über die Formulierung des Eigentumsartikels (Art. 14 GG): die SPD, namentlich Carlo Schmid, wollte verhindern, dass sich jemand „aus unheiligen Motiven in die Heiligkeit des Eigentumsbegriffes flüchten" könne.[111] Er schlug für Art. 14 GG deshalb die Formulierung vor: „Das der persönlichen Lebenshaltung oder der eigenen Arbeit dienende Eigentum wird zugleich mit dem Erbrecht gewährleistet. Inhalt und Schranken werden durch die Gesetze bestimmt."[112] Die Einschränkung des Eigentumsschutzes auf Güter, die der persönlichen Lebenshaltung oder der eigenen Arbeit dienen, mutet aus heutiger Perspektive geradezu sozialistisch an. Im Jahr 1949 war eben noch nicht abzusehen, dass die soziale Marktwirtschaft der Bundesrepublik einen jahrzehntelangen wirtschaftlichen Boom bescheren würde. Vielmehr konnte der Kapitalismus aus der Perspektive der Grundgesetzautoren durchaus auch skeptisch betrachtet werden; immerhin hatten die kapitalistischen Volkswirtschaften Europas gerade zwei verheerende Kriege gegenein-

---

[108] vgl. Jarass in: Jarass/Pieroth, GG, Art. 15, Rn. 1

[109] vgl .Winkler, Geschichte des Westens, Bd. 3, S. 114

[110] Bryde in: Münch/Kunig, GG, Art. 15., Rn. 1

[111] Kurzprotokoll Ausschuss f. Grundsatzfragen v. 7.10.1948, BA Z 12/45, zitiert nach Weber, Carlo Schmid, S. 358

[112] vgl. Weber, Carlo Schmid, S. 358

ander geführt, und der östliche Teil des Kontinents war infolge dessen einer wenig vielversprechenden Ideologie in die Hände gefallen.

Insbesondere die Vertreter der FDP unter Theodor Heuss verhinderten zwar schließlich, dass die genannten Beschränkungen des Eigentumsrechts ins Grundgesetz aufgenommen wurden, aber immerhin setzte Carlo Schmid den Art. 15 GG durch, der „nicht als Sonderfall der Individualenteignung zu gelten" habe, sondern die Möglichkeit einer späteren strukturellen Neuordnung der Wirtschaftsverfassung biete.[113] Insbesondere was den hier in Rede stehenden Grund und Boden betrifft, sieht Art. 15 GG die Möglichkeit der Sozialisierung vor, wenn dies zur Deckung eines gesellschaftlichen Bedarfs erforderlich ist.[114]

Die letztlich verabschiedete Systematik der Artikel 14 und 15 des Grundgesetzes war ein Kompromiss zwischen den bürgerlichen Parteien einerseits und den Sozialdemokraten andererseits; dabei hatte die SPD durchaus konkret im Sinn, den Art. 15 GG später einmal, bei Vorliegen entsprechender parlamentarischer Mehrheiten, zur grundlegenden Umgestaltung der Wirtschaftsordnung zu nutzen.[115] Dass dies nie wirklich versucht wurde, weil die soziale Marktwirtschaft seit den 50er Jahren einfach zu erfolgreich war, um die Eigentumsverhältnisse mehrheitsfähig in Frage zu stellen, ändert an der verfassungsrechtlich verbrieften Möglichkeit der Sozialisierung von Wohnraum nichts. Das gilt trotz der Tatsache, dass der Zusammenbruch der DDR Mehrheiten für sozialistische oder gemeinwirtschaftliche Alternativen noch unwahrscheinlicher gemacht hat,[116] und es gilt ungeachtet der Festschreibung der „Sozialen Marktwirtschaft" als gesamtdeutscher Wirtschaftsordnung im Einigungsvertrag von 1990.[117] Der Trend der vergangenen Jahrzehnte ging offensichtlich in die Gegenrichtung, also hin zu weitge-

---

[113] Der Parlamentarische Rat, Bd. 5/1 S. 213 f., zitiert nach Weber, Carlo Schmid, S. 358

[114] vgl. Jarass in: Jarass/Pieroth, GG, Art. 15., Rn. 5; Art. 15 GG knüpft dabei an Art. 155, 156 der Weimarer Reichsverfassung an, vgl. Wieland in: Dreier, GG, Art. 15, Rn. 2

[115] Bryde in: Münch/Kunig, GG, Art. 15, Rn. 1

[116] Bryde in: Münch/Kunig, GG, Art. 15, Rn. 4

[117] Bryde in: Münch/Kunig, GG, Art. 14, Rn. 2

hender Privatisierung (Telekom, Post, Bundesbahn etc.), aber unverändert hält das Grundgesetz ein breit gefächertes, ideologisch neutrales Instrumentarium bereit. Dass die massgeblichen Kommentatoren des Grundgesetzes der Auffassung sind, Art. 15 GG habe in der „gegenwärtigen Verfassungswirklichkeit" keine konkrete politische Bedeutung, sondern beziehe seinen Stellenwert eher aus dem historischen Kontext, in dem er entstanden sei,[118] kann sich in den nächsten Auflagen der Kommentare schnell ändern, wenn Wohnungsnot, Mietwucher und Gentrifizierung von Innenstädten weiter ins Zentrum öffentlicher Debatten rücken.

Jedenfalls ist es absurd, wenn Forderungen, Art. 15 GG als Hebel in Erwägung zu ziehen, um die Wohnungsnot zu mildern, als verfassungsfeindlich gebrandmarkt werden. Der frühere Verfassungsrichter Dieter Grimm weist hierzu nicht nur darauf hin, dass eine Norm, die von Anfang an im Grundgesetz stand, per definitionem nicht verfassungswidrig sein kann, er stellt auch mit dankenswerter Klarheit fest, es sei in dieser Debatte kein Argument, dass diese Norm noch nie angewandt wurde; das gelte schließlich auch für andere Artikel des Grundgesetzes, so z.B. der Bundeszwang in Art. 37 GG oder die Präsidentenanklage wegen Verfassungsbruchs gemäß Art. 61 GG.[119] Alle drei Artikel haben gemeinsam, dass sie dem Staat Möglichkeiten an die Hand geben, in kritischen Situationen zu reagieren, und nur weil das noch nie nötig wurde, sind die Sicherungen keineswegs überflüssig. Oder würde jemand die Feuerversicherung seines Hauses kündigen, weil es noch nie gebrannt hat?

Es kann durchaus sein, dass wir jetzt, in einer Zeit der Wohnraumknappheit und -verteuerung, wie es sie seit der Nachkriegszeit nicht mehr gab, zu dem Mittel der Vergesellschaftung greifen müssen, um gesellschaftliche Brüche zu verhindern, die weit schlimmere Auswirkungen (auch auf die Geschäftsmodelle marktwirtschaftlicher Unternehmer) haben könnten als alle bisher ausgestandenen Krisen der Bun-

---

[118] vgl. Wieland in: Dreier, GG, Art. 15, Rn. 17 f., Bryde in: Münch/Kunig, GG, Art. 15, Rn. 24 f., Jarass in: Jarass/Pieroth, GG, Art. 15, Rn. 1

[119] Grimm in: FAZ v. 9.5.2019, S. 6

desrepublik zusammen. Vor einer zweiten DDR braucht sich in diesem Zusammenhang niemand zu fürchten. Der bereits zitierte Dieter Grimm beruhigt hier durch Hinweise auf die verfassungsrechtlich zentralen Freiheitsrechte in Art. 14 (Eigentum), Art. 12 (Berufsfreiheit) und Art. 2 (allgemeines Persönlichkeitsrecht). Das Bundesverfassungsgericht hat sich über Jahrzehnte als verlässlicher Sachwalter dieses Gefüges erwiesen, und das neoliberale Zetern gegen jene, die Art. 15 GG ins Spiel bringen, ist ziemlich leicht als taktisches Spiel zu entlarven.

Richtig ist aber, dass Vergesellschaftung schon der kontroversen Rezeption wegen nur als ultima ratio in Frage kommen kann. Dringend erforderlich ist zunächst, dass die Versorgung der Bevölkerung mit adäquatem Wohnraum endlich politische Priorität bekommt. „Schwarze Nullen" in der Etatplanung dürfen dem ebensowenig entgegen stehen wie das liberale Credo, der Staat solle sich einfach heraushalten. Mietpreisbremsen allerdings, das haben die jüngsten Versuche in diese Richtung gezeigt, funktionieren nicht wie gewünscht. Eher schon wäre es angezeigt, ein paar der Brandbeschleuniger zu revidieren, die die Politik aus noblen Beweggründen heraus ins Feuer des Mietwohnungsmarktes geworfen hat, z.B. die steuerlich geförderte Sanierung von Mietwohnungen, deren Kosten dann einfach auf die Mieter abgewälzt werden, weswegen sich viele Mieter die Wohnung, in der sie seit Jahrzehnten wohnen, auf einmal nicht mehr leisten können.

Der Staat wird nicht umhin kommen, den sozialen Wohnungsbau wieder stärker in die eigene Hand zu nehmen. Ob er dabei auf das Mittel der Vergesellschaftung zurückgreifen muss, weil er in manchen Gegenden gar keine eigenen Flächen mehr hat, die er zum Bau nutzen könnte, mag von Land zu Land und von Kommune zu Kommune unterschiedlich sein. Hat er die nötigen Flächen und will er nicht selbst als Vermieter auftreten, wäre aber jedenfalls zu überlegen, das alte, aber lange kaum genutzte Vehikel der Erbpacht einzusetzen,[120] statt wieder einfach die Wohnungen zu verkaufen. Bei der Erbpacht wird das Grundstück nicht übereignet, sondern langfristig verpachtet (meist für 99 Jahre);

---

[120] vgl. dazu auch bereits Spence, Gemeineigentum, S. 23 ff., der Entsprechendes schon im 18. Jahrhundert vorgeschlagen hat!

nach Ablauf wird der Vertrag entweder verlängert oder der Pachtgeber (hier die öffentliche Hand) kauft die auf dem Grundstück stehende Immobilie zu einem vertraglich festgelegten Prozentsatz des Verkehrswertes an. Das gibt dem öffentlichen Grundstückseigentümer die Möglichkeit, maßgeblichen Einfluß auf die Vermarktung des Bodens zu behalten, insbesondere also Vorgaben für Anteile sozialen Wohnungsbaus, Mietentwicklung etc. zu machen. Außerdem könnte natürlich wegen des Wegfalls der Grunderwerbskosten der Anteil an Eigenheimbesitzern erhöht werden.

Selbstverständlich gibt es auch andere Ansätze, etwa die Wiederbelebung ländlicher Wohngebiete, die dann aber infrastrukturell an die Metropolen angebunden werden müssten, sowie die Neuordnung des Systems sozialer Leistungen, die das eigentliche Thema dieses Buches ist. Aber all das wird erst dann wirklich in Gang kommen, wenn diejenigen, die über solche Fragen diskutieren oder sogar zu entscheiden haben (die in der Regel nicht obdachlos sind!), begreifen, dass dieses Thema nicht einfach eine soziale Frage unter vielen ist, sondern das Zeug zum sozialpolitischen Super-GAU hat.

Exkurs: Private Überschuldung

Ich bin seit 2014 ehrenamtlich bei der Schuldnerberatung des Caritasverbandes in Frankfurt am Main tätig. Die folgenden Beispiele für Schicksale überschuldeter Menschen stammen aus den Jahren 2016/17. Sie sind in Einzelheiten geringfügig verfremdet, um die Privatsphäre der Betroffenen zu schützen, haben sich aber grundsätzlich in dieser Form zugetragen.

Maria[121] ist 38 Jahre alt und hat zwei schulpflichtige Töchter. Sie arbeitet in Teilzeit und bezieht ergänzend ALG II, im Volksmund „Hartz IV" genannt, sowie Kindergeld. Nach Abzug der Miete lebt die Familie von insgesamt ca. € 1.100,- pro Monat. Der Vater der beiden Kinder zahlt

---

[121] alle Namen wurden geändert

nicht nur keinen Unterhalt, sondern hat ihr bei der Trennung € 28.000,-
Schulden hinterlassen für einen Kredit, den er aufgenommen und verbraucht hat, für den sie aber haftet, weil sie den Darlehensvertrag auf
seine Bitte hin mit unterschrieben hat. Außerdem hat Maria rund €
3.000,- weitere Schulden, im Wesentlichen aus einem Mobilfunkvertrag,
einem kostspieligen Wechsel des Stromanbieters, auf dessen irrefüh-
rende Werbung sie hereingefallen war, und zwei Monate Mietrückstand.
Über Jahre hinweg hatte Maria versucht, ihre Schulden in Raten abzu-
zahlen, doch war der Schuldenstand stets nur weiter gewachsen, weil
Zinsen, Mahn- und Inkassokosten höher waren als die geringen Beträge, die sie zur Tilgung aufbringen konnte.

Zur Schuldnerberatung kam Maria, als ihr die Zwangsräumung ihrer
Wohnung drohte. Wegen der Mietrückstände hatte der Vermieter mit
seiner Räumungsklage Erfolg gehabt. Wie viele andere Schuldner hatte
Maria lange gezögert, bei einer Schuldnerberatung Hilfe zu suchen; sie
verdrängte ihre aussichtslose finanzielle Situation, schämte sich ihrer
Schulden und wurde erst aktiv, als ihr buchstäblich die Obdachlosigkeit
drohte.

Maria kam gerade noch rechtzeitig. Der Schuldnerberater vermittelte sie
an die „Hilfen zur Wohnungssicherung" des Sozialamtes, wo sie ein
Darlehen bekam, um die Mietschulden samt Gerichtskosten zu zahlen
und damit die Räumung der Wohnung zu verhindern. Der Vermieter
liess sich darauf ein, nachdem ihm neben der Zahlung des Mietrück-
standes zugesichert wurde, dass die Miete künftig direkt vom Jobcenter gezahlt wird. Das Darlehen des Sozialamtes wird über Jahre hinweg
in kleinen Raten mit ihren ALG II-Ansprüchen verrechnet. Mit den übrigen Gläubigern nahm der Schuldnerberater Kontakt auf und bereitete
ein Verbraucherinsolvenzverfahren vor, mit dem Maria in etwas mehr als
sechs Jahren schuldenfrei werden kann.

Seit 1999 gibt es die Möglichkeit der Entschuldung durch ein Insolvenzverfahren auch für Privatpersonen. Es besteht im Wesentlichen darin,
dass für einen Zeitraum von bis zu sechs Jahren alle pfändbaren Einkünfte an einen Insolvenzverwalter abgetreten werden, der sie dann pro

rata an die Gläubiger verteilt. Nach Ablauf dieser sogenannten „Wohlverhaltensperiode" erlangt der Schuldner die „Restschuldbefreiung", d.h., die bis dahin nicht getilgten Schulden werden faktisch gestrichen. Ausgenommen hiervon sind Schulden, die aus unerlaubten Handlungen (also insbesondere aus Straftaten) resultieren. Es gibt in der Insolvenzordnung sogar die Möglichkeit einer Restschuldbefreiung schon nach drei Jahren, wenn bis dahin 35% der Schulden sowie die Kosten des Insolvenzverfahrens bezahlt sind, aber die meisten Betroffenen leben ausschließlich von unpfändbaren Sozialleistungen, weshalb in der Regel gar keine Zahlungen an die Gläubiger fliessen können.

Pawel (41) kam vor 25 Jahren als Spätaussiedler aus Russland. Er hatte Schwierigkeiten, Fuss zu fassen, war lange arbeitslos, begann zu trinken, lebte auf der Strasse. Schulden machte er vor allem bei Ärzten und Krankenhäusern, weil er eine Zeitlang nicht krankenversichert war. Hinzu kamen Geldstrafen für kleinere Straftaten wie Ladendiebstähle und Beförderungserschleichung (Schwarzfahren). Seine Gesamtverschuldung betrug € 6.500,-.

Seit zwei Jahren schon war Pawel trocken, hatte erfolgreich mehrere Therapien durchlaufen, war hochmotiviert, sein Leben in den Griff zu bekommen. Allerdings war er nur bedingt arbeitsfähig wegen einer chronischen Lebererkrankung aufgrund des langjährigen Alkoholmissbrauchs, und mit Blick auf seine Schulden fand er lange keine Wohnung, lebte in einem Wohnheim der Stadt Frankfurt. Als Pawels Konto gepfändet wurde und er buchstäblich keinen Cent mehr in der Tasche hatte, schickte ihn eine Sozialarbeiterin schließlich zur Schuldnerberatung. Dort half man ihm, ein Pfändungsschutzkonto einzurichten (auf dem für Alleinstehende damals monatlich maximal € 1.133,-[122] vor Pfändung geschützt waren, für Familien gelten entsprechend höhere Beträge), und bei seinen Schulden die richtigen Prioritäten zu setzen: Geldstrafen müssen erledigt werden, sonst droht schlimmstenfalls Verhaftung und eine Ersatzfreiheitsstrafe. Mit der zuständigen Staatsanwaltschaft vereinbarte der Schuldnerberater, dass Pawel seine Strafen

---

[122] Stand: 2015

durch gemeinnützige Arbeit tilgen konnte. Als das nach sechs Monaten geschehen und Pawel weiterhin stabil war, ermöglichte ein Darlehen der „Stiftung Resozialisierungsfonds für Straffällige (Reso-Fonds)", mit der die Schuldnerberatung der Caritas eng zusammenarbeitet, die Tilgung der restlichen Schulden. Weil eine Mehrheit der Gläubiger für einen Vergleich mit einer Zahlungsquote von 20% gewonnen werden konnte, wurde in einem gerichtlichen Schuldenbereinigungsplanverfahren eine entsprechende Lösung für alle Schulden von Pawel durchgesetzt. Er musste nun noch etwa zwei Jahre lang € 50,- pro Monat an den Reso-Fonds zurückzahlen, dann würde er schuldenfrei sein. In der Zwischenzeit hatte er auch eine kleine Wohnung gefunden und hoffte, bald arbeiten zu können.

Erkan (35) ist als Sohn türkischer Gastarbeiter in Deutschland aufgewachsen. Ende der 90er-Jahre hatte er bei einem Besuch in der Türkei ein schweres Erdbeben erlebt und eine posttraumatische Belastungsstörung davongetragen. Er konnte danach lange nicht arbeiten, lebte seither mit seinen Eltern von deren kleiner Rente; in den letzen Jahren pflegte er den kranken Vater. Sozialleistungen hatte Erkan nie beantragt, zum Teil aus Unkenntnis über Art und Umfang seiner Ansprüche, zum Teil aus Scham und Angst, zum Sozialamt zu gehen. Weil er sich nie beim Jobcenter arbeitslos gemeldet hatte, war er auch nicht krankenversichert, so dass nicht nur seine psychischen Probleme unbehandelt blieben, sondern durch gelegentliche ärztliche Behandlungen auch Schulden entstanden; weitere Schulden kamen hinzu, weil oft einfach für das Nötigste Geld fehlte.

Erst als der Vater starb, kam Bewegung in Erkans Leben. Da dessen Rente nicht mehr zur Verfügung stand, hatte er keine Wahl mehr, er musste sich an das Sozialamt bzw. das Jobcenter wenden. Er bezieht jetzt ALG II, die AOK bezahlt eine Psychotherapie, und das vom Schuldnerberater eingeleitete Insolvenzverfahren läuft. Spätestens 2022 wird Erkan schuldenfrei sein.

Allerdings verläuft die Schuldnerberatung nicht immer so abschließend erfolgreich wie in diesen Fällen. Häufig kommen Ratsuchende wegen

einer akuten Notlage, nehmen aber nach entsprechender Kriseninter-
vention z.B. zur Abwendung von Verhaftung oder Obdachlosigkeit die
Folgetermine nicht wahr, die notwendig wären, um ihre finanzielle und
soziale Situation nachhaltig zu verbessern. Es gibt auch viele „Dauer-
kunden", die über viele Jahre immer wieder kommen, wenn sich die
Lage wieder mal zuspitzt, sich aber ansonsten mit ihrer Verschuldung
arrangiert haben und einer weitergehenden Betreuung nicht zugänglich
sind.

Jessica ist 22, hat einen Realschulabschluss, wohnt bei ihrer Schwester
und macht derzeit eine Ausbildung im Einzelhandel (Ausbildungsvergü-
tung: € 350,-). Vorher war sie einige Zeit arbeitslos und hat € 5.000,-
Schulden angesammelt: unbezahlte Internet-Bestellungen, Mobilfunk-
verträge und ein überzogenes Girokonto machen den Löwenanteil aus.
Dazu kommen eine Reihe erhöhter Beförderungsentgelte wegen
Schwarzfahrten, die sich jeweils von ursprünglich € 60,- durch Inkasso-
und Rechtsanwaltsgebühren sowie Gerichtskosten für Mahn- und Voll-
streckungsbescheide auf bis zu € 250,- pro Einzelfall aufgeschaukelt
haben. Zur Schuldnerberatung kommt Jessica aber nur deshalb, weil
ihr wegen einer unbezahlten Geldstrafe die Ladung zum Antritt einer Ersatzfreiheitsstrafe ins Haus flattert. Auf die Intervention der Schuldnerberatung hin (Verlust des Ausbildungsplatzes droht, Sozialprognose
wäre durch Haft drastisch verschlechtert) kann die Inhaftierung verhindert werden, für die Geldstrafe wird Ratenzahlung gewährt. Auf das Angebot, die Verschuldung insgesamt aufzuarbeiten, entsprechende Vergleiche mit den Gläubigern anzustreben und einen Haushaltsplan aus-
zuarbeiten, um ihre Finanzen langfristig zu sanieren, geht Jessica aber
nicht ein. Sie bleibt dem Folgetermin bei der Schuldnerberatung fern.

So unterschiedlich wie diese Fälle sind auch die Menschen, die Hilfe bei
der Schuldnerberatung suchen. Dennoch kann man die meisten „Über-
schuldungskarrieren" auf drei typische Ursachen zurückführen: fast
immer ist es Arbeitslosigkeit, Krankheit oder Trennung bzw. Scheidung,
die das auch bei Normalverdienern häufig sehr fragile finanzielle
Gleichgewicht erschüttern. Der gedankenlose Verschwender, der über

seine Verhältnisse lebt und irgendwann einfach pleite ist, kommt zwar vor, ist aber eher selten. Häufiger sind Menschen, oft mit Kindern, die durchaus sinnvolle Anschaffungen über Verbraucherkredite finanzieren, die ihnen aber über den Kopf wachsen, wenn sie etwa unvermutet arbeitslos werden oder eine Scheidung (mit doppelter Haushaltsführung bei schlechterer Steuerklasse) die Kosten der Lebenshaltung erhöht. Was folgt, ist meist eine Spirale aus weiterer Verschuldung, Kosten durch Gerichtsverfahren und Vollstreckungsmassnahmen etc.

Häufig sind leider auch Fälle, in denen Menschen durch „Arbeitgeber" in Scheinselbständigkeit gedrängt oder auch durch öffentliche Förderung („Ich-AG") in selbständige Gewerbe „gelockt" wurden. Wer nichts gelernt hat ausser Auto fahren, vielleicht nicht mal richtig Deutsch kann, dann aber einen selbständigen Umzugs-Service eröffnet, scheitert natürlich an all den bürokratischen Details, die ein Unternehmer-Dasein mit sich bringt, z.B. Umsatzsteuervoranmeldungen, Steuererklärungen überhaupt, Berufsgenossenschaften, Versicherungspflichten usw.; Ordnungsamt, Gewerbeaufsicht und Finanzamt sehen eine Weile zu, und wenn die Blase platzt, hat der Delinquent einige zehntausend Euro Schulden allein schon deshalb, weil er keine Steuererklärungen abgegeben und folglich vom Finanzamt geschätzt wurde (natürlich viel zu hoch, aber die Bescheide sind längst rechtskräftig, wenn der Schuldner endlich zur Beratung kommt).

Erschreckend ist die Statistik zur privaten Überschuldung: in der Stadt Frankfurt am Main sind mehr als 10% der erwachsenen Bevölkerung zahlungsunfähig, Kinder sind überproportional mitbetroffen. Noch schlimmer ist die Situation in weniger prosperierenden Städten, Überschuldungsquoten von 15% und mehr sind in strukturschwachen Großstädten keine Seltenheit. Die katastrophalen Folgen, die dieses Problem durch Wechselwirkungen mit der Häufung von Kriminalität, Bildungsferne von Kindern, chronischen Krankheiten durch mangelhafte Ernährung usw. hervorruft, liegen auf der Hand.

Ein Sozialsystem, das all dies sehenden Auges in Kauf nimmt, ist dringend reformbedürftig. Und zwar strukturell reformbedürftig, opportunitätsgetriebene Verbesserungen von Sozialleistungen wirken immer nur symptomatisch und werden die Abkoppelung des überschuldeten Prekariats vom Rest der (wohlhabenden) Gesellschaft nicht verhindern.

Migration

Es gibt derzeit in Europa (und besonders in Deutschland) kaum ein Thema, das so emotional diskutiert wird wie der Zustrom von Flüchtlingen insbesondere aus den Bürgerkriegsgebieten der Levante und den Armutszonen Afrikas. Dabei fällt auf, dass die Klarheit des Urteils vieler massgeblicher Protagonisten der Debatte kaum von Sachkenntnissen getrübt wird. Im Wesentlichen stehen sich zwei Parteien unversöhnlich gegenüber: auf der einen Seite die solidarischen Menschenfreunde, die auf das Schicksal des einzelnen Flüchtlings blicken und sich zur Hilfe verpflichtet fühlen, auf der anderen die „Verteidiger des christlichen Abendlandes", die vor Überfremdung warnen und darauf hinweisen, dass „wir nun mal nicht allen helfen können".

Das Problem mit solchen emotional aufgeladenen Debatten ist, dass man kaum eine sachliche Haltung einnehmen kann, ohne von beiden Seiten aufgeregt beschimpft zu werden, von den einen als empathieloser nationaler Chauvinist, von den anderen als Wegbereiter ausufernder Kriminalität und des importierten Terrorismus.

Besonders bizarr ist es natürlich, wenn Menschen, denen christliche Werte wie Nächstenliebe, Barmherzigkeit und Gewaltfreiheit erkennbar fremd sind, sich als Verteidiger des christlichen Abendlandes gerieren. Wenn man aus den vielen Krippen, die alljährlich im Advent in den Kirchen aufgebaut werden, Juden, Araber und Flüchtlinge herausnimmt, bleiben nur Ochsen und Esel übrig! Und im übrigen hat kein Kontinent so viele Menschen „exportiert" wie Europa: die Ureinwohner von Amerika und Australien hätten weitaus mehr Anlass, die „Umvolkung" ihrer Länder zu beklagen, als wir das haben! Andererseits ist eine „Willkommenskultur" ohne ausreichende Integrationskapazitäten auf Dauer nicht tragfähig; das haben inzwischen die meisten Entscheidungsträger erkannt und geben nun vor, die sogenannten Fluchtursachen zu bekämpfen. Tatsächlich besteht aber die bislang wichtigste und wirksamste Massnahme zur Eindämmung des Flüchtlingsstroms aus der Levante in einem Abkommen (ausgerechnet!) mit der Türkei: dort sollen gegen Geld die Flüchtlinge aufgehalten werden, damit wir weiterhin großzügig alle aufnehmen können, die es bis zu uns schaffen, ohne dass es zu viele werden. Man hat also die weniger großherzigen Aspekte der europäischen Flüchtlings- und Asylpolitik kurzerhand an die Türken delegiert und wäscht die eigenen Hände in Unschuld, wie weiland Pontius Pilatus.

Und während man versucht, das „türkische Modell" mehr oder weniger analog auf die nordafrikanischen Länder zu übertragen, also Abkommen mit Libyen, Tunesien, Algerien, Marokko usw. zu schließen, in deren Rahmen Flüchtlinge (faktisch) gegen Geld zurückgeschickt werden sollen, streitet man innerhalb der EU darum, ob und wie der anhaltende Migrationsdruck auf die Mitgliedsstaaten verteilt werden soll.

Offenkundig ist dabei die wenig solidarische Haltung insbesondere der osteuropäischen (Visegrad-)Staaten, die die Aufnahme von Flüchtlingen entweder komplett ablehnen oder zumindest keine Muslime aufnehmen wollen. Man kann sich darüber mit Fug und Recht empören, gerade mit Blick auf die großzügigen Strukturhilfen, die aus EU-Töpfen in jene Länder fließen, darf dabei aber nicht übersehen, mit welch kühler Gleichgültigkeit gerade die Länder, die jetzt nach Solidarität rufen (allen voran Deutschland), jahrelang den Italienern das Problem der auf Lampedusa gestrandeten Migranten überlassen haben. Dieselbe Bundeskanzlerin, die im September 2015 von einem Tag auf den anderen alle Schleusen auf der Balkanroute öffnen ließ, hatte zuvor stets so getan, als ginge sie das Flüchtlingsdrama im Mittelmeer nichts an, weil dafür ja gemäß der Dublin-Regeln ausschließlich die Anrainerstaaten zuständig seien.

Es ist Frau Merkel zugute zu halten, dass sie mit ihrer Entscheidung eine humanitäre Katastrophe verhindert hat. Vom Standpunkt christlicher Nächstenliebe aus war diese Entscheidung unter den gegebenen

Umständen vielleicht sogar im Merkel'schen Sinne „alternativlos". Aber es führt kein Weg vorbei an der Erkenntnis, dass sie und andere verantwortliche europäische Staatenlenker die ausweglose Situation, auf die man nun zu reagieren hatte, durch jahrzehntelange Ignoranz und Untätigkeit erst herbeigeführt hatten. Und es will scheinen, dass diese Eigenheit der Politik, die Augen vor Problemen zu verschließen, bis sie zu Katastrophen werden, für unsere demokratischen Strukturen geradezu typisch ist. Langfristig schlimmer als dieses Versagen der Politik ist aber, dass der moderne, demokratische Rechtsstaat offensichtlich ausserstande ist, mit einem solchen Problem angemessen umzugehen; die Diskussionskultur unserer Gesellschaft, das zeigt sich besonders an ethisch heiklen und gleichzeitig wirtschaftlich schwerwiegenden Fragen wie dem Flucht- und Migrationsthema, ist dermaßen verwahrlost, dass konstruktive, differenzierte Stimmen nicht mehr durchdringen. In den politischen Talkshows des öffentlichen Rundfunks (von privaten Sendern ganz zu schweigen) brüllen sich die verfeindeten Lager gegenseitig an, sachliche Argumente, wenn sie denn überhaupt gelegentlich auftauchen, stören nur den ideologischen Furor. Dabei wäre es wichtig, die Zusammenhänge zu betrachten, die unterschiedlichen Interessenlagen zu analysieren, Verantwortlichkeiten zu benennen etc., um dann zu sachlichen und tragfähigen Lösungen zu gelangen.

Flucht, Vertreibung, Einwanderung

Dass Menschen wandern, um ihre Lebensverhältnisse zu verbessern, ist beileibe nicht neu. Immer schon gab es all das, womit wir uns heute zu beschäftigen haben: Opfer ethnischer oder religiöser Vertreibung, Kriegsflüchtlinge, Armutsmigranten.

Vierzig Jahre lang führte Moses, der biblischen Überlieferung zufolge, die Israeliten nach der Flucht aus Ägypten durch die Wüste, bevor sie im gelobten Land ankamen; das war im 13. Jahrhundert vor Christus, und heute, mehr als dreitausend Jahre später, werden sie dort immer noch als Fremde gehasst.

Im 2. Jahrhundert n.Chr. drängten Langobarden und Markomannen von Germanien kommend nach Süden, durchbrachen den Limes und lösten damit jene sogenannte Völkerwanderung aus, die drei Jahrhunderte andauerte und Europa von Grund auf veränderte.

Im Mittelalter begann der große Zustrom in die Städte, in denen sich daraufhin der „dritte Stand" herausbildete, das Bürgertum, das für die neuzeitliche Geschichte eine prägende Rolle spielen sollte; „Stadtluft macht frei" hieß es damals, und gemeint war damit, dass, wer länger als ein Jahr in der Stadt lebte, eine freier Stadtbewohner wurde, und sei er auch zuvor ein Leibeigener gewesen.[123]

Im Gefolge der Kolonialisierung seit der frühen Neuzeit entstanden in den Überseegebieten Einwanderungsländer, von denen die USA, Kanada und Australien die erfolgreichsten wurden. Ohne ständige Migration gäbe es diese Staaten nicht, jedenfalls nicht in ihrer heutigen Verfassung.

Im Zusammenhang mit der französischen Revolution flohen zahllose französische Adlige und Geistliche in die umliegenden europäischen Staaten. Für die neuen Machthaber in Paris waren sie Kriminelle, aus Sicht ihrer aristokratischen Freunde und Verwandten, die ihnen Zuflucht gewährten, politisch Verfolgte.

Im Grundsatz sind also weder die Wanderungsbewegungen an sich neu, noch die mit diesen einhergehenden Integrationsprobleme. Offenkundig ist aber, dass im Zeitalter der Globalisierung, der modernen Verkehrswege und der digitalen Kommunikation, die Mobilität der Menschen zunimmt und die Anreize zur Migration stärker werden. Bei grundsätzlicher Betrachtung ist auch kaum plausibel, dass Waren aller Art global frei gehandelt werden sollen, am besten auch noch ohne jegliche Zölle, die Menschen aber, die diese Waren herstellen, verkaufen, kaufen und konsumieren, bleiben sollen, wo sie sind.

---

[123] s. hierzu die Darstellungen bei Winkler, Geschichte des Westens, Bd. 1, S. 63 f., und Rifkin, Null-Grenzkosten, S. 60

Gleichzeitig sind die Ansprüche, die wir an uns selbst stellen, was den Umgang mit Migranten betrifft, weitaus höher, als sie es früher waren. Im Amerika des 18. Jahrhunderts gab es weder Sozialhilfe noch Integrationskurse, der Einwanderer durfte zwar kommen und bleiben, aber er war auf sich gestellt. Gewissermaßen ist die menschenverachtende Ablehnung, die den Flüchtlingen derzeit in Europa entgegenschlägt, womöglich geradezu die Kehrseite unseres hohen humanitären Anspruchs. Wir haben die Latte so hoch gelegt, dass wir bequem darunter durch gehen können.

Vor allem aber ist das Wohlstandsgefälle zwischen den Industriestaaten und der dritten Welt nicht nur ungeheuer groß, sondern im Zeitalter digitaler Medien auch transparent. Junge Menschen in Afrika und Asien, die in ihren postkolonialen, von Europäern ausgeplünderten und von korrupten Eliten beherrschten Heimatländern keine Zukunft sehen, können per Internet jenen Blick ins vermeintliche Paradies werfen, der ihren Eltern und Großeltern noch vorenthalten geblieben war. Das Ergebnis sind Migrationsbewegungen, die in ihrem Ausmaß alle Vorläufer ihrer Art weit in den Schatten stellen. Es wäre naiv zu glauben, dass diese Entwicklungen von selbst wieder abebben werden; auch wenn irgendwann in Syrien, Irak und Afghanistan wieder Friede einkehren sollte (was noch lange dauern kann), werden immer neue Konflikte Fluchtbewegungen auslösen, ganz abgesehen davon, dass auch ein Mensch, der nicht beschossen wird, sondern „nur" hungert, allen Grund hat, sich auf den Weg zu machen. Wir müssen also auf die eine oder andere Weise darauf reagieren, dass viel mehr Menschen gerne in Europa leben würden, als dieser Kontinent verkraften kann.

Asylrecht

Der Begriff „Asyl"[124] kommt aus dem Griechischen (Asylos) und bedeutet „Zufluchtsstätte". Allerdings war damit ursprünglich kein anderes Land gemeint, in das man flüchtete, weil man zu Hause verfolgt wurde,

---

[124] die folgende Darstellung folgt im Wesentlichen Tiedemann, Flüchtlingsrecht, S. 1 ff.

sondern ein Tempel. Hier nämlich hatte die Staatsgewalt keinen Zugriff, der Tempel stand unter göttlicher Herrschaft. Wer immer in einem Tempel Schutz suchte, und war er auch der schlimmste Verbrecher, war hier zumindest vorläufig vor Verfolgung geschützt. Auch die christlichen Kirchen stellen sich in diese Tradition, sowohl kirchenrechtlich beispielsweise im katholischen *Codex Juris Canonici* (Canon 1179) als auch in der Praxis des sogenannten „Kirchenasyls". Immer wieder kommt es vor, dass engagierte christliche Gemeinden abgelehnten, von Abschiebung bedrohten Asylbewerbern in Kirchen Zuflucht bieten, und es fällt auch dem säkularisierten Staat noch immer sehr schwer, seine rechtskräftigen Entscheidungen gegen dieses „illegale" Asyl durchzusetzen.

Im modernen Sprachgebrauch ist der Begriff Asyl allerdings kein Ort (Tempel, Kirche), sondern ein rechtlicher Status; auch dies geht aber auf antike Ursprünge zurück. Denn selbstverständlich kam es immer schon vor, dass Menschen aus ihrem Land in eine anderes flohen, sei es wegen politischer, religiöser oder ethnischer Verfolgung oder auch weil sie ein Verbrechen begangen hatten und sich ihrer Strafe entziehen wollten. In der Antike wurden die daraus folgenden politischen und rechtlichen Fragen allerdings weniger aus der Perspektive der Flüchtlinge betrachtet, sondern als Konflikte zwischen den betroffenen Staaten, also dem Herkunfts- und dem Zufluchtsland behandelt. Der Herkunftsstaat konnte die *Personalhoheit* über seine Untertanen geltend machen, der aufnehmende Staat seine *Territorialhoheit*, die auch die Herrschaft über alle sich auf diesem Territorium aufhaltenden Menschen umfasste. Folgerichtig gab es bereits zwischen griechischen Stadtstaaten Auslieferungsabkommen hinsichtlich geflohener Krimineller, von denen politische Straftäter mitunter ausdrücklich ausgenommen wurden, quasi ein Vorläufer des modernen Asylrechts zu Gunsten politisch Verfolgter.

Je mehr sich die Staaten im Laufe der Jahrhunderte vernetzten, desto ausgefeilter wurde die Zusammenarbeit bei der Kriminalitätsbekämpfung, auch in Form von Auslieferungsabkommen; allerdings dauerte es bis ins 19. Jahrhundert, bis sich ein Asylrecht in dem Sinne durchsetzte, dass politische Flüchtlinge nicht ausgeliefert wurden, wobei selbstverständlich jeder Staat seine eigene Vorstellung davon hatte, was unter

„politisch" in diesem Sinne zu verstehen war. Parallel zu diesem ethischen Fortschritt gab es aber die gegenläufige Tendenz, Ausländer abzuwehren, vor allem wenn sie mittellos, also *Wirtschaftsflüchtlinge*, waren. Das wurde, wie oben bereits erwähnt, in dem Maße zur politischen Priorität, in dem der Sozialstaat fortentwickelt wurde; denn die knappen Mittel für Sozialleistungen sollten in erster Linie den eigenen Bedürftigen zugute kommen.

1905 trat in Großbritannien der *Aliens Act* in Kraft, der ausdrücklich ein Asylrecht für aus religiösen oder politischen Gründen Geflüchtete normierte, ansonsten aber vor allem der Abwehr von Armutsmigranten diente; wenig später verschärften die USA, das klassische Einwanderungsland, ihre Einreisebestimmungen, gerade rechtzeitig, um die riesigen Fluchtbewegungen abzuwehren, die mit dem ersten Weltkrieg begannen und seither nicht mehr aufgehört haben: Armenier flohen aus der Türkei, die Bourgeoisie aus der Sowjetunion, Sozialisten aus Spanien, Juden aus Deutschland und später aus ganz Europa ... der Umgang mit Flüchtlingen wurde vom Randproblem zu einem zentralen Teil der Staatsraison.

Mit Gründung des Völkerbundes (1920) wurde auch das Amt des hohen Kommissars für Flüchtlinge ins Leben gerufen, es folgten internationale Konventionen zum Schutz armenischer und russischer, später dann jüdischer und anderer von den Nationalsozialisten verfolgter Flüchtlinge. Nach dem zweiten Weltkrieg wiederum entstanden im Gefolge der Gründung der Vereinten Nationen verschiedene Organisationen, die das Schicksal von Flüchtlingen zum Gegenstand haben, insbesondere der UNHCR („United Nations High Commissioner for Refugees"). 1951 folgte die Genfer Flüchtlingskonvention, die heute (i.d.F. von 1967) die Grundlage des internationalen Flüchtlingsrechts bildet. Sie verbietet die Abschiebung politisch Verfolgter in den Verfolgerstaat und begründet die Verpflichtung der Unterzeichnerstaaten, politischen Flüchtlingen Aufenthaltsrechte zu gewähren.

Was nun die Geschichte des Ausländer- und Asylrechts in Deutschland betrifft, so mag es überraschen, dass sich bis 1938 (!) jeder Ausländer frei in Deutschland niederlassen konnte, solange er nur niemandem zur Last fiel und polizeilich nicht in Erscheinung trat. Erst die „Ausländerpolizeiverordnung" vom 22.8.1938 führte das Instrument einer *Aufenthaltserlaubnis* ein.

Aus der Erfahrung des verheerenden zweiten Weltkrieges, der mit diesem einhergehenden katastrophalen Flüchtlingsströme und der deutschen Schuld daran, wurde ein Grundrecht auf Asyl 1949 im Grundgesetz verankert; es geht über die internationalen Abkommen insofern hinaus, als es ein subjektives, individuelles Recht schafft, das jeder Flüchtling gegenüber dem Staat geltend machen kann. Für die Väter des Grundgesetzes war dieser weit gefasste Schutz, der auch unabhängig von der politischen Ausrichtung der Verfolgten gelten sollte, „eine Frage der Generosität"[125]. Die *Asylpraxis* freilich ist seither aus politischen Gründen immer restriktiver geworden, und 1993, als eine große Flüchtlingswelle insbesondere aus dem ehemaligen Jugoslawien nach Deutschland strömte, wurde das Asylrecht des Grundgesetzes auf eine Weise geändert, die faktisch der Abschaffung gleichkam: der neue Art. 16a GG bestimmte zwar im ersten Absatz weiterhin, dass politisch Verfolgte Asylrecht genießen, aber ein neuer zweiter Absatz schränkte das Recht auf Asyl dahingehend ein, dass es nur noch derjenige in Anspruch nehmen konnte, der nicht aus einem sicheren Drittstaat einreiste. Da die Bundesrepublik Deutschland aber damals wie heute von sicheren Drittstaaten umgeben ist, blieb Asylbewerbern nur noch die Einreise über den Luftweg; diese aber wird politisch Verfolgten in der Regel nicht nur wirtschaftlich schwerfallen, sondern wegen der gut bewachten Flughäfen im Verfolgerstaat auch zumeist nicht möglich sein. Darüber hinaus hat die Vereinheitlichung der Asylverfahren innerhalb der EU (die sogenannten „Dublin-Regeln") dazu geführt, dass Deutschland faktisch nie zuständig ist, wenn jemand in die EU flieht. Denn die Zuständigkeit nach der Dublin-Verordnung trifft immer denjenigen EU-Staat, den der Geflüchtete zuerst betreten hat. Das ist eine sehr angenehme Regelung für Staaten, die von anderen EU-Staaten umgeben sind; in Deutschland

---

[125] Carlo Schmid, zitiert nach FAZ, 5.10.2018, S. 8

hat man also nur dann Anspruch auf Asyl, wenn man per Flugzeug kommt, aus der Schweiz flüchtet oder über Nord- bzw. Ostsee einreist. Das ist der Hintergrund dafür, dass man der Bundeskanzlerin vorwirft, sie habe durch die Öffnung der Grenzen für Flüchtlinge, die über die sogenannte „Balkan-Route" kamen, also durch eine ganze Reihe sicherer Drittstaaten zogen und schließlich über die österreichische Grenze einreisten, gegen geltendes Recht verstoßen. Juristisch ist diese Frage nicht abschließend geklärt, politisch wird der Umstand, dass Frau Merkel hier auf eine sich anbahnende humanitäre Katastrophe reagierte, sehr unterschiedlich bewertet. Jedenfalls hat der unvorhergesehene Zustrom einer großen Zahl von Migranten dazu geführt, dass deutschen Politikern plötzlich auffiel, wie widersinnig die Dublin-Regeln sind; auf einmal stand die europaweite Verteilung von Flüchtlingen nach festen Aufnahmequoten auf der Tagesordnung.

Dass sich Deutschland im Kreise der EU-Staaten nicht besonders beliebt machte, indem es zuerst eine ziemlich einsame Entscheidung traf, als es die Grenzen öffnete, seine „Willkommenskultur" zelebrierte und bei vielen Flüchtlingen den (leider unzutreffenden) Eindruck erweckte, sie würden unabhängig von ihrer Anzahl freundlich aufgenommen, um anschließend die anderen EU-Mitglieder in die Haftung zu nehmen und eine quotale Verteilung der Flüchtlinge zu fordern, überrascht nicht. Dass es sich dabei um dasselbe Deutschland (und um dieselbe Kanzlerin) handelte, das (bzw. die) über Jahre hinweg nicht erkennen konnte, was es (sie) mit den Migranten zu tun habe, die in Lampedusa ankamen und praktischer Weise in die Zuständigkeit der Italiener fielen, machte die Sache auch nicht besser. Und auch wenn die Totalverweigerung insbesondere der osteuropäischen Regierungen nicht sehr sympathisch wirkt: es braucht eine grundsätzliche, auch langfristig tragfähige Lösung, keine einfache Durchsetzung deutscher Einzelfallinteressen durch wirtschaftlichen Druck, wie sie oft gefordert wird.

Nach Art. 16a GG hat als politischer Flüchtling ein Recht auf Asyl, wer aufgrund seiner Rasse, Nationalität, politischen Überzeugung, Religion oder Zugehörigkeit zu einer bestimmten sozialen Gruppe in seinem Heimatland verfolgt wird; in diesem Fall gibt es zunächst eine Aufenthaltserlaubnis für drei Jahre, später i.d.R. die Niederlassungserlaubnis. Anerkannte politische Flüchtlinge gemäß Art. 16a GG haben unbeschränkten Zugang zum Arbeitsmarkt und grundsätzlich auch Anspruch auf Familiennachzug. Entsprechendes gilt im Prinzip auch nach der Genfer Flüchtlingskonvention. Wer allerdings nicht gezielt verfolgt wird, weil er zu einer der oben genannten Gruppen gehört, sondern einfach nur flieht, weil ein Bürgerkrieg tobt, bekommt lediglich den sogenannten subsidiären Schutz; die Aufenthaltserlaubnis gilt zunächst nur für ein Jahr, und der Familiennachzug ist bis auf Weiteres ausgesetzt.

Wie bereits erwähnt, sind die „Dublin-Regeln" der EU eigentlich geeignet, Flüchtlinge grundsätzlich aus Deutschland fernzuhalten, weil sie regelmäßig zuerst in ein anderes EU-Land eingereist waren, bevor sie an die deutsche Grenze kamen. Da die Bundesregierung diese Dublin-Regeln aber im Sommer 2015 faktisch suspendiert hat, strömten irakische, syrische und afghanische Bürgerkriegsflüchtlinge in siebenstelliger Zahl ins Land und erhielten häufig den subsidiären Schutzstatus. Da in diese Herkunftsländer aber wegen der dort herrschenden Kriegszustände derzeit nicht oder nur sehr eingeschränkt abgeschoben werden kann, werden auch diejenigen geduldet, die mangels Asyl- oder Schutzgründen eigentlich keinen Flüchtlingsstatus geniessen. Eine Arbeitserlaubnis bekommen solche lediglich geduldeten Personen aber grundsätzlich nicht.

Insgesamt ist dieser Status Quo nicht geeignet, vernünftige und interessengerechte Ergebnisse hervorzubringen. Es gibt ein äusserst restriktives Asylrecht, aber Millionen Flüchtlinge im Land. Sie kosten viele Milliarden, werden aber in ihrer Mehrheit weder wirksam integriert noch dem Arbeitsmarkt zugeführt. Viele von ihnen sollen und wollen zurück in ihre Heimat, aber es gibt kaum Konzepte, wie das gelingen könnte, selbst wenn in der Levante wieder Friede herrschte.

Die deutsche Flüchtlingspolitik: „Herzloser Kopf" vs. „Kopfloses Herz"[126]

Auch wenn auf der politischen Rechten in den meisten europäischen Staaten inzwischen wieder der blanke Tribalismus um sich greift: den grundsätzlichen Anspruch, verfolgten Menschen Schutz (=Asyl) zu gewähren, dürfen wir gerade deshalb nicht aufgeben, weil wir das christliche Abendland und vor allem dessen ethische Werte verteidigen wollen. Letztere bestehen nämlich nicht in irgendeiner „Reinhaltung" des europäischen (oder gar deutschen!) Blutes, sondern in den politisch-kulturellen Errungenschaften, die in Europa über Jahrhunderte hinweg auf der Basis der griechischen Philosophie, des neuen Testaments und der Aufklärung entwickelt wurden.

Deshalb war es ein Menetekel, als Anfang der 90er das Grundrecht auf Asyl verstümmelt wurde. Deshalb geht es uns an, wenn im Mittelmeer Menschen ertrinken, egal, was die Dublin-Regeln dazu sagen. Und deshalb ist die Instrumentalisierung sowohl solcher Regelungen als auch des scheinbar gesunden Menschenverstandes („wir brauchen eine Obergrenze, sonst werden wir überfordert") zum Zwecke der Abwehr von Verantwortung so unerträglich. Aber andererseits wird wirklicher Verantwortung auch nicht gerecht, wer gesinnungsethische Maximalforderungen stellt; dazu neigt insbesondere die politische Linke immer dann, wenn sie keine Regierungsverantwortung hat.[127]

Letztlich werden wir uns dem Dilemma stellen müssen: wir haben eine ethische Verpflichtung, ohne Obergrenzen jedem zu helfen, der zu uns kommt und Hilfe sucht; das gilt nicht nur für politisch Verfolgte, sondern

---

[126] Diese Formulierungen sind dem Buch „Gestrandet" von Alexander Betts und Paul Collier entnommen

[127] Trägt ein Vertreter linker Parteien politische Verantwortung, ändert sich das häufig: der grüne Oberbürgermeister von Tübingen, Boris Palmer, hat z.B. ein Buch mit dem bezeichnenden Titel „Wir können nicht allen helfen" geschrieben

auch für Menschen, die „nur" von Hunger oder von kriminellen Clan-strukturen in ihrer Heimat bedroht sind. Und es ist perfide, wenn man zwar offiziell am Bleiberecht für solche Flüchtlinge festhält, die es bis zu uns schaffen, gleichzeitig aber zusätzliche Hindernisse schafft, um sie fernzuhalten (indem man z.B. Seenotrettungsschiffe nicht mehr in Europa landen lässt!). Andererseits sind unsere Kapazitäten begrenzt; wohl-gemerkt begrenzt, nicht etwa bereits ausgeschöpft!

Womöglich liegt das Problem (und seine Lösung) also nicht in der Frage, ob wir mehr oder weniger Flüchtlinge aufnehmen, sondern eben doch in der skandalösen Ungleichheit der Lebensverhältnisse auf unserem Planeten. Und vielleicht müssen wir nicht nur vorgeben, Fluchtursachen zu bekämpfen, sondern tatsächlich damit anfangen: am besten aus ethischer Verpflichtung heraus, getrieben von Verantwortung, Nächstenliebe, Empathie für leidende Mitmenschen, aber notfalls reicht es auch, wenn unser schamloser Egoismus wenigstens etwas intelligenter wird, wir also merken, dass wir die Menschen der dritten Welt nur dann von Europa fern halten können, wenn wir ihnen in ihrer Heimat menschenwürdige Perspektiven geben. Kostspielig wäre das nur auf den ersten Blick; jedenfalls sind alle Alternativen langfristig viel teurer.

Tatsache ist in diesem Zusammenhang, dass die deutsche (und europäische) Flüchtlingspolitik nie zu einer an klaren ethischen Prinzipien orientierten und gleichzeitig intellektuell redlichen (vernünftigen) Linie gefunden hat. Das Beispiel der durch den syrischen Bürgerkrieg ausgelösten Flüchtlingskrise zeigt das exemplarisch:
Zwischen 2011 und 2015 flohen etwa zehn Millionen Syrer aus ihren Städten und Dörfern. Die meisten flohen innerhalb des Landes und tauchen daher in den üblichen Statistiken nicht als Flüchtlinge auf. Aber immerhin ca. vier Millionen fanden Zuflucht (zunächst) in Nachbarländern, vor allem in der Türkei (zwei Millionen), in Jordanien (ein Million) und im Libanon (eine Million). Das war für alle drei Staaten eine ungeheure Belastung, sowohl angesichts der Wirtschaftsleistung als auch bezogen auf die Bevölkerungszahl; Jordanien beispielsweise hatte einen Zustrom von ca. 15% bezogen auf die eigene Einwohnerzahl (ca. 6,5 Mio.) zu verkraften, beim Libanon mit 4 Mio. Einwohnern waren es

sogar 25%. Was hätte da näher gelegen, als durch großzügige Finanzhilfen westlicher Industriestaaten eine einigermassen erträgliche Situation sowohl für die Flüchtlinge als auch für deren Gastgeber sicher zu stellen? Statt dessen wurde das Flüchtlingshilfswerk der UNO (UNHCR) zwar tätig, aber auf einem erbärmlich niedrigen Niveau und ausserdem noch schlecht organisiert. Die Folge war, dass die meisten syrischen Migranten quasi halblegal in den Städten der Gastländer unterkamen, wo sie geduldet, aber nicht versorgt wurden. Diejenigen, die in den offiziellen Flüchtlingslagern blieben, lebten unter Umständen, die mit unseren Maßstäben kaum zu erfassen sind!

Was also tat das christliche Abendland angesichts dieser humanitären Katastrophe? Es kürzte die Mittel für das UNHCR[128], so dass ab 2014 die Versorgung in den Lagern noch schlechter wurde. Großzügigkeit „lohnt" sich offenbar für westliche Regierungen nur bei humanitären Katastrophen, die spektakuläre Bilder erzeugen und bald wieder ignoriert werden können, also Erdbeben, Tsunamis etc., nicht aber bei lang andauernden Krisen, die viel Geld kosten, ohne dass man in den Fernsehnachrichten zeigen kann, was die Hilfe bringt. Diesen moralischen Offenbarungseid bezeichnen Alexander Betts und Paul Collier in ihrem klarsichtigen Buch als die Politik des „herzlosen Kopfes".[129]

Es war kein Wunder, dass ein erheblicher Teil der geflüchteten Menschen sich nicht in sein Schicksal ergeben wollte, sondern sich auf den Weg in (vermeintlich) bessere Zufluchtsländer machte. In Frage hierfür kamen einerseits der Seeweg und andererseits die berühmt-berüchtigte „Balkanroute". Der Migrationsdruck, der dadurch entstand, wurde sehr schnell zum einem viel wichtigeren Thema für die europäische Öffentlichkeit als Krieg, Hunger und Elend in Syrien und dem Irak sowie den Zufluchtsländern der Levante. Warum Frau Merkel in dieser Situation eine bemerkenswert spontane Entscheidung traf und die Grenzen für den ankommenden Strom der Geflüchteten öffnete, ohne sich politisch abzusichern, mag sie eines Tages in ihren Memoiren erklären. Vielleicht

---

[128] die deutsche Regierung z.B. kürzte um 50%!

[129] Betts/Collier, S. 108ff.

hatte sie erkannt, welch furchtbare humanitäre und politische Versäumnisse sie wegen ihrer bis dahin sehr harten Flüchtlingspolitik zu verantworten hatte. Sie ignorierte mit ihrer Entscheidung zur Grenzöffnung
geltendes Recht (die Dublin-Verordnung), und sie ignorierte vor allem
auch große Teile des EU-Ratskollegiums, erntete zwar kurzfristig einen
spektakulären PR-Erfolg („Willkommenskultur"), musste aber relativ
bald erkennen, dass sie ihre menschenfreundliche Aufnahmepolitik
nicht lange würde durchhalten können. Viele EU-Partner zeigten wenig
Neigung, Deutschland beim Schultern der unabgestimmt aufgenommenen Lasten beizuspringen, und innenpolitisch dauerte es nicht lange,
bis die Willkommenskultur einer rational-skeptischen, bisweilen auch
latent xenophoben (bzw. islamophoben) Stimmung weichen mußte.
Auch wenn man für die Entscheidung der Kanzlerin menschlichen Respekt zu haben hat, weil, wer Elend sieht und handeln kann, auch handeln muss: klug gemacht war diese Politik nicht, und sie hat mehr Negatives als Positives bewirkt - es war eine Politik des „kopflosen Herzens",[130] die in der Folge Hunderttausende von Flüchtlingen erst motivierte, den strapaziösen, gefährlichen, mitunter sogar quasi selbstmörderischen Weg ins scheinbar gelobte (Deutsch-)Land auf sich zu nehmen.

Binnenflüchtlinge, regionale und internationale Flucht

Die allermeisten Bürgerkriegsflüchtlinge fliehen jedenfalls zunächst
nicht nach Europa, sondern in eine andere Region des eigenen Landes
(Binnenflucht) oder allenfalls in grenznahe Gegenden von Nachbarländern, im Falle des syrischen Bürgerkrieges nach Jordanien, in den Libanon und in die Türkei. Sie haben auch in der Regel gar nicht das Ziel,
auf einem anderen Kontinent zu leben, sondern wollen in Heimatnähe
das Ende des Krieges abwarten und dann zurückkehren.

Es erfordert nicht viel politischen Weitblick, um festzustellen, dass es im
ureigenen Interesse der Europäer läge, diese Zielsetzung zu unterstüt

---

[130] Betts/Collier, S. 120 ff.

zen, indem man die geflüchteten Menschen dort versorgt, wo sie Zuflucht gefunden haben. Erstens deshalb, weil wir (jedenfalls die Mehrheit von uns) ja möglichst wenig Einwanderung wollen, zweitens weil die Kosten, die zur Versorgung eines Flüchtlings anfallen, in Deutschland um ein zigfaches höher sind als in den Herkunftsländern. Die Bundesregierung hat die Kosten der Zuwanderung für den Zeitraum zwischen 2015 und 2020 auf ca. € 95 Mrd. beziffert.[131] Mit einem Bruchteil dieser Summe hätte man sämtliche Kriegs- und Bürgerkriegsflüchtlinge in der Nähe ihrer Heimat so versorgen können, dass sie gar nicht auf die Idee gekommen wären, sich für das Risiko einer illegalen Reise in die Hand krimineller Schlepper zu begeben. Betts und Collier haben ausgerechnet, dass für einen Flüchtling, der zu uns kommt, das 135-fache ausgegeben wird wie für einen anderen, der etwa im Libanon oder in Jordanien bleibt.[132] Es spricht viel dafür, dass auch in Zukunft die Zahl der zu uns kommenden Flüchtlinge direkt proportional sein wird zu eben diesem Faktor. Konkret: wäre die westliche Welt bereit, auch nur ein Zehntel der Kosten, die für einen Asylbewerber entstehen, der nach Europa kommt, aufzuwenden, damit er heimatnah sicher und menschenwürdig leben kann, würden die meisten gar nicht kommen. Für das Elend von Flucht und Vertreibung aus Syrien und aus dem Irak kommt diese Lehre womöglich zu spät (obwohl es auch jetzt noch Sinn machen würde, das Elend in den Lagern der Anrainerstaaten zu lindern); aber es wird neue Flüchtlingsströme geben, und es muss noch viel geschehen, damit nicht wieder dieselben Fehler passieren.

Einerseits besteht offensichtlich Interessenkongruenz: die Flüchtlinge wollen in der Nähe ihrer Heimat bleiben, innerhalb des vertrauten Kulturraumes, wir wollen sie nicht in Europa haben. Andererseits aber bringen westliche Gesellschaften nicht die Vernunft auf, dafür einen tragfähigen Rahmen zu schaffen. Sie fangen erst an, sich für die Flüchtlinge zu interessieren, wenn sie da sind. Das ist nicht nur schändlich nach ethischen Maßstäben, sondern auch dumm nach den Regeln des puren Eigennutzes.

---

[131] Quelle: FAZ 22.11.2017, S. 9

[132] Betts/Collier, S. 178

Das gilt einerseits wegen der Kosten, genauer, wegen der extremen Unterschiede in der Kaufkraft, die ein investierter Euro zum einen in Europa, zum anderen in den Kriegsanrainerstaaten hat. Es gibt aber andererseits einen weiteren, vielleicht noch wichtigeren Grund für denselben Befund:

Historisch haben Kriege zumeist nur ein paar Monate, vielleicht einmal ein Jahr gedauert. Die Bevölkerung floh, und kehrte nach einem meist überschaubaren Zeitraum zurück. Die Bürgerkriege des 21. Jahrhunderts hingegen dauern viel länger. Der syrische dauert nun schon 8 Jahre, der afghanische viel länger. Flucht ist deshalb nicht mehr eine Sache von Monaten, sondern von Jahrzehnten![133] Eine Heimkehr der Flüchtlinge, wenn sie erst einmal in Europa angekommen sind, ist unter solchen Umständen nicht realistisch. Nach zehn oder noch mehr Jahren kann man einer syrischen Familie, die z.B. die deutsche Sprache gelernt, Ausbildungen gemacht, Jobs gefunden hat, deren Kinder womöglich in Deutschland geboren sind und zu ihrem Herkunftsland keinen echten Bezug mehr haben, eine Rückkehr nicht mehr zumuten. Zu Recht wird deshalb großer Wert auf eine schnelle und nachhaltige Integration der Zuwanderer gelegt. Aber je mehr die Menschen hier zu Lande integriert sind, desto härter ist die Rückkehr, wenn sie dann womöglich doch notwendig wird. Für den Fall etwa, dass Flüchtlinge doch nach ein paar Monaten zurückkehren können (oder müssen), ist es viel besser, wenn sie sich <u>nicht</u> in Deutschland integriert haben. Und da man vorher nicht wissen kann, wie lange ein Krieg dauert, kann man auch nicht kalkulieren, ob sich Integration in diesem Sinne „lohnt". Heimatnah untergebrachte Flüchtlinge hingegen können sich in die kulturell eng verwandten Gesellschaften integrieren, ohne sich der eigenen Kultur zu entfremden.

Es ist außerdem auch ein moralisches Dilemma, nach welcher maximalen Aufenthaltsdauer man von einem „subsidiär schutzbedürftigen" Flüchtling die Rückkehr verlangen kann. Betts und Collier haben das

---

[133] vgl. Betts/Collier, S. 22, 112 f.

ausführlich dargestellt:[134] Endet der Konflikt im Heimatland eines Bürgerkriegsflüchtlings, der subsidiären Schutz geniesst, schon einen Monat nach dessen Ankunft in Deutschland, so kann man sicher von ihm erwarten, dass er zurückkehrt. Dauert der Konflikt hingegen 50 Jahre, hat der Flüchtling vermutlich in Deutschland geborene Kinder und Enkel, es wäre offensichtlich unzumutbar, ihn und seine Familie auszuweisen. Wo genau dazwischen die Grenze liegt, kann man kaum definieren. Es ist aber klar, dass jeder Tag, den jemand in einer neuen Kultur lebt und sich zu integrieren versucht, die Rückkehr schwieriger macht.

Es führt an dieser Stelle zu weit, auf die spezifischen Schwierigkeiten einzugehen, die mit der Unterbringung der Flüchtlinge in großen Lagern einhergehen. Aber wenn die durchschnittliche (!) Verweildauer in solchen Lagern 26 Jahre beträgt[135], Menschen also in Lagern aufwachsen und gar nichts anderes kennen, muss neben der ausreichenden Finanzierung auch konzeptionell über Alternativen nachgedacht werden. Jedenfalls braucht es gerade für das Problem der Kriegs- und Elendsmigration politische Führungskraft, die innenpolitisch auch bereit ist, gegen den Strom kurzsichtiger Eigeninteressen zu schwimmen. Der Untergang des Abendlandes droht - wenn überhaupt - nicht wegen der „afrikanisch-asiatischen Horden", vor denen uns rechte Populisten Angst machen wollen, sondern wegen unserer Ignoranz, unserer (nur) selektiven Empathie, die immer nur vorübergehend funktioniert, wenn ein totes Kind am Strand liegt (und dabei professionell fotografiert wird), nicht aber gegenüber der andauernden, stillen, für uns kaum sichtbaren Not in Elendsquartieren und Flüchtlingslagern allerorten. Man gewinnt leider keine Wahl, indem man für großzügige Hilfen in Kriegs- und Krisengebieten eintritt, obwohl das nicht nur ethisch richtig, sondern auch im Eigeninteresse langfristig vernünftig wäre. Demokratische Wahlergebnisse sind leider nur so ethisch und nur so vernünftig, wie die Wähler, die sie hervorbringen.

---

[134] Betts/Collier, S. 166 f.

[135] Betts/Collier, S. 81

Das Recht, Teil zu haben vs. Ausgrenzung und Ungleichheit

Das deutsche Grundgesetz gilt zu Recht als eine der großen, freiheitlichen Verfassungen der Welt. Es enthält vorbildliche Abwehrrechte des Bürgers gegenüber dem Staat, eine ewige Verpflichtung des letzteren auf die unveräußerliche Würde des Menschen sowie äußerst effiziente Strukturen einer wehrhaften, stabilen Demokratie.

Was das Grundgesetz allerdings nicht enthält, übrigens im Gegensatz zur Weimarer Reichsverfassung (Art. 162 ff. WRV),[136] ist eine Sozialverfassung. Die Frage war durchaus Gegenstand der Diskussionen im parlamentarischen Rat; die Väter und Mütter des Grundgesetzes hatten sich ernsthaft mit der Frage auseinandergesetzt, ob die Verfassung auch eine konkrete Verpflichtung des Staates auf soziale Teilhabe enthalten sollte, die über das allgemeine Sozialstaatsprinzip des Art. 20 I GG hinausginge. Carlo Schmid (SPD), der Vorsitzende des Hauptausschusses des parlamentarischen Rates, schrieb in seiner Autobiographie, er habe sich gegen die Aufnahme sozialer Grundrechte ins Grundgesetz energisch gewehrt, weil sie nichts anderes sein könnten als „Programme oder Tautologien oder Kennzeichnungen der Zustände, die bei vernünftigem Umgang mit den klassischen Grundrechten aus den politischen Auseinandersetzungen hervorgehen sollten. Soziale Grundrechte könnten nur abstrakt und in Wunschform von uns heutigen an jene, die auf uns folgen werden, oder als Inhalt eines Sollens formuliert werden."[137] Schmid stellte sich damit gegen große Teile der eigenen Partei, die die Aufnahme sozialer Grundrechte in die Verfassung verlangt hatten. Er wollte die Formulierung sozialer Grundrechte ausdrücklich „den späteren Schöpfern einer gesamtdeutschen Verfassung überlassen."[138]

---

[136] Art. 162 WRV strebte „für die gesamte arbeitende Klasse der Menschheit ein allgemeines Mindestmaß der sozialen Rechte" an, Art. 163 WRV sollte für Arbeitslose den notwendigen Unterhalt gewährleisten

[137] Schmid, Erinnerungen, S. 373 f.

[138] Weber, Carlo Schmid, S. 370

Inzwischen hat das Grundgesetz Gültigkeit für das ganze, wiedervereinigte Deutschland; soziale Grundrechte gibt es trotzdem nicht.[139] Zwar enthält der allgemeine Teil des Sozialgesetzbuches sogenannte „soziale Rechte" (§§ 2-10 SGB I); aber weder haben diese sozialen Rechte Verfassungsrang, weil sie eben nur in einfachem Recht normiert sind, noch können aus ihnen direkte Ansprüche abgeleitet werden. § 2 Abs. I Satz 2 SGB I verhindert solche Ansprüche, indem er darauf verweist, dass Voraussetzungen und Inhalt der sozialen Rechte den besonderen Teilen des Sozialgesetzbuches zu entnehmen seien.[140] Die sozialen Rechte des SGB I sind insofern tautologisch.[141] Gesetzessystematisch stehen für die Formulierung von Ansprüchen auf soziale Teilhabe auf verfassungsrechtlicher Ebene also nur die Garantie der Menschenwürde des Art. 1 Abs. 1 GG und das Sozialstaatsprinzip gemäß Art. 20 Abs. 1 GG zur Verfügung. Allerdings haben die Entwicklung sozialer Leistungen seit Gründung der Bundesrepublik und die Rechtsprechung des Bundesverfassungsgerichts den Sozialstaat „zum mentalen Besitzstand der Deutschen" werden lassen. „Wenig gefährdet die politische Reputation in Deutschland mehr als der Vorwurf der `sozialen Kälte.`"[142]

Entwicklung des Sozialstaats

Die Industrialisierung und mit ihr einhergehend der Frühkapitalismus brachten enorme Fortschritte, was die Produktivität betraf. Effiziente Arbeitsorganisation, Arbeitsteilung und der Einsatz von Maschinen schafften bis dahin unbekannte und unvorstellbare Möglichkeiten. Diese „industrielle Revolution",[143] wie man die rasante Entwicklung bald schon nannte, veränderte die Lebensgrundlagen der Menschen in Eu-

---

[139] obwohl dies immer wieder vorgeschlagen wird, s. z.B. Taureck, Menschenwürde, S. 453

[140] vgl. dazu kritisch und m.w.N. Göring, Sozialrecht, S. 149 f.; immer wieder werden auch soziale Grundrechte gefordert, zuletzt auch und gerade im Zusammenhang mit der Diskussion um das bedingungslose Grundeinkommen, z.B. Opielka, Gesellschaft für alle, S. 132

[141] vgl. Haverkate, Verfassungslehre, S. 279

[142] Steiner, Sozialstaat ohne Sozialverfassung

[143] vgl. z.B. Engels, S. 28

ropa (und später darüber hinaus) im Laufe des 19. Jahrhunderts von Grund auf.

Ausgegangen war die Industrialisierung von Großbritannien, ihre Wiege stand in den englischen Midlands, vor allem durch die Erfindung der Dampfmaschine bzw. von Maschinen zur Baumwollverarbeitung. Sehr bald schon verbreiteten sich der technische Fortschritt und die damit verbundenen wirtschaftlichen und finanziellen Möglichkeiten aber auch in Kontinentaleuropa. In Deutschland kam die Industrialisierung - nicht zuletzt wegen der politischen Zersplitterung des deutschen Sprachraums - zunächst eher langsam voran; in der zweiten Hälfte des 19. Jahrhunderts entstanden aber große und erfolgreiche Industriegebiete insbesondere im Ruhrgebiet, aber auch in den Hansestädten, in Schlesien und Sachsen.

Der unregulierte frühe Kapitalismus kam indes keineswegs allen Beteiligten zugute. Die sich neu konstituierende gesellschaftliche Klasse des „Proletariats" hatte am freien Markt eine schwache Stellung, Arbeitsbedingungen und Löhne wurden von den Unternehmern quasi diktiert. Um das Überleben einer Arbeiterfamilie zu sichern, musste nicht nur der Familienvater, sondern auch die Frau und viele der Kinder hart arbeiten. Die explodierenden Gewinne der Industrieunternehmen fielen nahezu vollständig einer kleinen Gruppe von Kapitalisten zu, die Arbeiterschaft lebte im Elend, ohne Perspektive auf Besserung. In seinem Buch „Die Lage der arbeitenden Klasse in England" schildert Friedrich Engels, wie die Arbeiter vor Einsetzen der Industrialisierung in einer dezentral organisierten Wirtschaft ohne übermächtigen Konkurrenzdruck ein auskömmliches Leben, überwiegend in ländlichen Gegenden, führen konnten, etwa als Weber, die im eigenen Hause produzierten, im Idealfall auf einem eigenen Stück Land, das im Nebenberuf bestellt wurde und bescheidenen Wohlstand ermöglichte. Durch die Entstehung von Fabriken war dieser selbständigen Arbeit der Boden entzogen, viel billiger waren jene Waren, die maschinell produziert wurden. Die Arbeiter mussten in die Städte, zu den Fabriken ziehen, landeten in Slums, schufteten zu

Hungerlöhnen und wurden gesellschaftlich deklassiert.[144] Engels diagnostiziert „barbarische Gleichgültigkeit, egoistische Härte auf der einen und namenloses Elend auf der anderen Seite" in allen großen Städten Englands. Der Arbeiter sei vollkommen wehrlos, er müsse froh sein, wenn „die Bourgeoisie ihm die Gnade antut, sich durch ihn zu bereichern".[145]

Schon bald gab es allerdings Bewegungen, die den Arbeitern zu besseren Bedingungen verhelfen wollten. Die Idee, dass die Erfolge der steigenden Produktivität unter allen Beteiligten verteilt werden müssten, lag ja auch offen auf der Hand. 1847 veröffentlichten Karl Marx und Friedrich Engels das „Kommunistische Manifest", 1867 folgte der erste Band von Marx´ Hauptwerk „Das Kapital". 1864 wurde die „Internationale Arbeiter-Assoziation" gegründet,[146] 1869 in Deutschland die „Sozialdemokratische Arbeiterpartei".

Wer vor Augen hat, welch mächtige gesellschaftliche Beharrungskräfte die Institutionen von Sklaverei und Leibeigenschaft verteidigt hatten, wundert sich nicht, dass es solchen Bewegungen sehr schwer gemacht wurde. Die Profiteure des Frühkapitalismus hatten keineswegs die Absicht, im Sinne einer höheren Gerechtigkeit Verzicht zu üben und die Arbeiter an den Früchten der industriellen Produktion fair zu beteiligen. Der Frühkapitalismus hatte ganz offen zum Ziel, im Sinne eines klassischen Utilitarismus den Gesamtnutzen zu optimieren, ohne sich um irgendwelche Regeln zur gerechten Verteilung dieses Nutzens zu scheren.[147] Insofern waren sich die aufstrebende kapitalistische Bourgeoisie und die noch immer herrschende Klasse der Aristokratie vollkommen einig. Der starke Mann in Preussen (und ab 1871 im Deutschen Reich), Fürst Otto von Bismarck, hegte zwar persönliche Sympathien für den Sozialdemokraten Ferdinand Lassalle,[148] nutzte aber ein gescheitertes

---

[144] Engels, S. 29 ff.

[145] Engels, S. 49

[146] die sog. „Erste Internationale"

[147] vgl. zum Utilitarismus Rawls, Gerechtigkeit, S. 40 ff.

[148] vgl. Mann, Deutsche Geschichte, S. 337 f.

Attentat auf den Kaiser für sein sogenanntes "Sozialistengesetz" (1878), mit dem er die Sozialdemokratie zu vernichten hoffte.[149] Golo Mann bezeichnet dieses Gesetz als „Schlag ins Wasser", weil man „eine lebendige politische Bewegung nur mit den Mitteln des 20. Jahrhunderts, mit Konzentrationslagern und Massenmorden unterdrücken kann".[150] Bismarck scheint das auch bewusst gewesen zu sein, denn er schuf bald darauf die ersten „Sozialgesetze", nämlich das System der Sozialversicherungen. Er wollte der politischen Sozialdemokratie offenbar den Wind aus den Segeln nehmen, indem er materielle Zugeständnisse machte. Das konnte zwar auf Dauer nicht erfolgreich sein, weil die Arbeiterbewegung längst mehr war als nur eine wirtschaftliche Interessenvertretung,[151] aber es markiert im Rückblick den Beginn der Entwicklung, die in den Sozialstaat mündete, wie wir ihn heute kennen. Konkret wurde 1883 die erste gesetzliche Krankenversicherung geschaffen, 1884 folgte die Unfallversicherung, 1889 die die Alters- und Invalidenversicherung. Die Kosten wurden zu gleichen Teilen von Arbeitgebern, Arbeitern und der öffentlichen Hand getragen. Erstmals trat damit ein individueller Rechtsanspruch an die Stelle der traditionellen „Armenfürsorge".[152]

Hinsichtlich der Motivation Bismarcks gibt es unterschiedliche Meinungen: die einen, z.B. Golo Mann, scheinen ihn des reinen Opportunismus zu verdächtigen, andere wie Thomas Nipperdey räumen zwar ein, dass der „eiserne Kanzler" mit den Sozialgesetzen den politischen Einfluss der Sozialisten habe zurückdrängen wollen, verweisen aber auch auf Bismarcks „große Perspektive von einem modernen Sozialstaat im Rahmen der Monarchie".[153]

Was bis auf Weiteres nicht in Angriff genommen wurde, war das, was man heute als Arbeitsschutz bezeichnen würde: Arbeitslosenversiche-

---

[149] Winkler, Geschichte des Westens, Bd. 1, S. 896

[150] Mann, Deutsche Geschichte, S. 445

[151] vgl. Mann, Deutsche Geschichte, S. 447

[152] Winkler, Geschichte des Westens, Bd. 1, S. 896

[153] Nipperdey, Deutsche Geschichte, Bd. 1, S. 338

rung,[154] Begrenzung der Arbeitszeit, Verbot von Kinderarbeit, staatliche Kontrollen der Arbeitsbedingungen, Mindestlöhne. Aber immerhin war ein Anfang gemacht, andere Länder zogen nach: In Österreich (damals eine Weltmacht!) wurde 1885 eine obligatorische Krankenversicherung eingeführt (in Ungarn 1891); Frankreich führte 1905 erstmals eine Arbeitslosenunterstützung ein, in Großbritannien gab es ab 1908 eine Rentenversicherung, etc.[155] Seither wurde der Sozialstaat immer weiter ausgebaut, Rückschritte waren nur vorübergehend und meist klammer Kassenlage geschuldet. Der grundsätzliche Ansatz, dass ein gewisses Mass gesellschaftlicher Solidarität einerseits und sozialer Sicherheit andererseits für das Funktionieren eines modernen Staates notwendig ist, wird schon länger nicht mehr in Frage gestellt.

Es besteht inzwischen Einigkeit, dass der ungezügelte Manchester-Kapitalismus nicht zu gesellschaftlich akzeptablen Zuständen führt. Die Teilhabe aller am gesellschaftlichen Wohlstand ist Ziel staatlichen Handelns, grundsätzlich unabhängig von parteipolitischer Couleur. Insbesondere das bundesdeutsche Erfolgsmodell der „Sozialen Marktwirtschaft", die zwar freies Wirtschaften, privates Eigentum und Wettbewerb fördert, das Ergebnis des freien Spiels der Kräfte aber unter den Vorbehalt der Sozialverträglichkeit stellt und eine Vielzahl von Hilfen für diejenigen bereit hält, die sich aus den unterschiedlichsten Gründen am Markt nicht behaupten können, wird von allgemeinem Konsens getragen.

Progressive Steuersätze sorgen grundsätzlich dafür, dass die Last der Finanzierung öffentlicher Haushalte von denen getragen wird, die sich das leisten können. Demgegenüber gibt es ein ausgeklügeltes System verschiedenster Sozialleistungen: neben der Krankenversicherung (SGB V), der Rentenversicherung (SGB VI) und der Unfallversicherung (SGB VII), die den Kern der Bismarck'schen Reformen bildeten, gibt es u.a. die Arbeitsförderung (=Arbeitslosenversicherung, SGB III), die Grundsicherung für Arbeitssuchende (=Hartz IV, SGB II), die Kinder- und Ju-

---

[154] diese wurde erst 1927 eingeführt, als wichtigste Ergänzung der Bismarck'schen Sozialgesetze, vgl. Kershaw, Höllensturz, S. 227

[155] vgl . die Übersicht bei Atkinson, Ungleichheit, S. 341, Tab. 10.1

gendhilfe (SGB VIII), ein Gesetz zur Teilhabe Behinderter (SGB IX), die Pflegeversicherung (SGB XI) und die Sozialhilfe (SGB XII). Ausserhalb des Sozialgesetzbuches geregelt sind z.B. das Kindergeld (EStG bzw. BKGG) und das Wohngeld (WoGG).

Alles gut also?
Natürlich nicht. Zum einen gibt es selbstverständlich bei allem grundsätzlichen Konsens noch immer erbitterten Streit um nahezu jede Einzelheit der sozialstaatlichen Ordnung; den einen ist es immer zu viel, den anderen zu wenig. Zum anderen fehlt es an der Transparenz, die erforderlich wäre, um einerseits die Verteilungsdebatten zu versachlichen und um andererseits einen demokratischen Entscheidungsprozess zu gewährleisten. Beispielsweise wurde im Juli 2019 das Kindergeld um € 10,- (für das erste und das zweite Kind) erhöht. Familien- und Sozialpolitiker der großen Koalition feierten sich für diese soziale Wohltat. Was praktisch unerwähnt blieb und deshalb in der Bevölkerung kaum bekannt wurde, ist der Umstand, dass nach geltendem Recht Ansprüche auf ALG II (Hartz IV) und Sozialhilfe (SGB XII) mit dem Kindergeld verrechnet werden; d.h., diejenigen, die es am nötigsten hätten, nämlich Menschen, die nur das staatlich definierte Existenzminimum zur Verfügung haben, profitieren von der Kindergelderhöhung mit keinem Cent! Ich habe in meinem Freundeskreis herumgefragt: fast niemandem war das bewusst.

Das Sozialsystem ist organisch entstanden, es wurde über Jahrzehnte hinweg immer weiter verbessert und verfeinert, gelegentlich, etwa durch die Agenda 2010 mit ihren Hartz-Gesetzen, auch beschnitten; jedenfalls ist es zwar unbestreitbar eines der fortschrittlichsten der Welt, aber auch sehr kompliziert und für Laien praktisch undurchschaubar. Ein ehemaliger Richter am Bundesverfassungsgericht schrieb hierzu, es mache für Laien im Sozialrecht keinen Unterschied, ob ein Gesetz in deutscher oder in irgendeiner anderen Sprache publiziert werde, weil man es sowieso nicht verstehen könne.[156]

---

156 Steiner, Sozialstaat ohne Sozialverfassung

Dabei muss darauf hingewiesen werden, dass diese Komplexität nicht nur zu einer aufgeblähten Sozialleistungsbürokratie geführt hat, sondern dass viele Sozialleistungen von den Berechtigten auch gar nicht abgerufen werden, weil ihnen die eigenen Ansprüche nicht bewusst sind. In meiner Tätigkeit bei der Schuldnerberatung begegnen mir häufig Menschen, die es versäumt haben, Anträge etwa auf Wohngeld, auf Ausbildungsförderung, auf Aufstockung gemäß SGB II oder auf Kindergeld zu stellen. Die meisten dieser Ansprüche können nicht rückwirkend beantragt werden, so dass sie einfach verfallen. Selbstverständlich haben diejenigen, die am wenigsten in der Lage sind, sich selbst einen Überblick über ihre Ansprüche zu verschaffen (also insbesondere Menschen mit schlechter Bildung und mangelnden Sprachkenntnissen) gleichzeitig auch kaum niedrigschwelligen Zugang zu kompetenter Beratung. Ralf Dahrendorf soll dazu gesagt haben, *vor* dem Gesetz seien alle gleich, *danach* aber nicht mehr.[157]

Ungleichheit innerhalb der Volkswirtschaft

Seit nicht mehr einfach das Recht des Stärkeren gilt, das Recht einer kleinen aristokratischen Elite, das der Großgrundbesitzer und der frühkapitalistischen Industriellen, seit also eine Verpflichtung der Gesellschaft gegenüber (allen) ihren Mitgliedern im Grundsatz anerkannt wird: seit dieser Zeit entzünden sich heftige Debatten an der Frage, was denn nun „sozial gerecht" sei. Eine allgemein gültige Antwort hierauf gibt es nicht und wird es nicht geben, aber man kann sich bemühen, Kriterien dafür zu entwickeln, welche Standards einerseits ethisch geboten und andererseits volkswirtschaftlich effizient sind.

Das Meinungsspektrum geht naturgemäß weit auseinander. Es gibt auf der einen Seite (noch immer) den Standpunkt, man solle privates Eigentum am besten ganz abschaffen, und auf der anderen Seite die Spitzenverdiener, die schon die Existenz progressiver Steuersätze als ungerecht empfinden, weil sie ja schließlich sowieso (auch bei flat tax

---

[157] zitiert nach Steiner, Sozialstaat ohne Sozialverfassung

rates, also z.B. einer Steuer von 25% auf alle Einkommen) viel mehr zur Staatsfinanzierung beitrügen als etwa Durchschnittsverdiener. Am besten wäre es aus dieser Perspektive wohl, wenn man den Staat führen würde wie einen Club, in dem alle denselben Mitgliedsbeitrag zahlen. Wenn der Vorstandsvorsitzende für den Mitgliedsbeitrag seines Golfclubs nur 0,01% seines Netto-Einkommens aufwenden muss, der ebenfalls Golf spielende Lehrer oder Handwerker aber 5%, beschwert sich schließlich auch niemand.

Selbstverständlich ist dieses Bild eine Karikatur neoliberaler Standpunkte und wird in dieser Form nicht wirklich vertreten; es gibt einen allgemeinen Konsens, dass auf diese Weise kein funktionierender Staat zu finanzieren wäre, und im Gegensatz zum Golfclub ist die Mitgliedschaft in der Volkswirtschaft eben nicht disponibel - wir gehören alle dazu. Immerhin aber gibt es durchaus Zwergstaaten, die mit unschlagbar niedrigen Steuersätzen Millionäre anlocken, weshalb das pro-Kopf-Steueraufkommen hoch und die Staatsfinanzen entsprechend gesund sind; Monaco ist vom oben beschriebenen Golfclub-Modell nicht weit entfernt! Der Anteil sehr reicher Bürger ist dort so hoch, dass der Staat mit niedrigen Sätzen sehr großzügige Sozialleistungen und eine vorbildliche Infrastruktur finanzieren kann; auf ein Land wie Deutschland mit seinen 83 Millionen Einwohnern lässt sich dieses Modell freilich nicht übertragen. Dass diese parasitäre staatliche Grundhaltung der sogenannten Steueroasen vom Rest der europäischen Staatengemeinschaft noch immer geduldet wird, ist ebenso ein Menetekel wie die Tatsache, dass die steuerflüchtigen Sportler, Künstler oder Schauspieler vom Publikum ihrer Herkunftsländer unvermindert und kritiklos verehrt werden. Besonders in Erinnerung geblieben ist mir, dass Ende der 90-er Jahre drei deutsche Prominente, ein TV-Moderator, ein Popsänger und ein Tennisspieler, in einer breit angelegten öffentlichen Aktion gegen eine ausländerfeindliche Kampagne von Unionspolitikern und für die doppelte Staatsbürgerschaft zu Felde zogen, weil ein reiches Land wie Deutschland ethische Verpflichtungen gegenüber Zuwanderern habe. Alle drei hatten ihren Wohnsitz im Ausland, wollten also selbst lieber nichts zur Finanzierung ihrer liberalen und humanistischen Ideale beitragen.

In großen Flächenstaaten jedenfalls führt an einer Staatsfinanzierung, die sich an der Leistungsfähigkeit der Bürger orientiert, kein Weg vorbei; das beantwortet aber nicht die Frage, wie weit man dabei gehen sollte. Dabei führen alle Überlegungen zur Leistungs-, Verteilungs- und Bedarfsgerechtigkeit letztlich zu zwei Kernfragen, betreffend die Ungleichheit zwischen den Mitgliedern der Gesellschaft: wie viel Ungleichheit ist gerecht? Und: welches Maß an Ungleichheit ist für die Volkswirtschaft förderlich bzw. erforderlich? Diese Fragen sind ungefähr so alt wie die politisch denkende Menschheit. Im 4. Jahrhundert vor Christus bereits schrieb Platon: „In einem Staate, … der von der größten Krankheit, welche wir richtiger Auflösung als Aufruhr nennen, frei bleiben soll, darf sich weder bei einigen Bürgern drückende Armut noch dagegen auch Reichtum finden, da beide jene beiden erzeugen; der Gesetzgeber muss daher jetzt eine Begrenzung jedes dieser beiden bezeichnen."[158] Bereits im alten Athen wusste man offenbar von der spaltenden Kraft sozialen Ungleichheit, und man diskutierte Umverteilungsmaßnahmen, um sie im Zaum zu halten.

Die über solche Fragen in der Gegenwart geführte öffentliche Debatte, also in Parlamenten und mehr noch in TV-Talk-Shows, ist meist ideologisch, oft sehr emotional und meinungsstark. Dabei wird die Klarheit des Urteils der Protagonisten selten von allzu viel Sachkenntnis getrübt. Es gibt aber auch eine sehr ernsthafte wissenschaftliche und publizistische Diskussion zu diesem Thema, die im folgenden im Vordergrund stehen soll.

Zunächst ist nicht einfach herauszufinden, wie ungleich die Ressourcen tatsächlich verteilt sind und inwiefern sich diese Ungleichheit verringert bzw. verstärkt. In der Öffentlichkeit diskutiert man das Thema Ungleichheit zumeist anhand des Vielfachen, das etwa der Top Manager eines Unternehmens verglichen mit dem Einkommen eines seiner einfachen Arbeiter erzielt. Besonders mit Blick auf Deutschland lässt sich insoweit leicht nachweisen, dass die Ungleichheit ständig steigt: bewegte sich

---

[158] Platon, Nomoi, Ziff. 744d, S. 304

der entsprechende Faktor vor 50 Jahren im niedrigen zweistelligen Bereich, erreicht er derzeit in manchen Fällen einen Wert von mehreren Hundert (Beispiel: ein ungelernter Arbeiter verdient brutto € 30.000 pro Jahr, der Vorstandsvorsitzende € 15 Mio - der Faktor beträgt in diesem Fall 500!). In diesen Zahlen spiegelt sich freilich vor allem die Tendenz, die Gehaltsstrukturen des deutschen Managements im Zuge der Globalisierung zu „amerikanisieren" (in den USA sind solch absurde Managementgehälter schon lange üblich). Dass manch spektakulär gescheiterte Übernahme (z.B. von Chrysler durch Daimler-Benz oder von Bankers Trust durch die Deutsche Bank) vom deutschen Topmanagement gerade mit Blick auf die Implementierung amerikanischer Gehaltsstrukturen betrieben wurde, bewegt sich am Rande zur strafbaren Untreue, steht aber auf einem anderen Blatt.

Dass es den Arbeitern deshalb materiell schlechter geht, kann man aus dieser Einkommensspreizung nicht unbedingt schließen. Sie haben ja immerhin einen (kleinen) Teil des Produktivitätsfortschritts bekommen, ihr Lebensstandard hat sich über die beobachtbaren Jahrzehnte hinweg erhöht, nur eben viel langsamer als derjenige der Manager. Erinnert sei aber nochmals an Platon, der aus sozialpsychologischen Gründen einen Faktor von 4(!) als Grenze vorschlug.[159] Es kommt nämlich nicht (nur) auf den absoluten Lebensstandard an, sondern (auch) auf den relativen, und damit auf die Ungleichheit. Menschen vergleichen sich und ihre Lebenssituation untereinander, und es überrascht nicht, wenn wissenschaftliche Studien feststellen, soziale Durchlässigkeit sei umgekehrt proportional zum Ausmaß der Ungleichheit; nirgendwo scheint die Chance, den sogenannten „amerikanischen Traum" zu verwirklichen, geringer zu sein als in den USA.[160] Die Sorge wegen der (wachsenden) Ungleichheit stellt denn auch - aktuellen Studien zufolge - in den entwickelten Industrieländern alle anderen Ängste der befragten Menschen in den Schatten.[161]

---

[159] Platon, Nomoi, Ziff. 744e, S. 304

[160] Bregman, Utopien, S. 72 f., m.w.N.

[161] vgl. Atkinson, Ungleichheit, S. 7, m.w.N.

In der Wissenschaft hat sich für die Messung von Ungleichheit der sogenannte „Gini-Koeffizient" etabliert, benannt nach dem italienischen Statistiker Corrado Gini.[162] Diese Kennzahl misst die Ungleichheit auf einer Skala von 0 (=völlige Gleichheit) bis 1 bzw. 100% (=maximale Ungleichheit). Bei einem Stand von 0 für die Verteilung der Haushaltseinkommen hätten also alle Haushalte das gleiche Einkommen, bei einem Stand von 1 hätte ein einziger Haushalt das gesamte Einkommen, alle anderen hätten nichts.

Nach dem Gini-Koeffizienten ging die Ungleichheit in den meisten Volkswirtschaften im Zeitraum von etwa 1920 bis 1980 massiv zurück, ist seither aber wieder signifikant angestiegen.[163] Am vergleichsweise niedrigsten ist er in den skandinavischen Ländern (Schweden=0,24), auch die Niederlande und erstaunlicherweise die Schweiz haben einen relativ niedrigen Gini-Koeffizienten. Deutschland liegt im Mittelfeld, die USA, Großbritannien und viele lateinamerikanische Staaten sind deutlich „ungleicher", die Schwellenländer China, Indien, Brasilien und als Spitzenreiter Südafrika (0,59) repräsentieren Volkswirtschaften mit besonders ungleicher Einkommensverteilung.[164]

Was die boomenden Volkswirtschaften insbesondere der „BRICS-Staaten"[165] betrifft, mag der hohe Gini-Koeffizient durchaus einfach den Stand der Entwicklung widerspiegeln - in den Zeiten des Frühkapitalismus war die Ungleichheit auch in Europa besonders groß. Aber dass die Ungleichheit in allen Ländern steigt, obwohl die Produktivität, das Gesamteinkommen aller Haushalte und im Prinzip wohl auch das Niveau der sozialen Absicherung steigen, wirft doch Fragen auf.

Der französische Ökonom Thomas Piketty hat die zunehmende Ungleichheit in seinem Buch „Das Kapital im 21. Jahrhundert" auf eine re-

---

[162] vgl. zu den Einzelheiten z.B. Atkinson, S. 27 ff.

[163] vgl. zu den Daten Atkinson, Ungleichheit, S.29 ff.; s. auch Piketty, Kapital, S. 31, 44

[164] vgl. die Tabelle bei Atkinson, Ungleichheit, S. 34

[165] Brasilien, Russland, Indien, China, Südafrika

lativ einfache Formel gebracht: die Kapitalrendite sei historisch (fast[166]) immer höher als das Wirtschaftswachstum, also würden die Reichen (die das Kapital halten) zwangsläufig immer reicher, während die weit überwiegende Mehrheit der arbeitenden Bevölkerung, die nicht über Kapital verfügt und deshalb allenfalls entsprechend des Wachstums durch steigende Löhne partizipiert, in ihrer Einkommensentwicklung stets und systematisch zurückbleibt. Unter Berufung auf Karl Marx spricht Piketty ausserdem vom „Prinzip der unbegrenzten Akkumulation", also von der Tendenz des Kapitals, sich immer weiter zu konzentrieren[167] - etwa wie beim Spiel „Monopoly", das quasi eine Versuchsanordnung für ein reines, freies Spiel der Marktkräfte darstellt und wo am Ende immer ein einziger Spieler alles hat. Auch John Maynard Keynes schrieb bereits von der Kapitalakkumulation seit dem 16. Jahrhundert, von der „Macht des Zinseszinses", die die Wirtschaftsentwicklung beherrscht.[168]

Piketty ist mit seinem Buch berühmt geworden, er hat aber durchaus vehementen Widerspruch erfahren. Insbesondere wird bereits die Formel, der zufolge die Renditen regelmässig höher lägen als das Wachstum, in der Wissenschaft bestritten.[169] Auch die Qualität seiner Daten und die Methodik seiner Schlussfolgerungen werden angezweifelt. Immerhin aber, das kann ohne Vertiefung der wirtschaftswissenschaftlichen Debatte gesagt werden, spricht die Beobachtung der Einkommens- und Vermögensentwicklung dafür, dass Piketty im Ergebnis nicht ganz falsch liegen kann.

Eine ganz andere Frage ist allerdings, ob die beobachtbare Ungleichheit gut oder schlecht, ob sie *gerecht* oder *ungerecht* ist. Piketty selbst zitiert am Anfang seines Buches die Erklärung der Menschenrechte von 1789, nach der es gesellschaftliche Unterschiede durchaus geben

---

[166] d.h. mit Ausnahme des Zeitraumes von ca. 1920 bis 1980: es seien die Weltkriege und ihre Folgen gewesen, die die Kapitalrenditen stark abgebaut und damit die Ungleichheit vorübergehend reduziert hätten, Piketty, Kapital, S. 786

[167] Piketty, Kapital, S. 23 f.

[168] Keynes, Wirtschaftliche Möglichkeiten, S. 248

[169] s. hierzu z.B. Horstmann, S. 13, 62 ff

kann, wenn sie dem allgemeinen Nutzen dienen. Hieran knüpft sich eine philosophische Diskussion zu der Frage, was denn nun der Masstab des allgemeinen Nutzens ist. Der klassische Utilitarismus definiert das Interesse einer Gesellschaft dahingehend, dass „die größte Summe der Befriedigung für die Gesamtheit ihrer Mitglieder" anzustreben sei.[170] Dabei spielt die *Verteilung* dieser Summe unter den Mitgliedern allerdings keine Rolle; d.h., es spielt keine Rolle, wie arm die Ärmsten sind und wie viele Arme es gibt, es kommt nur auf das Gesamtvermögen bzw. -einkommen an. „Einem klassischen Utilitaristen ... ist es gleichgültig, wie eine feste Nutzensumme verteilt ist."[171] Das ist etwa wie beim Schachspiel, wo es nicht darauf ankommt, wie viele Figuren man verliert, Hauptsache, man setzt am Ende den gegnerischen König matt. Kinder, die das Schachspiel neu lernen, sträuben sich gelegentlich, z.B. die hübschen Pferdchen zu opfern; sie haben den utilitaristischen Charakter des Spiels noch nicht begriffen. Das Leben aber ist kein Spiel: wir würden es sicherlich nicht gutheissen, z.B. ein Kind zu quälen (oder verhungern zu lassen), selbst wenn es dem Wohl der Menschheit diente![172]

John Rawls setzt dem Utilitarismus den zweiten[173] seiner beiden Grundsätze der Gerechtigkeit entgegen: Soziale Ungleichheit ist demnach nur zulässig, wenn sie jedermanns Vorteil dient, d.h. im Umkehrschluss, jegliche Ungleichheit, bei der auch nur ein einziger Bürger auf der Strecke bleibt, ist ungerecht.[174] „Die Verteilung des Einkommens und Vermögens muss nicht gleich sein, aber zu jedermanns Vorteil."[175] Dabei kann auch große Ungleichheit akzeptabel sein, vorausgesetzt, sie schadet niemandem. Nicht quantitativ auf den Gini-Koeffizienten kommt es Rawls an, sondern qualitativ auf die Wirkungen der Un-

---

[170] zitiert nach Rawls, Gerechtigkeit, S. 40; vgl. auch Collier, Sozialer Kapitalismus, S. 23

[171] Rawls, Gerechtigkeit, S. 98

[172] vgl. Comte-Sponville, Kapitalismus, S. 48, mit Bezug auf ein Beispiel von Dostojewski

[173] der erste Grundsatz garantiert die persönlichen Grundfreiheiten für jedermann

[174] Rawls, Gerechtigkeit, S. 81 f.

[175] Rawls, Gerechtigkjeit, S. 82

gleichheit.[176] Rawls fordert also durchaus keine egalitäre Verteilung im kommunistischen Sinne, aber er orientiert sich an den Interessen der schwächsten Mitglieder der Gesellschaft; ihnen hat zu dienen, was an Ungleichheit zugelassen wird. Kapitalismus also ist durchaus *gerecht*, selbst wenn er reiche Unternehmer hervorbringt, vorausgesetzt, auch den Armen geht es besser, als es ihnen ohne diesen Kapitalismus ginge.[177] Nach Rawls ist eine Gesellschaft letztlich dann moralisch, wenn ihre Regeln dem Schutz der schwächsten Gruppen dienen.[178]

Rawls´ Theorie der Gerechtigkeit ist erkennbar plausibler als der Utilitarismus, und im Modell mag sie auch funktionieren, aber es ist nicht ersichtlich, inwieweit sie hilft, die konkreten <u>politischen</u> Fragen zu (Um-)Verteilung, (Un-)Gleichheit und Gerechtigkeit zu beantworten. Es gibt keine allgemein gültigen philosophischen Antworten auf diese Fragen, sondern es wird immer darauf ankommen, politische Kompromisse zu finden, die die Gesellschaft nicht überfordern. Es nützt niemandem, wenn alles gleich verteilt wird, aber insgesamt zu wenig da ist; aber volkswirtschaftlicher Reichtum (im utilitaristischen Sinne), der zu viele Menschen ausgrenzt, führt letztlich zu Erosion des sozialen Konsens und zur Spaltung der Gesellschaft. Charles Taylor hat den Kapitalismus in Übereinstimmung mit Karl Marx als „unser(en) faustischen Pakt" bezeichnet: wir brauchen ihn, weil er „die innovativste und kreativste Wirtschaftsordnung der Menschheitsgeschichte ist", aber er neigt dazu, langfristig „jede Gesellschaft, in der er sich entwickelt hat, unaufhaltsam zu untergraben und aufzulösen."[179] Bezogen auf die Gesellschaftsordnung insgesamt unterscheidet Taylor zwischen einem Liberalismus, der sehr stark die Freiheitsrechte in den Vordergrund stellt und den Zusammenhalt der Gesellschaft durch ein „starkes prozedurales Element" sichern will: jedem Menschen wird mit dem gleichen Respekt begegnet, jeder kann auch für seine eigenen Ziele eintreten, kollektive

---

[176] s. auch Rawls, Gerechtigkeit, S. 84 f.

[177] was Rawls hier ausser Acht lässt, sind aber die psychologischen Folgen, wenn Ungleichheit als ungerecht empfunden wird, vgl. Atkinson, Ungleichheit, S. 21 f.

[178] vgl. Collier, Sozialer Kapitalismus, S. 28

[179] Taylor, Kapitalismus, Die Zeit 2005 Nr. 19

Zielsetzungen gibt es nur sehr beschränkt.[180] Demgegenüber steht ein alternatives Modell, in dem ein breiter Konsens gesucht wird, um gemeinsame (kollektive) Ziele zu verfolgen, auch wenn dies zu Einschränkungen von Freiheits- und Gleichheitsrechten führt.[181]

Was in der Praxis gefunden werden muss, ist ein Modell, das die Freiheit des Einzelnen, nach Glück und Erfolg zu streben, verbindet mit einem Mindestmass an sozialer Sicherheit, das von Leistung und insbesondere von Leistungsfähigkeit unabhängig ist. Dabei geht es weniger darum, wie stark sich die Einkommen spreizen zwischen dem Vorstandsvorsitzenden und dem Hilfsarbeiter; wichtiger scheint zu sein, dass die Gesellschaft insgesamt akzeptiert, in welchem Ausmaß und auf welche Art und Weise Ungleichheit zugelassen und Wohlstand verteilt wird. Die soziale Marktwirtschaft, wie sie in der Nachkriegszeit entwickelt wurde, ist ein ernst zu nehmender Versuch, ein solches Gleichgewicht herzustellen. Sie hat auch lange funktioniert, nicht nur, indem sie „Wohlstand für Alle" (Ludwig Erhard) schuf, sondern auch, indem sie eine starke befriedende Wirkung auf die bundesdeutsche Gesellschaft ausübte.

Damit scheint es aber vorbei zu sein! Die sozialen Spaltungstendenzen sind (in Deutschland wie andernorts) unübersehbar, die einen fühlen sich vom Fiskus ausgeplündert, die anderen vom Sozialstaat im Stich gelassen. Die objektiv feststellbar wachsende Ungleichheit lässt den sozialen Zusammenhalt erodieren, mit all den Folgeproblemen (und Kosten!), die daraus entstehen.[182] Dabei herrschen seit Jahren äusserst günstige volkswirtschaftliche Rahmenbedingungen: die Arbeitslosigkeit ist niedrig, der Staatshaushalt ausgeglichen. Welchen Zuständen sehen wir da erst entgegen, wenn sich das zum Nachteil ändert?

---

[180] Taylor, Multikulturalismus und Anerkennung, S. 42

[181] Taylor, Multikulturalismus und Anerkennung, S. 38 ff., am Beispiel des Schutzes der französischen Sprache und Kultur in Quebec

[182] vgl. Atkinson, Ungleichheit, S. 20

Unser Sozialleistungssystem ist nicht darauf gegründet, dass wir alle uns als Mitglieder einer Gesellschaft gegenseitig Respekt und Solidarität schulden, sondern es stellt einfach einen je nach politischen Mehrheiten veränderlichen Kompromiss zwischen widerstreitenden Interessen dar. Zwar haben wir begriffen, dass es sowohl freien Wettbewerb im Rahmen einer Marktwirtschaft braucht als auch soziale Absicherung für die „Verlierer" dieses Wettbewerbs; aber wir haben diesen als notwendig erkannten Ausgleich nicht als wirkliche Teilhabe organisiert, sondern als eine Art Almosenkultur. Die Folge ist, dass Leistungsträger hohe Steuern als ungerechte Beschneidung ihres persönlichen Erfolges empfinden, während sich etwa Empfänger von Hartz IV permanent gedemütigt fühlen durch die Stigmatisierung dieser Sozialleistung in der öffentlichen Meinung, durch inquisitorische Bedürftigkeitsprüfungen und durch einen Warenkorb als Berechnungsgrundlage für die Höhe der Regelsätze, der zwar auf den Cent genau „vorschreibt", wie viel Geld man für Lebensmittel, Strom, kulturelle Aktivität etc. „braucht", gleichzeitig in seiner Zusammensetzung aber an der Lebenswirklichkeit klar vorbeigeht.[183]

Erforderlich ist deshalb nicht so sehr die Fortsetzung der Diskussion über die angemessene Höhe von Regelsätzen einerseits oder Steuern andererseits, sondern ein Paradigmenwechsel. Wir brauchen ein Sozialleistungssystem, das den Leistungsträgern Wertschätzung entgegenbringt, weil sie den Sozialstaat finanzieren, statt sie mit Neid und Missgunst zu überziehen; gerade Deutschland scheint hier besonderen Nachholbedarf zu haben. Gleichzeitig müssen wir den Leistungsempfängern das Gefühl nehmen, sie seien geduldete Versager, die man aus humanitären Gründen durchfüttere; vielmehr muss die ethische Maxime Platz greifen, die alle Mitglieder der Gesellschaft grundsätzlich als gleichwertig und willkommen akzeptiert (wobei diese selbstverständlich aufgerufen sind, sich ihren Kräften und Fähigkeiten entsprechend einzubringen). Wir brauchen mehr Empathie und weniger Ökonomie in den

---

[183] so enthält der Regelsatz i.H.v. € 424,- u.a. € 147,82 für Lebensmittel inkl. Getränke, € 37,60 für Strom und Instandhaltung der Wohnung (der Stromverbrauch allein ist i.d.R. weit höher), € 35,33 für Verkehr (ein Nahverkehrsausweis kostet in den meisten Städten mindestens das Doppelte) und € 1,09 (!) für Bildung.

sozialen Leistungsbeziehungen; wir müssen weg vom *homo* oeconomicus, hin zum *homo* empathicus.[184] Nicht was den Umfang der Leistungsbereitschaft und die Intensität der emotionalen Verbindung, aber durchaus was den Grundsatz der Gegenseitigkeitsbeziehung betrifft, sollte sich Sozialpolitik an einer Familienstruktur orientieren. Wie in einer Familie füreinander gesorgt wird, ohne dass man das schwächere, Leistungen empfangene Familienmitglied deshalb abwertet oder gar demütigt, sollte ein wirklich sozialer Staat auch mit seinen Kranken und Arbeitslosen umgehen. Das ist ausdrücklich keine ökonomische Frage: Wirtschaft ist - wie das Schachspiel - immer amoralisch,[185] und der Versuch von Karl Marx, die Wirtschaft zu moralisieren, war ein wichtiger Grund für sein Scheitern![186] Statt dessen brauchen wir ein klares Bekenntnis dazu, dass es eine höhere Ordnung gibt als die der Wirtschaft, dass eine freie Wirtschaft nur innerhalb fester, ethisch definierter Grenzen zugelassen werden kann, und dass das Recht auf Dasein und Teilhabe dem Menschen innewohnt, unabhängig von seinem „Wert" für die Volkswirtschaft.

Man mag einwenden, dieser Anspruch werde von modernen Verfassungen, insbesondere vom deutschen Grundgesetz bereits durchaus erfüllt; das ist aber leider nur im Prinzip richtig, die Realität hält das Versprechen nicht.

Globale Ungleichheit

Es ist nicht direkt das Thema dieses Textes, aber zumindest kurz muss auch auf die Ungleichheit im globalen Masstab eingegangen werden. Das 21. Jahrhundert ist ohne Zweifel das Jahrhundert der Globalisierung. Es ist schlechterdings nicht mehr möglich, eine einzelne Volks-

---

[184] s. Rifkin, Empathische Zivilisation, S. 17 ff.

[185] s. hierzu Comte-Sponville, Kapitalismus, S. 82 ff.; es ist nichts schlimm daran, dass Wirtschaft amoralisch ist, und „amoralisch" ist auch nicht gleich „unmoralisch" - es braucht einfach nur ein moralisch-ethisches Korrektiv (bei Comte-Sponville sind es insgesamt 4 Ordnungen, die sich gegenseitig begrenzen: 1. Was technisch möglich ist, 2. Was rechtlich erlaubt ist, 3. Was moralisch zulässig ist, 4. Was ethisch geboten ist)

[186] Comte-Sponville, Kapitalismus, S. 90 ff.

wirtschaft vom Weltgeschehen abzukapseln, jedenfalls nicht ohne gravierende negative Folgen für Freiheit und Wohlstand der Bevölkerung (der einzige noch laufende Feldversuch in eine solche Richtung ist wohl Nordkorea, und kaum jemand wird dieses Land als positives Beispiel nennen wollen). Die Globalisierung als unumkehrbarer historischer Prozess schafft Abhängigkeiten zwischen Staaten, zwischen Organisationen und zwischen einzelnen Menschen, die es in dieser Form vorher nicht gab. Daraus folgt auch „eine Verstärkung moralischer Pflichtbeziehungen über weite Entfernungen" hinweg.[187] Es ist also offensichtlich notwendig, Ungleichheit auch global zu betrachten und nicht nur innerhalb unserer eigenen Volkswirtschaft.

Wenn man sich auf eine solche Analyse einlässt, kommt man um einige unangenehme Erkenntnisse nicht herum: die globale Ungleichheit ist erstens dramatisch, sie ist zweitens durch nichts zu rechtfertigen, und sie ist drittens auch noch zu einem erheblichen Teil durch den industrialisierten Westen und seine kolonialistischen Vorläuferstaaten verursacht worden.

Aus ethischer (und ganz besonders aus christlicher) Perspektive ist es offensichtlich geboten, dass der reiche Westen den armen Ländern hilft. Wie das möglichst effizient geschehen kann, darüber mag man streiten; aber _dass_ wir helfen müssen, auch wenn es uns Opfer abverlangt, kann nur bestreiten, wer entweder zynisch oder dumm ist.

Leider führen ethische Argumentationen in der Regel nicht weit, wenn es darum geht, politische Mehrheiten zu organisieren; mit dem Vorschlag, die Entwicklungshilfe drastisch zu erhöhen, gewinnt man keine Wahl. Eher schon kommt man zum Ziel, wenn man das Elend der dritten Welt in einen Zusammenhang bringt mit den Problemen, die immer mehr auf der Tagesordnung der reichen Länder stehen, insbesondere dem Klimawandel und den Migrations- bzw. Fluchtbewegungen. Wenn die Menschen in Europa und den USA begreifen, dass der beste (einzige!) Weg, die Flüchtlingsströme mittel- und langfristig auf ein verträgli-

---

187 Nolte, Ist die Welt gerecht?

ches Maß zu begrenzen, die Bekämpfung der Fluchtursachen (also vor allem der Armut) ist, könnte vielleicht auch die Bereitschaft wachsen, unseren in der Menschheitsgeschichte beispiellosen Reichtum zu teilen. Es soll hier freilich keineswegs vertreten werden, dass es gleichgültig ist, ob man das Richtige aus ethischer Verantwortung oder nur aus klugem Eigennutz tut. Wer Entwicklungshilfe nur betreibt, um künftige Flüchtlingsströme zu verhindern, also letztlich eigennützig handelt, dessen Verhalten ist ethisch wertlos; es ist in seinen positiven Wirkungen auch weniger nachhaltig, weil sich die Interessenlagen viel schneller ändern als ethische Prinzipien.[188] Politisch aber wäre es fahrlässig, sich die Interessenkongruenz von „vernünftigem" Eigennutz und ethischer Verantwortung nicht zunutze zu machen.

Bislang kann jedenfalls von einer systematischen, effizienten und ehrlichen(!) Entwicklungspolitik leider kaum die Rede sein. Bei näherem Hinsehen scheint es vielmehr, dass der Westen die Ausplünderung der dritten Welt unverändert fortsetzt, nur die Mittel sind subtiler geworden: westliche Konzerne beuten afrikanische Bodenschätze aus, selbst das Wasser mancher Drittweltstaaten gehört Konzernen wie Nestlé, die es dann in Flaschen abgefüllt wieder an die hungernde und dürstende Bevölkerung verkaufen. Lokale Fischer vor afrikanischen Küsten werden verdrängt, weil die EU die Fischereirechte gekauft hat, wobei der Kaufpreis zu großen Teilen in korrupten Kanälen versickert. Der Westen erwartet von Ländern wie z.B. Brasilien, dass diese ihren Regenwald erhalten, weil er wichtig für das globale Klima ist, nutzt auf eigenem Territorium aber natürlich fast jeden Quadratzentimeter zu wirtschaftlichen Zwecken. Warum eigentlich bezahlen wir die Brasilianer nicht angemessen dafür, dass sie ihren Regenwald als grüne Lunge der Welt weiter zur Verfügung stellen?

Statt 2% des Bruttosozialproduktes im Rahmen von Nato-Verträgen für Verteidigung auszugeben, sollten entsprechende Beträge für sinnvolle Entwicklungs- und Klimaschutzprojekte zur Verfügung gestellt werden. Das wäre nicht nur ethisch geboten, sondern auch in unserem urei-

---

[188] vgl. Kant, Metaphysik der Sitten, S. 18 f., demzufolge „nüchterne Überlegung" zwar viel Gutes bewirken, aber auch „ohne Grundsätze eines guten Willens … höchst böse werden" kann

gensten Interesse. Und was die sogenannten Armutsflüchtlinge betrifft, die mangels Asylgrundes nach geltendem Recht ausreisepflichtig sind, aber häufig aus den unterschiedlichsten Gründen nicht abgeschoben werden können: statt sie vom Arbeitsmarkt auszuschließen und jahrelang durch Sozialtransfers zu alimentieren, könnte man ihnen eine Berufsausbildung anbieten (das Handwerk sucht mit wachsender Verzweiflung Auszubildende), mit der sie sich anschließend in ihrer Heimat eine berufliche Existenz aufbauen können. Auch die zögerliche Haltung vieler Herkunftsländer, wenn es um die Rücknahme der Flüchtlinge geht, könnte sich ändern, wenn es sich auf einmal um gut ausgebildete Fachkräfte handelte. Das mag nicht mit jedem Flüchtling funktionieren, aber ein wenig mehr Kreativität beim Umgang mit dieser Problematik würde allen Beteiligten helfen.

Was im übrigen die neuerdings in der öffentlichen Debatte allgegenwärtige *Bekämpfung der Fluchtursachen* betrifft, die ja ganz offenbar eine Bekämpfung der Armut sein muss - sie ist, politischen Willen und demokratische Akzeptanz vorausgesetzt, viel einfacher, als die etablierte Entwicklungshilfepolitik uns glauben machen will. Während wir nämlich seit jeher davon ausgehen, dass die Vergabe von Fördermitteln an Arme unbedingt streng überwacht und kontrolliert werden muss, zeigen einige vielversprechende Versuche, dass finanzielle Hilfe ohne jegliche Bedingungen und vor allem ohne bürokratische Überwachung viel effizienter wäre. Entwicklungsprojekte werden üblicherweise groß angelegt, staatliche, oft sogar supranationale Organisationen (etwa der UNO) halten die Fäden in der Hand, die Regierungen der Zielländer sind eng eingebunden (und zweigen oft große Teile der Hilfsgelder für sachfremde Zwecke ab), ein riesiger Administrations- und Kontrollapparat zehrt Geld auf, das eigentlich den Armen zugute kommen sollte. Kaum jemand stellt in Frage, dass das so sein muss. Die Korruption, die fraglos in den meisten Empfängerstaaten herrscht, wird als Grund für die Notwendigkeit betrachtet, jedes Projekt mit einer ausufernden Bürokratie zu unterfüttern - dass die Korruption damit nicht verhindert werden kann, gilt dann als Beweis dafür, dass man noch mehr Kontrollen braucht, oder gar dass die Hilfe insgesamt nicht sinnvoll ist, weil sie nicht oder nur zu einem kleinenTeil bei den Bedürftigen ankommt.

Wie aber, wenn man einfach Geld an die Armen gäbe, ohne zu kontrollieren, was sie damit machen? Der korrupte Apparat des Empfängerstaates hätte es ohne Zweifel deutlich schwerer, seinen „Anteil" abzuzweigen, und der Aufwand für Bürokratie, Administration und Überwachung ginge gegen Null, was den Mitteleinsatz viel effizienter machen würde. Dagegen spricht aus Sicht der etablierten Entwicklungshilfepolitik, dass die Geldempfänger die bedingungslos und kontrollfrei überlassenen Mittel nicht sinnvoll einsetzen, sondern einfach für Konsum verwenden würden. Hier kommt jenes negative Menschenbild zum Ausdruck, das einer vernünftigen Sozialpolitik auch national im Wege steht. Man glaubt die Menschen bevormunden zu müssen, weil sie sonst gegen ihre eigenen längerfristigen Interessen handeln würden. Dieser paternalistische Ansatz hat sicherlich sozialpsychologische Hintergründe; ihn grundsätzlich anzugehen hieße sehr dicke Bretter bohren. Aber ein Blick auf konkrete Feldversuche zum Thema könnte durchaus weiterhelfen: Rutger Bregman hat in seinem Buch „Utopien für Realisten" einige Beispiele aufgeführt, die zeigen, dass man selbst Obdachlose, also Menschen, die kaum noch in die Gesellschaft eingebunden sind, durch direkte Zahlungen, durch ein „persönliches Budget" mobilisieren kann.[189] Dass das kein Hirngespinst ist, belegten Wissenschaftler der Universität Manchester mit einer Vielzahl ähnlicher Fälle.[190]

Sowohl auf das falsche Menschenbild, das unserer ineffizienten, verfehlten Entwicklungspolitik zugrunde liegt, als auch auf die erfolgreichen Beispiele direkter Unterstützung wird im zweien Teil dieses Buches zurückzukommen sein.

---

[189] Bregman, Utopien, S. 33 ff.

[190] „Just give Money to the Poor", zitiert nach Bregman, Utopien, S. 38; vgl. auch Collier, Sozialer Kapitalismus, S. 77 ff., zum paternalistischen vs. dem ethischen Staat

Hartz IV

Zurück zu den Niederungen der deutschen Sozialpolitik:
Die Bundesregierung unter dem Kanzler Gerhard Schröder hat kurz
nach der Jahrtausendwende im Rahmen ihrer „Agenda 2010" das bis
dahin geltende System der Arbeitslosenunterstützung, das in Arbeitslosengeld, Arbeitslosenhilfe und als äusserstes soziales Sicherungsnetz
die Sozialhilfe gegliedert war, durch die sogenannten Hartz-Gesetze re-
formiert. Seit dem 1. Januar 2005 gibt es nur noch die Arbeitslosenversicherung, die für grundsätzlich maximal 12 Monate Leistungen er-
bringt, die am früheren Nettolohn des Arbeitslosen orientiert sind, und
das Arbeitslosengeld II (ALG II, genannt Hartz IV), in dem die frühere
Arbeitslosenhilfe und weite Teile der Sozialhilfe zusammen gelegt wurden. Seither gibt es für allein stehende Erwachsene, für Paare in Be-
darfsgemeinschaft und für Kinder verschiedener Alterskohorten gestaf-
felte ALG II-Regelsätze. Stand 2019 gelten die folgenden Beträge:

Alleinstehende/Alleinerziehende: € 424,-

Paare je Partner / Bedarfsgemeinschaften: € 382,-

Erwachsene Behinderte in stationären Einrichtungen: € 339,-

Nicht-erwerbstätige Erwachsene unter 25 Jahren im
Haushalt der Eltern: € 339,-

Jugendliche 14-17 Jahre: € 322,-

Kinder 6-13 Jahre: € 302,-

Kinder 0-5 Jahre: € 245,-

Zusätzlich übernimmt das Jobcenter die Miete inkl. Nebenkosten (aber
ohne Strom) im Rahmen ortsabhängig gestaffelter Höchstgrenzen. Das
Kindergeld beträgt seit Juli 2019 € 204,- jeweils für die ersten beiden
Kinder, € 210,- für das dritte und € 235,- für das vierte und alle weiteren

Kinder. Dabei ist zu beachten, dass das Kindergeld mit dem ALG II-Anspruch verrechnet wird (Beispiel: ein erstgeborenes Kind unter 5 Jahren bekommt nach Abzug des Kindergeldes nur einen Satz von € 41,- ALG II).

Die Einführung des ALG II / Hartz IV war die größte Sozialreform in der Geschichte der Bundesrepublik. Zugrunde lag ihr die Idee des „Forderns und Förderns": die Leistungen sollten einerseits sicherstellen, dass die ultimative Forderung des Grundgesetzes, menschenwürdiges Dasein zu sichern, erfüllt wird, andererseits sollte der Weg in den Arbeitsmarkt geebnet und attraktiv gehalten werden. Dazu gab es neben Hartz IV noch weitere Hartz-Gesetze, von denen heute kaum noch die Rede ist. Hartz I war der Versuch, eine öffentlich-rechtliche Personal-Service-Agentur aufzubauen, Hartz II war die sogenannte „Ich-AG", mit der (zu hohen Kosten) Existenzgründungen gefördert wurden, wohl auch um die Betroffenen aus der Arbeitslosen-Statistik heraus zu holen. Hartz III schließlich war der Umbau der alten „Arbeitsämter" zur neuen „Bundesanstalt für Arbeit", die moderner, effizienter und service-orientierter Arbeit vermitteln sollte als die alten Behörden.

Über die Frage, wie erfolgreich die Hartz-Gesetze waren, wird bis heute lebhaft gestritten. Nicht zu bestreiten ist, dass die Arbeitslosigkeit seit Einführung 2005 massiv gesunken, die Zahl der Beschäftigten entsprechend stark gestiegen ist. Wenn die Befürworter des Hartz-Systems dies als ihren Erfolg reklamieren, wird ihnen zwar entgegengehalten, die positive Entwicklung habe vor allem mit der günstigen Konjunktur zu tun; es ist aber darauf hinzuweisen, dass Deutschland, noch 2005 ein Sorgenkind Europas, was den Arbeitsmarkt und den Zustand der Sozialsysteme betraf, im EU-Vergleich heute sehr gut im Rennen liegt. Allein mit der Konjunktur lasst sich das kaum erklären.

Auch wenn man den Hartz-Reformen diese Erfolge zurechnet, bedeutet das aber nur, dass das System besser ist als sein Vorgänger, und auch das nur für den betreffenden Zeitraum. Es bedeutet keineswegs, dass es das beste aller denkbaren Systeme ist. Um diese Frage zu diskutieren, muss man sich zunächst lösen von dem die Auseinandersetzung üblicherweise beherrschenden Streitpunkt, ob die Regelsätze in der Höhe ausreichend sind oder nicht. Darüber wurde schon immer heftig debattiert, und im Jahr 2010 hat das Bundesverfassungsgericht die damalige Berechnungsmethode für verfassungswidrig erklärt, weil sie das menschenwürdige Existenzminimum nicht sicherstelle.[191]

Die Frage der Höhe von Regelsätzen ist ohne Zweifel wichtig für die betroffenen Leistungsempfänger, aber sie ist nicht Gegenstand der vorliegenden Betrachtungen. Hier soll es vielmehr darum gehen, wie die Leistungsstruktur langfristig auf den Einzelnen einerseits und auf die Gesellschaft andererseits wirkt, welche Wirkungen auf den Arbeitsmarkt (heute und in Zukunft) vom bestehenden System ausgehen, und welche Alternativen es gibt.

Dabei sieht die Bilanz von Hartz IV auf den ersten Blick nicht schlecht aus. Es gibt wie erwähnt viel weniger Arbeitslose als vor Einführung, es gibt auch weniger Hartz IV-Bezieher (trotz des starken Zuzugs von Flüchtlingen seit 2015),[192] und die öffentlichen Kassen sind so gut gefüllt wie lange nicht. Aber:
Atypische Beschäftigungsverhältnisse (Minijobs, Zeitarbeit, befristete Anstellungen) sind viel häufiger als früher, viele Menschen müssen trotz Vollzeitarbeit mit Hartz IV „aufstocken", etwa eine halbe Million Menschen lebt seit Einführung 2005 ununterbrochen von Hartz IV,[193] viele Jugendliche scheinen ein Leben „im SGB II" quasi als Berufsziel anzustreben, und, was zwar schwieriger messbar, aber langfristig viel schlimmer ist, die gegenseitige Akzeptanz von Leistungsempfängern einerseits und der leistenden Mehrheitsgesellschaft andererseits nimmt rapide ab. „Hartzer" ist ein gängiges Schimpfwort, den Leistungsbeziehern wird häufig pauschal eine mangelhafte Arbeitsmoral attestiert. Umgekehrt sind die Empfänger der Leistungen nicht etwa dankbar, sondern sie fühlen sich vernachlässigt, gedemütigt, manchmal geradezu aus der Gesellschaft ausgestoßen. Das hat die erwartbaren Folgen

---

[191] BVerfGE v. 9.2.2010

[192] Quelle: FAZ v. 20.3.2018, S. 17

[193] Quelle: FAZ v. 11.10.2018, S. 17

für den sozialen Zusammenhalt: Steuerhinterziehung gilt vielen als lässliche Sünde, weil der Staat ja sowieso nichts Vernünftiges mit dem Geld anfängt, umgekehrt versuchen viele Hartz IV-Bezieher, ihre Anspruchsberechtigung entweder ganz vorzutäuschen oder zumindest in der Höhe zu manipulieren. „Hartz IV macht aus ehrlichen Leuten, die Arbeit suchen, Spezialisten für Anträge und Ausnahmen und Rechtswege, Experten für Bedarfsgemeinschaften, Überbrückungsgelder und Regelsatzverordnungen."[194] Der Staat reagiert mit Sanktionen,[195] was in der Regel nicht zu Einsicht führt, sondern die Fronten weiter verhärtet.

Tatsächlich ist das Hartz-System ganz offenbar leistungsfeindlich und ungerecht:
Ein Alleinverdiener mit Ehepartner und zwei minderjährigen Kindern muss ca. € 15 Stundenlohn erreichen, um von Hartz IV unabhängig zu sein.[196] Bei einem Mindestlohn von unter € 10 kann man sich vorstellen, dass das für viele Menschen unmöglich ist. Frustration und sinkende Leistungsbereitschaft sind die nahezu unausweichliche Folge.

Ist derselbe Familienvater arbeitslos und bezieht er Hartz IV, hat er sich möglicherweise im Juli 2019 zunächst über das um € 10 pro Kind erhöhte Kindergeld gefreut - aber nur bis er feststellte, dass diese Erhöhung komplett vom Hartz IV-Anspruch abgezogen wurde; eine Kindergelderhöhung kommt allen Eltern bzw. Kindern zugute, nur nicht denen, die darauf wirklich angewiesen sind!

Nun mag es sein, dass man durch die Erhöhung des Kindergeldes bewusst jene besser stellen wollte, die ansonsten nicht von Sozialleistungen leben, also die „Erwerbstätigen"; die turnusmässige Erhöhung der Hartz IV-Regelsätze wird ja auch jährlich im Januar vorgenommen. Aber wenn man die Kindergelderhöhung als staatliche Wohltat darstellt, die den besonders Bedürftigen helfen soll - das taten verantwortliche Berli-

---

[194] Augstein, Fairness ist Zufall, S. 21

[195] die vom BVerfG jüngst als verfassungswidrig eingestuft wurden, soweit die Kürzung 30% überschreitet, BVerfG, Urteil vom 5.11.2019, 1BvL 7/16

[196] vgl. dazu unten die Beispielsrechnung im Abschnitt „Lösung der Mindestlohnfrage", S 133

ner Politiker - hat man entweder die Mechanik des Sozialleistungssystems nicht verstanden, oder man betreibt gezielte Desinformation.

Allmählich scheint immerhin durchaus die Erkenntnis zu reifen, dass es nicht ausreicht, regelmässig Regelsätze zu erhöhen, um Inflationseffekte auszugleichen, sondern dass die Architektur des gesamten Systems reformbedürftig ist. Allzu deutlich wird inzwischen, dass Hartz IV nicht, wie beabsichtigt, eine Brücke ins Erwerbsleben ist, sondern eine Falle, aus der sich die Betroffenen oft nicht mehr befreien können. Aus diesem Grund häufen sich Vorschläge, die zwar nicht die SGB-Systematik insgesamt in Frage stellen, aber doch Leistungsschwerpunkte verlagern, also letztlich „umverteilen" wollen:

- Die Höhe des Mindestlohns steht auf der Tagesordnung, seit er (mit € 8,50) eingeführt wurde. Derzeit liegt er bei € 9,19, er wurde schon zwei Mal erhöht, und weil er aus den oben dargestellten Gründen *sozialpolitisch* viel zu niedrig ist, wird die Debatte darüber nicht aufhören; allerdings kann er *wirtschaftspolitisch* nicht mehr viel weiter steigen, ohne negative Beschäftigungseffekte auszulösen, weshalb er eben grundsätzlich ungeeignet ist, die drängenden sozialen Probleme zu entschärfen.
- Die durch demographische Entwicklungen (die man durchaus auch schon früher hatte absehen können), durch unregelmässige Erwerbsbiographien vor allem von Frauen der mittleren und älteren Generation sowie durch Belastungen aus der Wiedervereinigung in ihrer Leistungsfähigkeit eingeschränkte gesetzliche Rentenversicherung ist traditionell Gegenstand politischer Fantasie. Das liegt wohl auch daran, dass Rentner Wahlen entscheiden können; sie müssen sich deshalb um die Aufmerksamkeit demokratischer Politiker viel weniger Sorgen machen als etwa Kinder. Neuerdings werden wieder einmal unterschiedliche Modelle von Grundrenten, „Respektrenten" u.ä. diskutiert. Im Wesentlichen geht es darum, die gesetzliche Rente auf einen Mindestbetrag aufzustocken, wenn bestimmte Versicherungszeiten erreicht wurden. Nach einem Vorschlag des Bundesarbeitsministers (SPD) soll die Mindestrente beispielsweise € 900 betragen, wenn der Rentner 35 Jahre gearbeitet hat. Sie soll Ausdruck des „Respek-

tes vor der Lebensleistung" sein und gegen Altersarmut wirken. Fachleute wenden allerdings ein, Rentner mit 35 Versicherungsjahren seien in aller Regel gar nicht von Altersarmut betroffen, und die Pauschalierung nach versicherungspflichtiger Lebensarbeitszeit sei nicht gerecht, weil sie nicht zwischen Vollzeitarbeit und Teilzeitarbeit unterscheide.[197] Interessant ist in diesem Zusammenhang die Debatte innerhalb der Regierungskoalition, ob die Grundrente unter den Vorbehalt einer „Bedürftigkeitsprüfung" gestellt werden soll oder nicht. Eine bedürftigkeitsunabhängige Grundrente wäre quasi ein bedingungsloses Grundeinkommen für Rentner!

- Einen Schritt weiter sind hier übrigens die Niederlande, die neuerdings eine Mindestrente i.H.v. € 1.200 an alle Personen über 67 zahlen, auch an diejenigen, die nichts in die Rentenkassen eingezahlt haben. Voraussetzung ist lediglich, dass man mindestens 50 Jahre in den Niederlanden gelebt hat.

- Die CDU bzw. deren „Arbeitnehmerflügel" hat das Problem der Unterfinanzierung der gesetzlichen Rentenversicherung durch den demographischen Wandel ebenfalls erkannt und will mit einer „Pflicht zur privaten Altersvorsorge"[198] gegensteuern. Im Ergebnis wäre das dann wohl eine zweite, diesmal kapitalgedeckte, gesetzliche Pflicht-Rentenversicherung, was natürlich dazu führen würde, dass jene, die sowieso schon kaum genug verdienen, um sich über Wasser zu halten, noch weniger „Netto" vom „Brutto" hätten; letztlich würde durch die niedrigeren Nettoeinkommen die Hartz IV-Aufstockerquote steigen, was am Ende auf eine steuerfinanzierte Quersubventionierung der neuen Rentenversicherung hinausliefe.

- Die SPD schlägt neuerdings ein „solidarisches Grundeinkommen" vor; sie meint damit aber leider nicht etwa, wie man hoffen könnte, ein bedingungsloses Grundeinkommen, sondern die staatliche Subventionierung von Arbeitsplätzen.[199] Es sollen öffentlich finanzierte Arbeitsplätze geschaffen werden, die Langzeitarbeitslosen den Weg zurück ins Erwerbsleben ebnen könnten. Auch der längere Zeit in der

---

[197] Ruland, Grundrente ohne Sinn und System

[198] Quelle: FAZ v. 2.11.2019, S. 25

[199] Einen ähnlichen Vorschlag macht auch Atkinson, Ungleichheit, S. 183 ff.

sozialromantischen Mottenkiste verschwundene Begriff eines „Rechts auf Arbeit" taucht in diesem Zusammenhang wieder auf. Selbstverständlich wird daraus auch dieses Mal nichts werden, schon wegen der schädlichen Auswirkungen, die solche staatlich finanzierte Arbeit auf den Wettbewerb etwa im Dienstleistungs- oder Handwerkssektor hätte.

- Die Grünen wollen hingegen eine „Garantiesicherung", mit der das Hartz IV-System überwunden werden soll; sie soll bei Bedürftigkeit, aber ohne Arbeitsverpflichtung gewährt werden. Wer also nicht arbeiten will, bekommt die Garantiesicherung, von etwaigem zusätzlichen Erwerbseinkommen werden 70% angerechnet, also von der Garantiesicherung abgezogen, bis diese ganz abgeschmolzen ist. Das ähnelt im Prinzip dem ALG II / Hartz IV, wo ein Freibetrag von € 100 hinzuverdient werfen darf sowie anschließend 20% (also 80% angerechnet werden). Neu ist an der grünen Idee vor allem die sehr großzügige Vermögensfreigrenze von € 100.000 und die Freistellung selbstgenutzten Wohneigentums. Außerdem soll die Garantiesicherung individualisiert werden, d.h., wenn ein Ehepartner gut verdient, der andere aber nicht arbeitet, hat letzterer entsprechende Ansprüche. Man hat auch hier, wie bei der SPD, das Gefühl, die Grünen wollen eigentlich in Richtung eines bedingungslosen Grundeinkommens, trauen sich aber nicht und bleiben auf halber Strecke stehen. Dass man im Ergebnis an der problematischen Hartz IV-Bedürftigkeitsprüfung festhalten, gleichzeitig aber € 100.000 plus ggf. eine selbstgenutzte Eigentumswohnung ausklammern will, macht jedenfalls einen reichlich unausgegorenen Eindruck.

- Ebenfalls von den Grünen ist der Vorschlag eines drastisch höheren Kindergeldes, das je nach Einkommen der Eltern bis zu € 500 pro Kind betragen könnte. Ähnliches ist neuerdings von der SPD unter dem Begriff „Kindergrundsicherung" zu hören. Richtig daran ist immerhin der Fokus auf bedürftigen Kindern, auch hier fehlt indes die Konsequenz: das Kindergeld ist bereits heute ein bedingungsloses Grundeinkommen für Teile der Bevölkerung (Kinder bzw. deren Eltern), es muss auf alle Bürger ausgeweitet und existenzsichernd erhöht werden.

Keine Bundesregierung hat sich bislang daran gewagt, das geltende Hartz IV-System grundsätzlich anzutasten, aber eigentlich sind alle damit unzufrieden und wollen daran herumschrauben. Die einen wollen schärfere Sanktionen, wenn zumutbare Arbeit abgelehnt wird, die anderen wollen gar keine Sanktionen und statt dessen höhere Leistungen - jede dieser Debatten macht das eigentliche Problem schlimmer, nämlich den sozialen Unfrieden, der von einem System mit mangelnder Akzeptanz auf allen Seiten ausgeht. Gesucht werden muss nach einer Alternative, die nicht nach Kassenlage flickschustert, sondern deren Legitimation nachvollziehbar für jedermann begründet werden kann und die Leistungsbereitschaft fördert statt sie zu ersticken. Dabei müssen wir bereit sein, die ausgetretenen Pfade zu verlassen und einen Paradigmenwechsel zu wagen - wir brauchen das bedingungslose Grundeinkommen.

Zweiter Teil

Das bedingungslose Grundeinkommen

Grundeinkommen als soziale Alternative

Die eingangs erzählte Geschichte der brüllenden Ochsen des Pythagoras steht sinnbildlich für die Diskussion um das sog. *bedingungslose Grundeinkommen*. Dieses Instrument könnte, das soll im folgenden gezeigt werden, den maroden Sozialstaat retten, die in die Krise geratene (nicht mehr so wirklich soziale) Marktwirtschaft reformieren und, das ist das wichtigste, den sozialen Frieden wiederherstellen. Was fehlt, ist die Bereitschaft der etablierten Denkschulen, sich vorurteilsfrei mit ungewohnten Argumentationsmustern auseinanderzusetzen.

Schon lange gibt es die Idee, die vielen staatlichen Transferleistungen in einer einzigen Leistung zusammenzufassen. Zum einen entstand angesichts des zunehmend unübersichtlichen Sozialleistungsdschungels naturgemäß eine entsprechende Vereinfachungsdebatte, analog derjenigen im Steuerrecht; zum anderen aber drängt auch der Gedanke in den Vordergrund, Transferleistungen nicht mehr von der Bedürftigkeit des Betroffenen abhängig zu machen, sondern jedem Bürger auszuzahlen, unabhängig von seinem Einkommen, seinem Vermögen oder sonstigen Voraussetzungen. Insofern könnte man auch von einem „Bürgergeld" sprechen, der Begriff ist aber in diesem Zusammenhang von anderen Vorschlägen besetzt[200]. Eine Zahlung also an alle Bürger, vom Säugling bis zum Greis, deren Höhe und gegebenenfalls Differenzierung nach Alter politisch verhandelbar wäre, die aber jedenfalls zunächst etwa beim soziokulturellen Existenzminimum liegen könnte, die steuerfrei wäre und auf die, das ist ganz wichtig, keinerlei Einkommen angerechnet würde.

Diese Idee ist radikal. Sie bricht mit „wesentlichen Grundannahmen der bürgerlich-kapitalistischen, aber auch der real-sozialistischen Interessenkonfiguration".[201]

Aus den unterschiedlichsten Gründen sind folgerichtig auch eigentlich alle etablierten politischen Richtungen skeptisch bis ablehnend gegenüber solchen Vorschlägen. Die einen (Liberale und Konservative), weil

---

[200] vgl. wegen der unterschiedlichen Begrifflichkeiten Netzwerk GE, Kleines ABC, S. 7ff.

[201] Opielka et al., Grundeinkommen und Werteorientierungen, S. 11

sich Leistung nicht mehr lohne, wenn automatisch alle versorgt würden; die anderen (Linke), weil die knappen Mittel des Sozialstaats reserviert sein sollten für jene, die auch wirklich bedürftig seien, und vor allem, weil nach der traditionell sozialdemokratischen Vorstellung unbedingt jeder arbeiten muss. Dabei fällt auf, wie wenig Bereitschaft besteht, sich mit einem solchen Konzept inhaltlich und differenziert auseinanderzusetzen. Das bedingungslose Grundeinkommen wird einfach als Freibrief für Faulheit stigmatisiert bzw. als unfinanzierbar abgetan.

Wer sich aber unvoreingenommen einlässt auf die Idee des bedingungslosen Grundeinkommens, dem erscheint der aktuelle und immerwährende Streit um Verteilung und soziale Gerechtigkeit nahezu sinnlos. Denn letztlich wollen alle sowohl eine Gewährleistung menschenwürdigen Lebens (ohnehin eine Forderung des Grundgesetzes) als auch die Freiheit für den einzelnen, durch Fleiß und Leistung seinen Lebensstandard zu verbessern, sowie ein soziales Klima, das von Solidarität, nicht von Neid geprägt wird.

Für alle diese Anliegen bietet das bedingungslose Grundeinkommen eine Lösung. So könnte ein Liberaler dieser Idee anhängen, weil der Empfänger des bedingungslosen Grundeinkommens bereit wäre, auch für niedrige (marktgerechte) Löhne zu arbeiten, denn seine Grundbedürfnisse wären schon gedeckt, er hätte nur für einen höheren Lebensstandard zu arbeiten. Der Sozialist könnte zustimmen, weil gesellschaftliche Teilhabe viel stärker als je zuvor verwirklicht würde und das Stigma des Sozialleistungsbezugs wegfiele; und der Konservative, weil die Gemeinschaft gestärkt, christliche Werte verwirklicht und Arbeit bzw. Leistung von ihrer Bewertung nach rein ökonomischen Kriterien befreit würde. Das Grundeinkommen ist „liberal, weil es an staatliche Hilfe keine paternalistischen Vorbedingungen knüpft," und „es ist egalitär, weil, es alle gleich ... behandelt."[202] Das bedingungslose Grundeinkommen „versöhnt das sozialistische Herz mit dem neoliberalen Verstand".[203]

---

[202] Straubhaar, Radikal gerecht, S. 112 f.

[203] vgl. Werner, Einkommen für alle, S. 168

Aus diesem Grund sind auch die politischen Befürworter[204] dieser Idee ebenso heterogen wie ihre Kritiker, die Frontlinie verläuft nicht entlang der Parteigrenzen, sondern quer hindurch zwischen ablehnenden Traditionalisten und einer langsam wachsenden Avantgarde.

Im Folgenden soll gezeigt werden, dass die vielfältigen Einwände gegen das bedingungslose Grundeinkommen ebenso falsch sind, wie sie naheliegend sein mögen. Mag der erforderliche Paradigmenwechsel auch das politische und gesellschaftliche Establishment derzeit noch überfordern, die Argumente für den Wandel sind evident. Sie werden gerade wegen der Verwerfungen durch die Agenda 2010/Hartz IV, aber auch durch unvermeidbare Entwicklungen am Arbeitsmarkt sowie Globalisierungseffekte immer mehr Wirkung entfalten. Schon jetzt gibt es im Übrigen in der Bevölkerung viel mehr Akzeptanz und Sympathie für das Konzept, als die „veröffentlichte Meinung" vermuten lässt; so haben sich in einigen Umfragen je nach genauer Fragestellung zwischen 61% und 84% für ein Grundeinkommen von EUR 580 mit klarem Anreiz für zusätzliche Einkommenserzielung durch Arbeit ausgesprochen.[205] Kommt es in einer TV-Talkshow zu einer Erwähnung dieses Themas, ist davon allerdings keine Rede; es werden dann einfach ein paar Stereotypen zitiert, um die Idee als Spinnerei abzutun.

Das bedingungslose Grundeinkommen würde die riesige Sozialleistungsbürokratie fast komplett überflüssig machen, Transparenz herstellen, die Stigmatisierung von Hartz IV-Empfängern beenden und die drängende Mindestlohndebatte entschärfen. Es würde neue Leistungsanreize, gleichzeitig aber auch persönliche Freiräume schaffen, und es würde die Spaltung der Gesellschaft in wohlhabende Arbeitsplatzbesitzer einerseits und ein über Generationen hinweg chancenloses Prekariat andererseits verhindern.

Auch das Totschlagargument der Unfinanzierbarkeit, das man immer hört, wenn eine Idee nicht in die Denkmuster der politischen und gesell-

---

[204] z.B. Katja Kipping (DieLinke), Teil der Lösung, S. 87 ff., Christian Ströbele (Grüne), Grundrechte lassen sich nicht kürzen, S. 178 ff., Dieter Althaus (CDU), Mut zur Revolution, S. 16 ff.

[205] Horst Opaschowski, zitiert nach Opielka et al., S. 27f.; Thomas Straubhaar, Radikal gerecht, S. 26, zitiert eine Forsa-Umfrage von 2016, nach der 38% für und 43% gegen das Grundeinkommen votierten

schaftlichen Eliten passt, ohne inhaltlich widerlegt werden zu können, geht letztlich ins Leere, denn je nach politischer Willensbildung hinsichtlich der Höhe des Grundeinkommens ist dieses gegebenenfalls sogar aufkommensneutral zu haben, und zwar unter voller Erhaltung seiner strukturellen Wirkungen.

Die Idee des bedingungslosen Grundeinkommens ist letztlich auch ein besonders treffendes Beispiel dafür, dass wir uns von unseren schematisch stereotypen Denkweisen lösen müssen, dass wir endlich anfangen müssen, die zentralen gesellschaftlichen Probleme vorurteilsfrei, ergebnisoffen und innovativ zu diskutieren.

Ausgangslage

Wir leben, zumindest in Deutschland und den übrigen hochentwickelten Industriestaaten, in einer Zeit materiellen Überflusses. Wenn etwas als knapp empfunden wird, so hat das nichts mit Knappheit im eigentlichen Sinne zu tun, wie sie etwa während der Hungersnöte in vergangenen Jahrhunderten herrschte. Vielmehr entpuppen sich heutige Knappheiten bei näherem Hinsehen als bloße Verteilungskonflikte. Armut ist kein materielles, sondern ein finanzielles Problem und damit eine Frage der (Um-)Verteilung. Allerdings leben wir nach wie vor in einer „auf Knappheit gegründeten Ökonomie", die nur langsam einer „Ökonomie des Überflusses" weicht,[206] und unsere kollektiv-psychologische Prägung ist ebenfalls die eines permanenten „Mangels", der Schritt zur „Psychologie des Überflusses" steht noch bevor.[207] D.h., wir konkurrieren noch immer um Ressourcen, von denen längst genug für alle da ist!

Wie also sollte unser Wohlstand verteilt werden? Sind die Reichen zu reich und die Armen zu arm?

Haben wir zu wenig Zeit für Kinder, Familie, Mitmenschen, Kultur, Sport etc., weil wir beruflich zu stark engagiert sind? Ist also die Arbeit falsch (d.h. zu ungleich) verteilt?

---

[206] Rifkin, Null-Grenzkosten, S. 24

[207] Fromm, Psychologische Aspekte zum garantierten Einkommen, S. 310

Diese Fragen werden ständig diskutiert. Auch wird der Sozialstaat, der diese Verteilungsfragen zu regeln hat, permanent fortentwickelt (wobei „Fortentwicklung" nicht immer Verbesserung heißen muss). Je nach Anforderung und Wirtschaftsentwicklung wird Arbeitszeit verkürzt, werden Erwerbsanreize z.B. für (Haus-)Frauen geschaffen, Sozialleistungen erhöht, gekürzt oder gestrichen; immer stehen diese Themen im Zentrum der politischen Auseinandersetzung und genießen höchste Aufmerksamkeit.

Trotzdem hat man nicht den Eindruck, als käme die Politik einer wirklichen Lösung der drängenden Fragen näher. Alle Fachleute prophezeien eine dramatische Zuspitzung der demographischen Entwicklung, des Rentenproblems, des Fachkräftemangels einerseits und der Arbeitslosigkeit ungelernter Kräfte andererseits, der sozialen Probleme im sogenannten Prekariat usw. Ganz offensichtlich kuriert man seit Jahrzehnten an Symptomen, ohne an die Ursachen heranzukommen. Warum ist das so? Brauchen wir einen sozialpolitischen Paradigmenwechsel?

Viel spricht zumindest dafür, einen ganzheitlichen Ansatz anzustreben, unter Berücksichtigung von Sozial-, Steuer-, Familien-, Beschäftigungspolitik etc., also den unübersichtlichen Flickenteppich aus Subventionen bzw. Sozialtransfers einerseits sowie Steuern bzw. Abgaben andererseits durch einfache, transparente Regeln zu ersetzen.

Entwicklung des Arbeitslebens

Tiere suchen sich etwas zu fressen, wenn sie Hunger haben. Sie planen nicht, sie organisieren nicht, allenfalls fressen sie sich Fettreserven an, um über nahrungsarme Perioden hinwegzukommen. Manche Tiere immerhin legen Vorräte für den Winter an, und einige Raubtiere jagen im Rudel, weil sie damit erfolgreicher sind - sozusagen eine Basisversion der Arbeitsteilung. Im Prinzip aber herrscht in der Natur immer Nahrungsmittelknappheit, und gibt es einmal einen Überfluss an Angebot, führt Vermehrung der betreffenden Art dazu, dass die Knappheit wiederhergestellt wird.[208]

Der Mensch hingegen kann wirtschaften. Er ist bemüht, seine Effizienz zu steigern, also mit weniger Aufwand zu produzieren. Gerade bei Letzterem hat er im Laufe der Jahrtausende, exponentiell beschleunigt seit der Industrialisierung, gewaltige Fortschritte gemacht.

Trotzdem mussten bis vor wenig mehr als hundert Jahren fast alle Menschen praktisch die ganze Zeit arbeiten, um sich ernähren zu können. Auch die Menschheitsgeschichte ist eine Geschichte der Knappheit. Schon die Bibel sagt dazu: „Unter Mühsal sollst du dich … ernähren alle Tage deines Lebens" (Genesis 3, 17), und „Nun geht der Mensch hinaus an sein Tagwerk, an seine Arbeit bis zum Abend" (Psalm 104, 23).[209] Die lange Arbeitszeit diente indes nicht dazu, Reichtümer anzuhäufen, sondern sie war erforderlich, um das Nötigste zum Überleben zu sichern; falls es gelang, etwas mehr zu erwirtschaften, so schöpfte eine schmale Oberschicht diesen Mehrertrag ab.[210] „Einen Großteil unserer Geschichte musste die Mehrheit der Bevölkerung in den Randzonen der ʼzivilisierten Gesellschaftʼ alle Hoffnungen auf den Genuss des Lebens aufgeben, um die Träume der wenigen zu verwirklichen, die eine Methode gefunden hatten, sie auszubeuten."[211] Für die macht- und rechtlose Mehrheit der Menschen galt, dass sie unmittelbar vom Hungertod bedroht waren, wenn sie die ihnen auferlegten (Arbeits-) Bedingungen nicht akzeptierten.[212] Auch die christlichen Kirchen haben ihren Teil zu diesen fest gefügten sozialen Hierarchien beigetragen: sowohl Thomas von Aquin betonte die Pflicht eines jeden, seinem Stand entsprechend seine Pflicht zu tun,[213] als auch Luther, der den Bauern,

---

[208] Außerdem sind Tiere, die aus Gründen der Zweckmäßigkeit miteinander kooperieren, fast immer miteinander verwandt; Menschen hingegen „are the world champions of cooperation beyond kinship", Haidt, Righteous Mind, S. 87

[209] Freilich steht auch in der Bergpredigt: „Betrachtet die Lilien des Feldes, wie sie wachsen; sie arbeiten nicht …"

[210] vgl. Nell-Breuning, Arbeitet der Mensch zuviel?, S. 42

[211] Csikszentmihalyi, Flow, S. 226

[212] Fromm, Psychologische Aspekte zum garantierten Einkommen, S. 309

[213] s. hierzu Rifkin, Null-Grenzkosten, S. 89, vgl. auch Keck, Fürsorge im Wandel, S. 55 f.

die sich bei ihrer Befreiungsbewegung auf seine (Luthers) Lehren beriefen, bedenkenlos in den Rücken fiel und sich auf die Seite der Feudalherren schlug,[214] weil „Beruf" für ihn eine von Gott gestellte Aufgabe war,[215] der Bauer sein Los also als göttliche Fügung hinzunehmen hatte.[216] Bezeichnend auch, wenn noch Friedrich Nietzsche sich explizit gegen Bildung und Emanzipation von Arbeitern wendet, weil er fürchtet, sie würden dadurch zu anspruchsvoll („will man Sklaven, so ist man ein Narr, wenn man sie zu Herrn erzieht"[217]). Nietzsche wurde dafür „der brutalste Schriftsteller unserer, vielleicht aller Zeiten" genannt und in die Tradition der „Rassehygieniker" um Herbert Spencer gestellt.[218]

Vieles ist heute anders, jedenfalls in der industrialisierten westlichen Welt. Arbeiter sind selbstbewusster und besser organisiert, die Produktivität steigt seit Beginn der Industrialisierung massiv, und während davon anfangs wieder nur eine kleine Gruppe (die „Kapitalisten") profitierte, ist der Wohlstand mittlerweile tief in die breite Bevölkerung eingesickert. Statt in dauernder Knappheit leben wir in wachsendem Überfluss. Es gibt zwar erschreckende Berichte über „Armutsentwicklung", aber selbst linke Interpreten geben zu, dass es sich dabei um relative Armut handelt, die mit derjenigen des Frühkapitalismus oder des Mittelalters bzw. mit der gegenwärtigen Armut der dritten Welt nicht zu vergleichen ist. Trotzdem bleibt allerdings die „gefühlte" Knappheit materieller Mittel bestehen, „weil Ansprüche und Wünsche jeder noch so starken Vermehrung der Mittel vorauseilen",[219] und weil der moderne „homo consumens ... seine innere Leere mit einem ständigen, stets wachsenden Konsum zu kompensieren (sucht). ... Der Gierige wird immer Mangel leiden".[220]

---

[214] Roper, Luther, S. 334 ff.

[215] Weber, Protestantische Ethik, S. 96

[216] Weber, Protestantische Ethik, S. 101

[217] Nietzsche, Götzendämmerung, S. 803

[218] vgl. Popper-Lynkeus, Allgemeine Nährpflicht, S. 191 f.

[219] Nell-Breuning, Arbeitet der Mensch zuviel?, S. 43

[220] Fromm, Psychologische Aspekte zum garantierten Einkommen, S. 312, sowie Wege aus einer kranken Gesellschaft, S. 118

Aber nicht nur zu allgemeinem Wohlstand, also erhöhtem Konsum für die breite Bevölkerung hat die gesteigerte Produktivität geführt, sondern auch zu stark verkürzten Arbeitszeiten. War es einst normal, dass an sechs Tagen pro Woche jeweils zwölf Stunden (manchmal noch länger) gearbeitet wurde, sank die Arbeitszeit von unselbständig Beschäftigten in mehreren Schüben auf zehn, dann acht Stunden am Tag. Derzeit bewegt sich die tägliche Arbeitszeit in Richtung sieben Stunden, und inzwischen wird auch nur noch an fünf Tagen pro Woche gearbeitet.

Was aber lange Zeit ein Segen war, droht bei fortgesetzter Produktivitätssteigerung irgendwann doch zum Fluch zu werden. Entweder entsteht am Ende doch Massenarbeitslosigkeit, oder die Arbeitszeiten werden so kurz, dass daraus substanzielle psychologische Probleme sowie in deren Folge soziale Verwerfungen resultieren. Denn der moderne Mensch, zumindest in westlichen Industriestaaten, ist in seiner kollektiven Psyche darauf programmiert, seine Arbeit als wesentlichen Lebensinhalt zu begreifen, und es wird viel Zeit und Anstrengung kosten, diese Haltung zu verändern.[221]

Während man über die Verkürzung der Arbeitszeit von sechs auf fünf Tage sowie von zwölf oder 14 Stunden täglich auf sieben bis acht uneingeschränkt froh war, kommt irgendwann der Punkt, an dem der Mensch den gesamten Produktivitätsfortschritt in persönlichen materiellen Wohlstand umwandeln will, also nicht mehr bereit ist, seine Arbeit zu teilen.[222] Außerdem hat die Menschheit, haben zumindest die modernen zivilisierten Gesellschaften und ganz besonders Deutschland, wo die Reformation das „Dogma von der Heiligkeit der Arbeit begründete",[223] „im siebzehnten Jahrhundert damit begonnen, theoretisch die Arbeit zu verherrlichen",[224] so dass wir nun buchstäblich an der Schwelle stehen zu einer „Arbeitsgesellschaft, der die Arbeit ausgegan-

---

[221] vgl. Russell, Lob des Müßiggangs, S. 69ff.

[222] vgl. hierzu die vereinfachende, aber sehr anschauliche Berechnung bei Nell-Breuning, Arbeitet der Mensch zuviel?, S. 46

[223] Friedell, Kulturgeschichte, S. 168

[224] Arendt, Vita activa, S. 12

gen ist".[225] Anders ausgedrückt, „die Produktivität frisst die Arbeit auf",[226] es entsteht „technologische Arbeitslosigkeit."[227] Oder, noch etwas plakativer: Wenn das Industriezeitalter das Ende der Sklavenarbeit herbeigeführt hat, so wird möglicherweise das digitale Zeitalter das Ende der (massenhaften, die Gesellschaft insgesamt definierenden) Lohnarbeit bedeuten.[228]

Der österreichisch-französische Sozialphilosoph André Gorz schrieb hierzu: „Von Symptombehandlungen der Krise ist nichts zu erwarten, denn es handelt sich um keine Krise mehr. Vielmehr hat sich ein neues System etabliert, und zwar eines, das die Arbeit massenweise abschafft. Es zwingt alle, gegen alle um die immer weniger werdende Arbeit zu kämpfen, und stellt dadurch die schlimmsten Formen von Herrschaft, Unterwerfung und Ausbeutung wieder her. Aber nicht diese Abschaffung der Arbeit dürfen wir diesem neuen System vorwerfen, sondern daß es eben diese Arbeit, deren Normen, Würde und allgemeine Zugänglichkeit es abschafft, weiterhin als Pflicht eines jeden, als verbindliche Norm und unersetzliche Grundlage unserer Rechte und unserer Würde postuliert. Deshalb müssen wir den Mut aufbringen, den Exodus aus der Arbeitsgesellschaft zu wagen. Sie besteht nicht mehr und kehrt nicht mehr zurück. Wir müssen sie begraben, statt ihr nachzutrauern, damit aus ihren Trümmern eine andere Gesellschaft entstehen kann".[229]

Gorz mag hier zu weit gegangen sein; aber richtig ist, dass an dieser Stelle nur ein grundsätzliches Umdenken weiterhilft. Wir dürfen Erwerbsarbeit nicht länger in den Mittelpunkt unseres Lebens stellen; man könnte auch sagen, wir *müssen* das nicht mehr tun. Denn, wie Götz Werner sagt: „Die Quelle des alten Sozialstaates war Arbeit, die man in Geld tauschte. Heute wird Arbeit durch technologischen Fortschritt immer mehr überflüssig; Erträge und Profite entstehen dadurch, dass wir

---

225 Arendt, Vita activa, S. 13

226 Werner, Einkommen für alle, S. 24

227 vgl. Rifkin, Null-Grenzkosten, S. 18, mit Verweis auf Keynes

228 Rifkin, Ende der Arbeit, S. 25

229 Gorz, Arbeit zwischen Misere und Utopie, S. 9

arbeiten lassen. Warum ist es so schwer, daraus die richtigen Schlüsse zu ziehen?"[230]

Zur Illustration dieses Problems findet sich bei dem britischen Mathematiker, Philosophen und Literatur-Nobelpreisträger Bertrand Russell eine geistreiche kleine Geschichte:

„Angenommen, zu einem bestimmten Zeitpunkt sei eine bestimmte Anzahl von Leuten damit beschäftigt, Nadeln herzustellen. Sie fertigen in – sagen wir – achtstündiger täglicher Arbeitszeit den ganzen Weltbedarf an Nadeln an. Nun erfindet jemand ein Verfahren, wonach die gleiche Anzahl von Menschen doppelt soviel Nadeln herstellen kann wie zuvor. Die Welt kann aber nicht doppelt soviel Nadeln gebrauchen. … Unter vernünftigen Menschen würde jeder, der sich mit Nadelfabrikation beschäftigt, anfangen, nur noch vier statt acht Stunden zu arbeiten, und alles ginge weiter wie bisher. Aber in der heutigen Welt würde man das für demoralisierend halten. Es wird weiter acht Stunden gearbeitet, es gibt viel zuviel Nadeln, einige Unternehmer machen bankrott, und fünfzig Prozent der früher mit Nadelfabrikation beschäftigten Menschen werden arbeitslos. Zum Schluß ergibt sich daraus genau soviel Freizeit und Muße wie nach dem anderen Plan, nur daß jetzt die Hälfte der Leute völlig untätig ist, während die andere Hälfte überbeschäftigt bleibt. Auf diese Weise ist dafür gesorgt, daß die unumgängliche Muße nichts als Elend bewirkt, statt zur Quelle von Glück und Freude für alle zu werden"[231].

So arbeiten denn auch tatsächlich viele Menschen heute härter und länger als etwa in den 80-er Jahren des vorigen Jahrhunderts, und es leben immer noch Millionen in bitterer Armut, obwohl wir längst reich genug sind, um den Hunger endgültig zu beenden.[232]

Bevor der Kapitalismus und der „Marktliberalismus" ihren Siegeszug um die Welt antraten, gab es für diese Zusammenhänge übrigens

---

[230] Werner, Ein Grund für die Zukunft, S. 65

[231] Russell, Lob des Müßiggangs, S. 76f.; s. auch Lafarge, Recht auf Faulheit, S. 159: „Wahn ist die Liebe zur Arbeit, die wilde Arbeitsleidenschaft, die bis zur Erschöpfung der Lebenskräfte des Einzelnen und seiner Nachkommenschaft getrieben wird."

[232] vgl. Bregman, Utopien, S. 21

durchaus ein gewisses Gespür. So gab es in Deutschland und Frankreich im 18. Jahrhundert Verbote von Preisunterbietung, und Montesquieu schrieb, Maschinen, die die Zahl der Arbeiter verminderten, seien verwerflich.[233]

So ist wohl tatsächlich „der Dissens um Muße und Müßiggang ... der archimedische Punkt im Kampf um das Grundeinkommen".[234] Und die Frage, wie der immense Zuwachs an gesamtgesellschaftlicher Freizeit sinnvoll zu nutzen ist, ist ein zentrales, womöglich gar das wichtigste sozialethische und sozialpädagogische Problem der Gegenwart.

Vollbeschäftigung

Das Ziel aller Wirtschafts- und Sozialpolitik ist, jedenfalls in Europa und ganz bestimmt in Deutschland, seit Jahrzehnten die Vollbeschäftigung. Nichts wirkt sich auf Wahlchancen einer Regierungspartei verheerender aus als eine steigende Arbeitslosigkeit, kaum etwas führt in unserer Gesellschaft zu mehr kollektiver Empörung als der Abbau von Arbeitsplätzen, etwa durch gierige oder unfähige Manager.

Woran liegt das?

Offenbar ist es ein tragendes Element unserer kollektiven Psyche, dass wir unter allen Umständen arbeiten müssen. Arbeit ist in unserer Gesellschaft der „Dreh- und Angelpunkt der sozialen Frage".[235] Wer nicht arbeitet, ist nach landläufiger Vorstellung entweder ein bedauernswertes Opfer um sich greifender Massenarbeitslosigkeit oder ein charakterloser Faulpelz. Das Bibelwort „Wer nicht arbeiten will, soll auch nicht essen"[236] und seine häufig sehr undifferenzierte Rezeption üben seit 2000 Jahren entsprechenden Druck aus, und die Herrschenden und Ausbeutenden haben diesen Druck immer zu nutzen gewusst, um die schwer

---

[233] Fromm, Wege aus einer kranken Gesellschaft, S. 77, m.w.N.

[234] Lessenich, Grundeinkommen, S. 16

[235] vgl. Nell-Breuning, Arbeit vor Kapital, S. 11 sowie die zugrundeliegende Enzyklika „Laborem exercens" von Johannes Paul II im selben Band S. 131f.

[236] 2. Brief des Paulus an die Thessalonicher, 3,10

schuftende Mehrheit gefügig zu halten.[237] Und weit stärker noch als im mediterranen (katholischen) Europa hat in Deutschland, als dem Stammland der Reformation, die Lehre Martin Luthers Wirkung gezeigt, man solle Gott durch harte, gewissenhafte Arbeit wohlgefällig sein.[238]

Das folgerichtige Credo „Sozial ist, was Arbeit schafft", besonders von liberalen Politikern ständig und penetrant wiederholt, wird auch nicht besser durch die sozialdemokratische Variation „Sozial ist, was Arbeit schafft, von der man leben kann". Tatsächlich sozial ist es vielmehr, die Produktivität und damit den gesellschaftlichen Wohlstand zu erhöhen und dabei immer mehr schwere und unattraktive Arbeit vom Menschen auf Maschinen zu verlagern. Nur darf man dann nicht vergessen, sowohl die verbleibende Arbeit als auch die erarbeiteten Werte angemessen zu verteilen.

Offenkundig ist jedenfalls, dass Vollbeschäftigung in unserer hochentwickelten Industriegesellschaft langfristig nicht mehr zu gewährleisten ist, es sei denn, demographische Entwicklungen wie eine dramatisch schrumpfende Bevölkerung kommen „zu Hilfe", was dann aber natürlich an anderer Stelle, etwa in den Sozialversicherungen, zu mindestens gleichermaßen drückenden Problemen führt. Ansonsten lässt sich Vollbeschäftigung nicht mehr herstellen, sondern allenfalls fingieren, indem man mit Hilfe von Vorruhestands- und Altersteilzeitmodellen, Mini- und Ein-Euro-Jobs, Existenzgründerprämien und allerlei mehr die Statistiken manipuliert. Die alte Weisheit, man solle nicht leben, um zu arbeiten, sondern arbeiten, um zu leben (und zwar eben nur so viel arbeiten, dass man gut leben kann, und nicht etwa so viel wie irgend möglich), gewinnt damit eine neue Bedeutung und verleiht der hier diskutierten Frage nach einer Entkoppelung von Arbeit und Einkommen Aktualität. Jedenfalls ist die jahrzehntelang verfolgte Strategie, die unerwünschten Nebenwirkungen der exponentiell steigenden Produktivität durch Umverteilung und öffentliche Investitionen soweit zu mildern, dass man sie ignorieren konnte, mittlerweile endgültig am Ende. Die dauerhafte

---

[237] vgl. hierzu Fromm, Psychologische Aspekte zum garantierten Einkommen, S. 309

[238] vgl. Friedell, Kulturgeschichte, S. 201

Rückkehr zur Vollbeschäftigung ist eine „Fata Morgana",[239] das „Gespenst der technologischen Arbeitslosigkeit", von Theodor Adorno bereits 1967 beschworen und bezeichnenderweise in Zusammenhang gestellt mit einem „neuen Rechtsradikalismus", geht weiterhin um.[240]

Es schadet im übrigen nicht, an dieser Stelle aus der Geschichte zu lernen. Wie Georg Schmidt in seinem Buch über den 30-jährigen Krieg unter der (Abschnitts-)Überschrift „Wachsende Ungleichheit" zu den Ursachen dieses schrecklichen Gemetzels ausführt, fielen schon im 16./17. Jahrhundert massenweise Existenzen der Weiterentwicklung von Produktionstechniken zum Opfer: „Das Pro-Kopf-Einkommen stagnierte oder sank seit Ende des 16. Jahrhunderts. Große Teile der Bevölkerung lebten am Rande des Existenzminimums. Die Preisrevolution führte zur tendenziellen Verelendung lohnabhängiger Familien ... Die fortschreitende gesellschaftliche Differenzierung in Arme und Reiche erhöhte die Angst auf beiden Seiten. Familien mit einer durch Eigentum abgesicherten Basis fürchteten Übergriffe derjenigen, die ... über ... keine regelmäßigen Einkommen verfügten." Und weiter: „Zwischen allen Fronten standen die Juden ..."[241] Als Sündenböcke dienen heute nicht mehr die Juden, sondern Flüchtlinge bzw. Migranten im Allgemeinen, ansonsten aber wirkt Schmidts Schilderung fast wie eine Blaupause für die sozialen Probleme der Gegenwart.

Sozialstaat

Wie schon ausgeführt, hängt die Vollbeschäftigungs- und Arbeitslosigkeitsdebatte immer auch mit unserem Sozialstaat und seinen (Um-)Verteilungsproblemen zusammen. Über den sozialdarwinistischen Grundsatz, dass eben hungern soll, wer sich nicht ernähren kann, sind wir glücklicherweise schon seit längerer Zeit hinaus, und in den vergangenen Jahrzehnten ist nicht nur der Lebensstandard unserer sogenannten Leistungsträger stark gestiegen, sondern auch die soziale Grundsiche-

---

[239] vgl. Gorz, Arbeit zwischen Misere und Utopie, S. 21, 36

[240] Adorno, Aspekte des neuen Rechtsradikalismus, S. 11 f.

[241] Schmidt, Reiter der Apokalypse, S. 97 f.

rung wurde dem steigenden gesellschaftlichen Wohlstand ständig angepasst. Das galt zumindest bis zur Agenda 2010, mit der erhebliche Einschnitte in den Sozialstaat verbunden waren und die deshalb bis heute höchst umstritten ist.

Die verfassungsrechtliche Grundlage für den Sozialstaat findet sich in Art. 20 GG („Die Bundesrepublik Deutschland ist ein demokratischer und sozialer Bundesstaat"), freilich ohne dass bestimmte soziale Rechte mit Verfassungsrang ausgestattet worden wären. Immerhin enthält das Sozialgesetzbuch einen Katalog solcher sozialer Rechte (§§2-10 SGB I), und die Unantastbarkeit der Menschenwürde (Art. 1 Abs. 1 Satz 1 GG) gewährleistet nach herrschender Meinung zumindest ein Existenzminimum.[242] Wesentlich weiter gehend schrieb Ralf Dahrendorf 1986, Einkommen sei ein „konstitutionelles Anrecht": wenn es nicht zu den Grundrechten eines jeden Bürgers gehöre, dass eine materielle Lebensgrundlage garantiert wird, dann zerfalle die Gesellschaft. Das garantierte Mindesteinkommen sei deshalb ebenso notwendig wie die übrigen Bürgerrechte.[243] Unabhängig davon, wie man sich in den zahl- und endlosen Verteilungsdebatten auch positionieren mag, ob man den Sozialleistungsmissbrauch beklagt oder die Schere zwischen Arm und Reich, ob man mehr Staat fordert oder mehr Markt; dass es eine Grundsicherung für Schwächere und Benachteiligte geben muss, dass in einer modernen, reichen Gesellschaft niemand hungern oder frieren soll, ist zumindest im Grundsatz konsensfähig. Die sozialpolitische Realität ist folglich ein dem ständigen demokratischen Wandel unterworfener, strukturell aber stabiler Kompromiss zwischen Leistungs-, Verteilungs- und Bedarfsgerechtigkeit.[244]

Im Laufe der Jahrzehnte haben sich dementsprechend eine ganze Reihe verschiedenster Sozialleistungen herausgebildet. Die wichtigste ist das Arbeitslosengeld II (dass es im Volksmund nach einem verurteilten Straftäter „Hartz IV" genannt wird, erhöht seine mangelnde Akzeptanz

---

[242] vgl. z.B. Göring, Die Beweislast im Sozialrecht, S. 138ff., m.w.N.

[243] Dahrendorf, Mindesteinkommen, S. 331 ff.

[244] Opielka et al., S. 28

auch nicht gerade, trotzdem wird hier in der Folge aus Gründen der Einfachheit auf diese Bezeichnung zurückgegriffen).

Außerdem gibt es Kindergeld, Ausbildungsförderung (BAFöG), Wohngeld, Erziehungsgeld, Elterngeld und einiges mehr. Die meisten (nicht alle) dieser Sozialleistungen setzen „Bedürftigkeit" voraus, d.h., ihre Gewährung ist an das Vorliegen bestimmter Voraussetzungen gebunden. Das erfordert nicht nur eine inzwischen zu gewaltigen Ausmaßen angewachsene Sozialleistungsbürokratie, sondern es lädt auch dazu ein, das Vorliegen der betreffenden Anspruchsvoraussetzungen notfalls eben vorzutäuschen. Der daraus resultierende Missbrauch des Sozialstaats wiederum drängt nicht nur die Befürworter großzügigerer Leistungen permanent in die Defensive, sondern er trägt auch massiv zur Stigmatisierung der ehrlichen und wirklich hilfsbedürftigen Sozialleistungsempfänger bei. Fatal ist es im Übrigen, dass sich insbesondere in Großstädten eine Hartz-IV-Kultur herausgebildet hat, in der die Kinder der Transferempfänger den Bezug (und die Optimierung) dieser Leistungen quasi als „Berufsziel" empfinden;[245] in der Folge bilden sich Parallelgesellschaften, die nicht nur wegen der hohen Kriminalitätsraten viel kostspieliger sind als eine effiziente und rechtzeitige Bekämpfung solcher Entwicklungen.

Soziale Gerechtigkeit

Soziale Gerechtigkeit ist ein politisch wie emotional höchst sensibles Schlagwort. Und obwohl niemand ernstlich etwas gegen Gerechtigkeit im Allgemeinen bzw. soziale Gerechtigkeit im Speziellen haben kann, ist auch kaum etwas in der politischen Arena so leidenschaftlich umstritten.

Das liegt daran, dass schon der Gerechtigkeitsbegriff, ganz sicher aber der Begriff der *sozialen* Gerechtigkeit unbestimmt und vielschichtig, letztlich ein mehr oder weniger sinnentleerter Kampfbegriff ist. Bedeutet Gerechtigkeit „Jedem das Gleiche" oder „Jedem das Seine", oder gibt

---

[245] Heisig, Das Ende der Geduld, S. 103

es womöglich noch ein höheres Kriterium?[246] Die einen finden es eben (sozial) gerecht, wenn alle gleichviel haben, die anderen, wenn jeder möglichst viel von dem behalten darf, was er oder sie erwirtschaftet hat. Dass der Begriff als solcher eher vom linken Parteienspektrum besetzt ist, ändert nichts daran, dass auch der strammste Neoliberale für sich in Anspruch nimmt, seine Anliegen dienten der Gerechtigkeit. Letztlich aber geht es immer um (Um-)Verteilung, im Prinzip auf drei verschiedenen Ebenen: zwischen sozialen Schichten (arm und reich innerhalb der Volkswirtschaft), zwischen Nationen oder (Welt-)Regionen (Entwicklungshilfe etc.) und zwischen Generationen (Sozialversicherungen mit Generationenvertrag, Schuldenbremsen etc.).[247] Weil aber die „Psychologie des Mangels" das menschliche Denken und Streben nach wie vor beherrscht,[248] wir also quasi darauf programmiert sind, Verteilungsfragen in den Vordergrund zu stellen, kommt es, dass „eine überbordende Gerechtigkeitsrhetorik das öffentliche Gespräch sozialstaatlicher Demokratien (prägt), den Markt der Wählerbewirtschaftung (überflutet) und das Verteilungsgezänk der Gruppen mit einem moralsemantischen Firnis (überzieht)".[249]

Denn das liberale Konzept verfolgt Leistungsgerechtigkeit („Leistung muss sich lohnen"), das sozialistisch-sozialdemokratische hingegen Verteilungsgerechtigkeit (mit Blick auf Chancengleichheit und Armutsbekämpfung), und das konservative strebt nach Bedarfsgerechtigkeit (jeder soll bekommen, was er notwendig braucht), mit einem starken Akzent auf Themen wie der Stärkung ethischer Grundsätze, Familienförderung und Verantwortung für das Gemeinwesen.[250]

Anstatt diesen ewigen Streit mit wechselnden Mehrheiten fortzusetzen, will die Idee des bedingungslosen Grundeinkommens eine Brücke bauen zwischen den unversöhnlichen Lagern. Keinen Kompromiss wohlgemerkt, sondern eine Lösung, die allen berechtigten Anliegen gerecht

---

[246] Pfau, S. 216

[247] Haverkate, Verfassungslehre, S. 258

[248] s. Fromm, Psychologische Aspekte zum garantierten Einkommen, S. 310

[249] Kersting, Gerechtigkeit, S. 107

[250] Opielka et al., Grundeinkommen und Werteorientierungen, S. 20

wird. Eine solche Lösung muss dem einzelnen existenzielle Sicherheiten bieten, ihn also frei machen für selbstgewählte Tätigkeit. Der amerikanische Psychologe Mihaly Csikszentmihalyi nennt es „autotelische Arbeit"[251], wenn Menschen aus Freude und Überzeugung tätig werden und „Adams Fluch"[252] überwinden, demzufolge Arbeit immer nur mühselige Strafe für die Erbsünde des biblischen Stammvaters ist. Ein garantiertes, bedingungsloses Grundeinkommen bedeutet viel mehr als eine neue Sozialleistung, auch mehr als ein neues Mittel der Umverteilung. Es gibt dem Menschen Freiheit, selbstbestimmt, eben „autotelisch" tätig zu werden. Manche Menschen würden weniger arbeiten, andere womöglich sogar mehr; alle aber hätten die Möglichkeit, nach ihren Neigungen zu arbeiten. Es käme nicht mehr unbedingt in erster Linie darauf an, seine Arbeitskraft möglichst teuer zu verkaufen, sondern die Sinnhaftigkeit der betreffenden Tätigkeit würde in den Vordergrund rücken. Solche Arbeit würde aber eben auch der „Ressourcenfixierung der Moderne"[253] entgegenwirken, die einer Mobilisierung intrinsischer Interessen im Weg steht.[254]

---

[251] Csiksgentmihalyi, Flow, 225 ff.

[252] Csiksgentmihalyi, Flow, S. 240

[253] Rosa, Resonanz, S. 49

[254] Russell, Wege zur Freiheit, S. 242, weist darauf hin, dass viele Schriftsteller von Hause aus reich sind, und schließt aus diesem Umstand, dass viele Talente unentfaltet bleiben, weil sie sich das „Risiko" eines kreativen Berufes nicht leisten können

Konzept sozialer Teilhabe und effizienter Arbeitsförderung

Wie oben bereits kurz ausgeführt, sieht das bedingungslose Grundeinkommen eine bedarfsunabhängige Zahlung an alle Bürger vor, steuerfrei und ohne Anrechnung etwaiger zusätzlicher Einkünfte. Es steht jedem Einzelnen einfach deshalb zu, weil er existiert und Teil der Gesellschaft ist; es soll die Existenz sichern, selbstbestimmtes Arbeiten fördern und gesellschaftliche Teilhabe ermöglichen. An die Stelle sozialer Absicherungsnetze für Bedürftige träte ein Einkommenssockel für alle.[255]

Über die Höhe des Grundeinkommens wäre politisch zu entscheiden, beispielsweise könnte sie sich aber zunächst am soziokulturellen Existenzminimum orientieren. In der Literatur werden zum Teil auch erheblich höhere Beträge vorgeschlagen,[256] was aber die Diskussion unnötig verkompliziert, weil dann nicht nur die Finanzierung problematischer, sondern auch die allergische Reaktion der Arbeitsdogmatiker auf leistungsunabhängiges Einkommen quasi zum anaphylaktischen Schock gesteigert würde (ebenfalls am Existenzminimum orientiert sich der frühere thüringische Ministerpräsident Althaus mit seinem Eintreten für ein sogenanntes „Solidarisches Bürgergeld" i.H.v. EUR 600,-, wovon aber EUR 200,- für die Krankenversicherung wieder abgezogen werden[257]).

Analog zu Sozialhilfe und Hartz IV könnte auch der Satz für Kinder, die mit ihren Eltern in einem Haushalt leben, etwas niedriger sein; das sind Einzelheiten, die vorläufig nicht vertieft werden sollen. Ersetzen würde das bedingungslose Grundeinkommen aber nicht nur Hartz IV, sondern grundsätzlich alle Sozialtransfers.

Die Liste der administrativen, sozialpsychologischen und ökonomischen Vorteile dieses Konzepts ist geradezu atemberaubend:

---

[255] vgl. Vanderborght/van Parijs, Grundeinkommen, S. 79 f.

[256] z.B. Werner, ein Grund für die Zukunft, S. 89, der EUR 850,- oder mehr für realistisch hält, womöglich gar EUR 1500,-, ebd., S. 39

[257] Althaus/Binkert, Solidarisches Bürgergeld, S. 40ff.

Bürokratieabbau

Thomas Straubhaar bezeichnet das bedingungslose Grundeinkommen als „schlicht nichts anderes als ein Verrechnungsvorgang zum Zwecke der bürokratischen Vereinfachung."[258] Natürlich ist das Grundeinkommen viel mehr als das, Straubhaar selbst belegt dies detailliert, und im folgenden Text wird auf vielerlei Vorzüge dieses Modells einzugehen sein. Aber es liegt (auch) auf der Hand, dass der Wegfall von Bedürftigkeitsprüfungen die staatliche Bürokratie erheblich entlasten würde. Während bei Hartz IV mühevoll ermittelt werden muss, ob der Antragsteller die Voraussetzungen, vor allem im Hinblick auf mangelnde Einkünfte und fehlendes Vermögen, erfüllt, könnte das bedingungslose Grundeinkommen ähnlich einfach ausgezahlt werden wie derzeit etwa das Kindergeld. Wegfallen könnten aber auch eben jenes Kindergeld, dazu Sozialhilfe, BAFöG, Elterngeld, Erziehungsgeld, Riesterrentenförderung, Eigenheimzulagen und all die anderen verwaltungsintensiven staatlichen Transferleistungen. Dieter Althaus rechnet vor, es gebe 345.000 Beschäftigte in der Sozialleistungsbürokratie;[259] entsprechend signifikant dürfte auch das Sparpotential sein. Diese einzusparenden Kosten der Sozialverwaltung sind gegenzurechnen, wenn die Finanzierung des bedingungslosen Grundeinkommens erörtert wird.

Transparenz

Einer der vielen Nachteile des gegenwärtigen Sozialsystems mit seiner Vielzahl von Transferleistungen, von denen die meisten mit schwer durchschaubaren Anspruchsvoraussetzungen ausgestattet sind, besteht in seiner Intransparenz. Kaum jemand weiß genau, unter welchen Umständen wer worauf welchen Anspruch hat. Deshalb entsteht beim Steuerzahler der Eindruck, er ernähre Millionen von Parasiten, die sich mit seinem Geld ein schönes Leben machen, während Hartz IV-Empfänger ihre Aggressionen gegen die „Reichen" kultivieren. Außerdem führt der sozialpolitische Wildwuchs aber auch dazu, dass viele Leis-

---

258 Straubhaar, Radikal gerecht, S. 16

259 Althau/Binkert, Solidarisches Bürgergeld, S. 43

tungsberechtigte ihr Ansprüche entweder gar nicht kennen oder aber Schwierigkeiten haben, sie durchzusetzen. Dass das womöglich klammheimlich sogar gewollt ist, weil es Geld spart, macht es keineswegs besser!

Andererseits geschieht es ständig, dass Hartz IV-Empfängern zu viel ausgezahlt wird, nicht (nur) weil sie bei der Antragstellung falsche Angaben machen, sondern häufig auch, weil sie es ohne böse Absicht versäumen, neue leistungsmindernde Informationen rechtzeitig an das Jobcenter weiterzugeben.[260] Die Folge sind Rückforderungen in Milliardenhöhe, die das Jobcenter zwar oft nicht beitreiben kann, weil die Leistungsempfänger nicht zahlungsfähig sind, die aber trotzdem erheblichen Aufwand verursachen und, das darf nicht vergessen werden, die betroffenen Menschen auf Dauer überschuldet halten. Es gibt in meiner Praxis als Schuldnerberater eine Vielzahl von Menschen, die ausschließlich wegen ihrer Rückzahlungsverpflichtungen an Sozialleistungsträger dauerhaft zahlungsunfähig sind. Oft sind diese Rückforderungen entstanden, weil die Betroffenen einfach überfordert waren mit den gesetzlich definierten Mitwirkungs- und Informationspflichten.

Würde das Modell des bedingungslosen Grundeinkommens eingeführt, herrschte quasi vollkommene Transparenz hinsichtlich der Frage, wer welche staatlichen Leistungen erhält. Jeder wüsste, was der andere bekommt, nämlich alle das gleiche Grundeinkommen. Das wäre das Ende der häufig wahrheitswidrigen Legenden von sozialen Hängematten, aber auch dem vielbeklagten Sozialneid würde zumindest teilweise der Boden entzogen. Denn Information und Transparenz schaffen Verständnis und Toleranz, während undurchsichtige Regularien und Bürokratien immer wieder für Misstrauen sorgen und so den Nährboden für Diffamierung und Neid bilden. Ein bedingungsloses, jedem Bürger gleichermaßen zustehendes Grundeinkommen kann man nicht missbrauchen!

---

[260] Z.B. ließ ein Klient in meiner Schuldnerberatung für eine Weile einen Freund bei sich wohnen, der selbst keinerlei Einkünfte hatte. Als das Jobcenter, das die Miete zahlte, davon hörte, verlangte es diese Miete anteilig zurück, weil er sich die Kosten ja mit dem Mitbewohner hätte teilen können. Unabhängig davon, ob die Rückforderung überhaupt rechtlich begründet ist, kann es jedenfalls nicht verwundern, dass der Betroffene diese Verwicklungen nicht antizipiert hatte.

Arbeitszeitverkürzung

Offenkundig ist auch, dass eines der drängendsten Probleme der letzten Jahrzehnte, nämlich die durch immer neue Rationalisierungswellen, neuerdings auch durch die Globalisierung der Arbeitsmärkte sich ständig verschärfende Verknappung von Arbeit, durch ein bedingungsloses Grundeinkommen substantiell entspannt werden könnte.

Schon bislang war es so, dass höhere Produktivität, aber auch die weitgehende Verlagerung von Arbeitsplätzen mit geringen Qualifikationsanforderungen ins Ausland, regelmäßig zu Diskussionen über Arbeitszeitverkürzungen führte. Zugrunde liegt der richtige Gedanke, dass die verbleibende, weniger werdende Arbeit möglichst gleichmäßig verteilt werden sollte. Die Schwierigkeit dabei besteht darin, dass ein voller Lohnausgleich, wie ihn die Gewerkschaften zu fordern pflegen, die Wettbewerbsfähigkeit der betroffenen Unternehmen beeinträchtigen bzw. gar zu Unrentabilität führen würde, während eine Verkürzung der Arbeitszeit ohne vollen Lohnausgleich faktisch einer Lohnkürzung gleichkommt, was sich viele gering verdienende Arbeitnehmer schlicht nicht leisten können.

Das bedingungslose Grundeinkommen aber würde eine finanzielle Basis schaffen, auf der aufbauend viele Arbeitnehmer daran interessiert sein könnten, auch um den Preis von Gehaltseinbußen ihre Arbeitszeit zugunsten einer besseren „Work-Life-Balance" zu verkürzen. Teilzeitmodelle, die schlicht durch Aufteilung von Arbeitsplätzen der Arbeitslosigkeit entgegenwirken könnten, wären plötzlich attraktiv, während sie bisher vielfach nur Notlösung sind. Der naheliegende Gedanke, die aufgrund steigender Produktivität immer weniger werdende Arbeit einfach in kleineren „Portionen" zu verteilen,[261] würde auf einmal wirtschaftlich realisierbar. Der Kampf gegen die „marmorne Sockelarbeitslosigkeit"[262] wäre entschärft, die „Abschaffung des Mangels"[263] könnte erreicht wer-

---

[261] vgl. das oben zitierte „Nadelgleichnis" von Bertrand Russell, Lob des Müßiggangs, S. 76f.

[262] Werner, Einkommen für alle, S. 23f.

[263] Werner, Einkommen für alle, S. 30f.

den. Außerdem könnte die gestärkte Verhandlungsposition der Arbeitnehmer, die nicht mehr auf Gedeih und Verderb auf ihren Arbeitsplatz
angewiesen sind, evtl. auch zu einem höheren Anteil der Beschäftigten
am Produktivitätszuwachs führen.[264]

Würde statt Stigma

Unter psychologischen Aspekten ganz besonders wichtig wäre die ent-
stigmatisierende Wirkung, die vom bedingungslosen Grundeinkommen
ausginge. Während Hartz IV, unabhängig von der politischen Auseinandersetzung um die Höhe seiner Sätze, nur Unfrieden produziert, „Hartzer" in manchen Kreisen gar als Schimpfwort für vermeintlich faule So-
zialschmarotzer gilt, hat man dergleichen z.B. vom Kindergeld noch nie
gehört. Das liegt daran, dass das Kindergeld eben allen zusteht, dem
Unternehmer und Millionär ebenso wie dem Arbeitslosen. So gesehen,
ist das Kindergeld eine Art bedingungsloses Grundeinkommen für Kinder (bzw. deren Eltern).[265]

Die Bedingung der „Bedürftigkeit", die an den Bezug der klassischen
Sozialtransferleistungen geknüpft wird, führt hingegen nicht nur zur
Stigmatisierung der Leistungsempfänger, sondern auch dazu, dass ca.
3 Millionen (!) tatsächlich Bedürftige auf Leistungen verzichten, weil sie
eben dieses Stigma fürchten.[266] In meiner Praxis als Schuldnerberater
begegnen mir regelmässig Menschen, die viele Jahre fleissig gearbeitet
haben, dann (meist unverschuldet) arbeitslos wurden, nach einer kurzen
Zeit im ALG I in das Hartz IV-System hätten übergehen müssen, dies
aber aus Stolz und Scham nicht taten und deshalb als sogenannte
„freiwillig Versicherte" bei der AOK Beitragsschulden ansammelten (die
sonst das Jobcenter gezahlt hätte). Finden diese Menschen nach Jahren endlich einen neuen Arbeitsplatz, droht Ihnen eine Lohnpfändung,
die sie schon wieder auf Sozialhilfeniveau zurückwirft!

[264] vgl. zu diesem Komplex auch Rifkin, Ende der Arbeit, S. 177 f.

[265] vgl. Atkinson, Ungleichheit, S. 273 ff.

[266] vgl. Althaus/Binkert, Solidarisches Bürgergeld, S. 42

Das berühmte Wort des John F. Kennedy, der Bürger solle nicht fragen, was der Staat für ihn, sondern was er für den Staat tun könne, formuliert einen hohen ethischen Anspruch an das Individuum als Mitglied des Gemeinwesens, hinter dem der arbeitslose Sozialleistungsempfänger scheinbar so weit zurückbleibt, dass ihn die Gesellschaft ausschließt oder zumindest an den Rand drängt. Dort wiederum richten sich die solchermaßen kollektiv gemobbten Verlierer unseres auf finanziellen Erfolg fixierten Wertesystems in einer Nische aus Gleichgültigkeit, Neid und Frust ein, vorhandene Kreativität wird in bauernschlaue Sozialtransferoptimierung, oft auch in Kriminalität umgesetzt und schon die Kinder dieses „Prekariats" verlieren jede Perspektive, die über Hartz IV hinausgehen könnte.[267] Viele Sozialleistungsempfänger werden im Wortsinne „demoralisiert".

Das kann, wie ein Blick auf Gesellschaften ohne (oder fast ohne) soziale Sicherungssysteme mit ihren hohen Kriminalitätsraten und ständig brodelnden sozialen Unruhen zeigt, nicht einmal den nur an sich selbst denkenden „homo oeconomicus" kalt lassen; denn eine Gesellschaft, die das schwächste Drittel ausschließt, lebt unter der permanenten Bedrohung, von dessen Unzufriedenheit überrollt zu werden. Vergangene Revolutionen geben eindrucksvolle Zeugnisse davon.

Was der real existierende Sozialtransfer in der Regel nicht berücksichtigt, ist, dass wirkliche Hilfeleistung immer mit der Achtung, mit dem Respekt für den Empfänger der Hilfe zu beginnen hat. „Verantwortungsvolle Hilfe zielt darauf ab, Selbständigkeit wiederherzustellen und zu stärken, nicht darauf, Macht über Menschen auszuüben.[268] Der leistende Steuerzahler und erst recht die mit der Organisation der Leistung beauftragte staatliche Exekutive müssen dem Hilfeempfänger auf Augenhöhe begegnen.

Das bedingungslose Grundeinkommen könnte eine Atmosphäre von Gemeinschaft, sozialer Teilhabe und Solidarität erzeugen, in der das Kennedy-Wort ganz von selbst ins Bewusstsein seiner Adressaten rückt. Wer das für naive Sozialromantik hält, der lese die gar nicht ro-

---

[267] vgl. hierzu z.B. Heisig, Das Ende der Geduld, insbesondere S. 103, 107f.

[268] Collier, Sozialer Kapitalismus, S. 172

mantische Beschreibung jugendkrimineller Subkulturen in Kirsten Heisigs Buch „Das Ende der Geduld" oder werfe einen Blick auf die Zustände in amerikanischen Großstädten, wo die Ausgrenzung der angeblich Faulen, Unfähigen und Überflüssigen noch viel konsequenter betrieben wird als bei uns.

Lösung der Mindestlohnfrage

Besonders prominent auf der politischen Agenda steht die Frage eines gesetzlichen Mindestlohnes. Zunächst gab es diese Forderung ausschließlich aus dem linken Lager, seit einigen Jahren jedoch ist sie tief ins bürgerliche Spektrum eingesickert, und die Rückzugsgefechte, die einige Marktliberale mit dem Hinweis auf die Tarifautonomie bis zuletzt weiterführten, machten einen zunehmend verzweifelten Eindruck. Der Mindestlohn wurde in Deutschland Anfang 2015 eingeführt, zunächst auf dem Niveau von € 8,50, dann erhöht auf € 8,84, inzwischen liegt er bei € 9,19.

Die sozialpolitische Begründung für das Erfordernis eines Mindestlohnes liegt in erster Linie darin, dass der Zustand einer millionenfachen Aufstockung von Vollzeitgehältern durch Hartz IV tatsächlich eine bizarre Fehlentwicklung des Verhältnisses von Arbeitsmarkt und Sozialstaat darstellt. Hat etwa eine vierköpfige Familie nur einen Erwerbstätigen, was noch immer ein verbreitetes Modell ist, reicht insbesondere in Großstädten mit hohen Mieten nicht einmal ein durchschnittliches Einkommen, um netto mehr zu erzielen als eine ebenfalls vierköpfige Familie, die ausschließlich von Transferleistungen lebt; der in Vollzeit arbeitende Familienvater muss also durch Hartz IV bzw. Wohngeld „aufstocken", um dann letztlich doch nicht (bzw. kaum) mehr zu haben als derjenige, der gar nicht arbeitet.

Die schreiende Ungerechtigkeit dieser Situation ist evident; der gesetzliche Mindestlohn als Konsequenz dieser Schieflage ist es nicht. Denn nicht nur ist es in der Tat bedenklich, die mit Verfassungsrang ausgestattete Tarifautonomie auf dem Altar der insoweit verunglückten Hartz-

Reformen zu opfern, sondern es hilft auch gar nicht, weil viele Mindest-
lohnempfänger noch immer auf Transfers angewiesen sind!

Hierzu ein Beispiel:[269]

Ein in einer westdeutschen Großstadt (mit hohen Mietpreisen) lebendes
Ehepaar mit zwei Kindern im Alter von 12 und 15 Jahren, einer Netto-
miete von € 900 und Nebenkosten von € 200 bekommt gemäß Hartz IV

2x Regelsatz zu je € 382 ,-	€ 764,-
Regelsatz 1. Kind	€ 322 ,-
Regelsatz 2. Kind	€ 302,-
Bedarf Miete&Nebenkosten	€ 1.100,-
Abzüglich 2x Kindergeld[270] ./.	€ 388,-
Gesamt	€ 2.100,-

Um diesen Betrag netto zu verdienen, muss ein Arbeitnehmer brutto ca.
€ 2.625,- erzielen, weil noch etwas mehr als 20% für Sozialversicherungen abgezogen werden (Arbeitnehmeranteile: Krankenversicherung
8,2%, Rentenversicherung: 9,45%, Arbeitslosenversicherung: 1,5%,
Pflegeversicherung: 1,025%).

Um bei einer 37,5-Stunden-Woche und 22 Arbeitstagen pro Monat auf
dieses Bruttogehalt zu kommen, braucht der Arbeitnehmer demzufolge
einen Stundenlohn in Höhe von € 15,91 (EUR 2.625,- dividiert durch
165 Monatsarbeitsstunden). Da die marktwirtschaftliche Wertschöpfung
vieler einfacher Tätigkeiten aber unter diesem Betrag liegt, kann ein
Mindestlohn auf diesem Niveau nicht funktionieren.

Ein Mindestlohn von (derzeit) € 9,19 hingegen ist für das Aufstockungs-
problem jedenfalls mit Blick auf Familien weitgehend irrelevant, das politische Lamento über die Unzumutbarkeit von Vollzeitarbeit mit Löhnen
unter Hartz IV-Niveau und die daraus abgeleitete Forderung nach (et-

---

[269] Stand: 2019

[270] Das Kindergeld bekommt die Hartz IV-Familie zusätzlich von der Familienkasse, es wird vom
Jobcenter mit den Regelsätzen für die Kinder verrechnet; da der Kindergeldanspruch aber auch
für die Arbeitnehmerfamilie besteht, kann diese Komponente hier ausgeklammert werden.

was) höheren Mindestlöhnen oder „Lohnuntergrenzen" ist blanker Populismus.

Andererseits ist es natürlich auch keine Alternative, die Hartz IV-Sätze so weit abzusenken, dass die Aufstockung entfällt. Sie sind bereits jetzt so niedrig, dass immer wieder Zweifel laut werden, ob sie überhaupt ihren verfassungsmäßigen Auftrag erfüllen, ein menschenwürdiges Leben zu ermöglichen. Das Dilemma besteht schlicht darin, dass es für Arbeitnehmer mit geringer Qualifikation nicht mehr möglich ist, eine Familie am hochpreisigen Standort Deutschland zu finanzieren. Das liegt u.a. daran, dass Einkommen ausschließlich an Arbeit gekoppelt ist, bzw. genauer, an eine Gegenleistung, der vom Markt ein entsprechender Wert zugemessen wird. (Grund-)Einkommen ohne Gegenleistung, so wird unterstellt, täte der Gesellschaft nicht gut, weil es leistungshemmend wirken würde.[271]

Es gibt aber viele gesellschaftlich erwünschte und wichtige Leistungen, die gerade von solchen gering verdienenden Haushalten erbracht und eben nicht bezahlt werden: z.B. die Erziehung von Kindern, die Pflege von Alten usw. Der amerikanische Ökonom Jeremy Rifkin nennt das den „dritten Sektor, die nichtkommerzielle Gesellschaft", der bereits heute einen großen Beitrag zum gesellschaftlichen Wohlstand leistet und noch gewaltiges Wachstumspotential (auch für bezahlte Arbeit) hat.[272] Auf die in diesem Zusammenhang fundamental wichtige Unterscheidung zwischen dem Wert (bzw. „Gebrauchswert") und dem Preis (bzw. „Tauschwert") eines Gegenstandes oder einer Leistung hat schon Daniel Ricardo (und vor ihm Adam Smith) hingewiesen: zum Beispiel sind „Wasser und Luft außerordentlich nützlich … und doch erhält man unter normalen Umständen nichts im Austausch für sie. Hingegen kann man für Gold, obwohl es im Vergleich mit Luft oder Wasser nur geringen Nutzen besitzt, eine große Menge anderer Waren eintauschen."[273]

Wenn aber ein erheblicher, manchmal sogar überwiegender Teil der (Familien-)Arbeitskraft unbezahlt in wichtige und nützliche, aber unbe-

---

[271] s. Opielka et al., Grundeinkommen und Werteorientierungen, S. 47

[272] Rifkin, Ende der Arbeit, S. 37

[273] Ricardo, Grundsätze, S. 5

zahlte Tätigkeiten fließt, reicht der Rest oft nicht mehr aus, um die Familie zu ernähren.

Das bedingungslose Grundeinkommen könnte dieses Problem lösen, ohne dass der marktwirtschaftliche Wert (bzw. der Preis) gering qualifizierter oder aus anderen Gründen schlecht bezahlter Arbeit durch Mindestlöhne künstlich erhöht wird. Das bedingungslose Grundeinkommen würde die Leistungsbereitschaft der Bürger letztlich nicht etwa schmälern, sondern im Gegenteil erhöhen, weil sich Arbeit auch im Niedriglohnsektor lohnen würde, wenn sie erstens nicht auf die Sozialleistungen (das Grundeinkommen) angerechnet würde und zweitens auch ein geringes Arbeitseinkommen den Unterschied machen würde zwischen der Deckung der Grundbedürfnisse (qua Grundeinkommen) und einem gewissen Spielraum für selbstbestimmten Konsum. Das Grundeinkommen würde sozusagen lohnsubstitutiv, nicht aber motivationsmindernd wirken.

Abgesehen davon würde jene Arbeit, die nicht ohne weiteres immer effizienter gemacht werden kann, weil nämlich der Mensch höchstpersönlich in ihrem Mittelpunkt steht, also z.B. in der Pflege, der Bildung, der Kultur etc.,[274] wieder bezahlbar, weil etwa ein Altenpfleger einen erheblichen Teil seines Lebensunterhaltes bereits aus seinem Grundeinkommen finanzieren, folglich für relativ wenig Geld arbeiten kann. Gegenwärtig ist es hingegen ein ständig offensichtlicher werdendes Dilemma, dass die Leistung des Altenpflegers relativ zu industriell erzeugten Gütern immer teurer wird, weswegen letztlich die Qualität der Pflege immer schlechter werden muss, weil das Pflegepersonal reduziert wird.[275] Gleichzeitig werden Pfleger so schlecht bezahlt, dass dieser gesellschaftlich wichtige Beruf unattraktiv ist. Die Produktionsgewinne der industrialisierten Arbeit sind die Kostennachteile der Arbeit am Menschen, die sich nicht rationalisieren lässt. „Deshalb haben wir den Eindruck, wir könnten uns solche Arbeiten nicht mehr *leisten*. Dabei können wir sie bloß nicht *bezahlen*. Was wir dagegen sehr gut könnten, ist solche Arbeit zu *ermöglichen*. Das ist sogar der wesentliche Gedan-

---

[274] ein schönes Beispiel findet sich bei Bregman, Utopien, S. 120 f.: um ein Streichquartett von Mozart zu spielen, braucht man noch immer vier Musiker, genau wie im Jahr 1782

[275] vgl. Werner, Ein Grund für die Zukunft, S. 19, S. 31f.

ke hinter der Idee eines bedingungslosen Grundeinkommens: Es ermöglicht Arbeit, die man nicht bezahlen kann."[276]

Andererseits wäre es wohl möglich, dass das bedingungslose Grundeinkommen die Verhandlungsbasis derjenigen Arbeitnehmer verbessern würde, die besonders schwere, gefährliche oder ungeliebte Arbeiten verrichten – oft werden ja gerade solche Arbeiten schlecht bezahlt, weil sie als gering qualifiziert gelten. Evtl. würde also die Wartung von Abwasserkanälen oder das Schleppen von Waschmaschinen etwas teurer, vielleicht würden die Gehälter in manchen Hochrisikoberufen steigen – was wäre falsch daran?[277] Und vielleicht würden solche schweren, wichtigen, aber verpönten Arbeiten sogar das Stigma der Minderwertigkeit verlieren? Das wäre ein zusätzlicher Vorteil des bedingungslosen Grundeinkommens, ist es doch vom aufgeklärt humanistischen, erst recht vom christlichen Standpunkt aus kaum erträglich, dass schwere, schmutzige körperliche Arbeit auch in unserer modernen Gesellschaft immer noch deklassierend wirkt.[278] Es ist vielmehr der subjektive, auf den Menschen bezogene Wert der Arbeit, auf den es eigentlich ankommt, den in den Mittelpunkt zu stellen in einer von Angebot und Nachfrage beherrschten Wirtschaftsordnung aber offenbar sehr schwierig ist.

Flexibilisierung des Arbeitsmarktes

Eine der schwersten Hypotheken, die unsere Volkswirtschaft durch die vergangenen Jahrzehnte zu schleppen hatte, ist der verkrustete, unflexible Arbeitsmarkt. Ein umfassender Kündigungsschutz sichert zwar den Arbeitsplatz (in der Regel) für denjenigen, der ihn hat, aber dieser Kündigungsschutz führt folgerichtig dazu, dass viele Betriebe nur dann einstellen, wenn sie gar nicht mehr anders können. Um sich nicht dauerhaft und irreversibel Personalkosten aufzubürden, von denen man nicht weiß, ob man sie sich auch mittel- und langfristig wird leisten

---

[276] Werner, Einkommen für alle, S. 89f.

[277] vgl. Russel, Wege zur Freiheit, S. 236; Charlier, Lösung des Sozialproblems, S. 145

[278] Nell-Breuning, Arbeit vor Kapital, S. 26, S. 136f.

können, weicht man z. B. auf Zeitarbeit aus, mit der Konsequenz, dass viele Arbeitssuchende keine festen Anstellungen mehr finden, obwohl sie durchaus gebraucht würden. Und wenn in einem Unternehmen doch Arbeitsplätze abgebaut werden müssen, weil die Geschäftslage keinen anderen Ausweg lässt, gehen oft die Leistungsstärksten unter den Mitarbeitern, weil das diejenigen sind, die anderswo schnell wieder eine Anstellung finden, während sich die Schwächeren an ihren Kündigungsschutz klammern. In der Folge wird der Betrieb zusätzlich geschwächt.

Eine Lockerung, gar Abschaffung des Kündigungsschutzes ist indes keine Alternative, solange der „Besitz" eines Arbeitsplatzes eine Existenzfrage bleibt. Obwohl marktwirtschaftlich sinnvoll, kann eine solche Flexibilisierung sozial nicht hingenommen werden; der Preis, den ältere, weniger qualifizierte, kranke Arbeitnehmer zu zahlen hätten, wäre zu hoch.

Anders stellt sich die Lage dar, wenn wir uns vorstellen, es gäbe ein bedingungsloses Grundeinkommen. Die bessere soziale Absicherung der Arbeitslosen würde Raum schaffen für eine (moderate) konsensfähige, sozialverträgliche Flexibilisierung des Arbeitsmarktes, ggf. einschließlich einer Lockerung des Kündigungsschutzes. Denn dem Arbeitnehmer, der durch das bedingungslose Grundeinkommen eine Basissicherung genießt, kann das Risiko des Arbeitsplatzverlustes viel eher zugemutet werden, als demjenigen, der durch eine Kündigung gleich komplett den Boden unter den Füssen verliert.

Bekämpfung der Altersarmut

Die demographische Entwicklung wird in wenigen Jahrzehnten zum Kollaps der gesetzlichen Rentenversicherung führen, bzw. zu faktischen Rentenkürzungen, die einen großen Teil der Rentner auf andere Einkünfte angewiesen sein lassen wird.

Der Verweis darauf, man müsse eben während der „earning years" privat vorsorgen, muss in den Ohren von Menschen, die schon als voll Erwerbstätige nicht wissen, wie sie ihre Familie ernähren sollen, wie

Hohn klingen. Die entsprechenden Förderprogramme (Riester-Rente etc.) mögen für manche ein kleines Zubrot sein, das Problem lösen sie aber nicht. Und die Symbolpolitik der Regierung, die mit viel Getöse eine Rente knapp oberhalb des Hartz IV-Niveaus etablieren will, zeigt eher die Hilflosigkeit der Politik, als dass sie Hoffnung auf eine positive Entwicklung machen könnte. Faktisch, so kann man sagen, ist (Langzeit-) Arbeitslosigkeit eine Tragödie in zwei Akten: dem ersten Akt, der Armut während des Erwerbslebens, folgt fast zwingend die Altersarmut als zweiter Akt.

Das bedingungslose Grundeinkommen hingegen würde einen Grundstock auch für Rentner bilden, auf dessen Basis jede Rente, auch die kleinste, durch ihre anrechnungslos aufstockende Wirkung zu zumindest akzeptablen Lebensverhältnissen führen würde (selbstverständlich dürfen Rentenansprüche nicht zu den Sozialleistungen gezählt werden, die durch die Einführung des bedingungslosen Grundeinkommens entfallen; es handelt sich hierbei um Versicherungsansprüche, auf die der Beitragszahler unverfallbare Anwartschaften erworben hat!).

Überwindung sozialer Schranken; Integration

Langfristig ist die Frage, wohin sich unsere Gesellschaft insgesamt entwickelt, ob sie zusammenrückt oder ob sich spaltende Tendenzen durchsetzen, vielleicht noch wichtiger als die offensichtlichen wirtschaftlichen Implikationen, die oben erörtert wurden. Ein Blick in die USA, wo sich gesellschaftliche Spaltungstendenzen rapide ausbreiten und Populisten wie Donald Trump eigentlich nur noch populistisch erfolgreich bekämpft werden können, auf Großbritannien, wo sich „Brexiteers" und „Remainers" in der EU-Frage unversöhnlich gegenüberstehen und keine sozial befriedende Lösung mehr denkbar scheint, auf Italien, Griechenland, die Türkei, aber auch auf das politische Klima in unserem eigenen Land, mit erodierenden Volksparteien und erfolgreichen Protestbewegungen, lässt ahnen, wohin es führen kann, wenn der Sozialstaat weiter an Glaubwürdigkeit und Akzeptanz verliert.

Natürlich gehören wirtschaftliche und soziale Entwicklungen zusammen, sicherlich kann man das eine nicht isoliert vom anderen betrachten. Aber gerade weil in der öffentlichen Debatte jedes Anliegen in erster Linie unter finanziellen Aspekten behandelt wird und jeder Idee erst einmal ein Budget zugewiesen werden muss, damit sie es auf die Agenda schafft, lohnt sich hier auch der Blick auf die „soft factors", die sich nicht unmittelbar in Euro und Cent messen lassen.

Denn während die Öffentlichkeit nur gelegentlich aufgerüttelt wird, wenn spektakuläre Gewalttaten wieder einmal die Verrohung der Jugend (oder die durch Einwanderung drohenden Gefahren) zu belegen scheinen, ist sich die Fachwelt längst einig darüber, dass die systemimmanente, Generationen übergreifende Perspektivlosigkeit von wachsenden Teilen der Gesellschaft zu einer sozialen Spaltung zu führen im Begriff ist, die nicht nur dem Grundgedanken unserer Verfassung widerspricht, sondern die wir auch strukturell lange überwunden glaubten. Zwei Generationen von Deutschen sind im festen Bewusstsein aufgewachsen, dass unsere Gesellschaft, bei aller Möglichkeit zur Differenzierung, eine soziale Einheit bildet. Chancengleichheit, freier Zugang zu höherer Bildung, soziale Durchlässigkeit hatte die Bundesrepublik (und mit den bekannten Abstrichen auch die DDR) in bis dahin nie gekanntem Ausmaß verwirklicht und bei allen Schwierigkeiten und Defiziten vor allem glaubhaft angestrebt. Unserem Wohlstand hat das, obwohl es Geld gekostet hat, nicht geschadet.

Neuerdings aber finden wir uns damit ab, dass ein zweistelliger Prozentsatz der Jugendlichen als Berufsziel „Hartz IV" angibt, dass zigtausende junger Menschen drogensüchtig und kriminell werden, weil sie keine realistische Perspektive haben. Man kann in anderen Ländern sehen, wohin das führt: in eine Gesellschaft, in der den eigenen Wohlstand und die eigenen Sicherheit schützt, wer kann (etwa durch private Sicherheitsdienste in abgeschlossenen Wohnsiedlungen[279]); in der mit dem ständigen Risiko krimineller Übergriffe leben muss, wer zwar genug verdient, um gut zu leben, aber nicht so viel, dass er das „Prekariat" auf Abstand zu halten vermag; und in der sich Subkulturen und Par-

---

[279] in den USA wird für private Sicherheitsdienste schon heute viel mehr Geld aufgewendet als für staatliche Sicherheitskräfte! vgl. Rifkin, Ende der Arbeit, S. 173

allelgesellschaften bilden, Menschen sich ausgeschlossen fühlen und entsprechende Aggressionen entwickeln – es gibt dabei keine Gewinner, nur Verlierer.

Das bedingungslose Grundeinkommen begegnet dieser Bedrohung mit einem Höchstmaß an sozialer Sicherheit, gleichzeitig aber mit der Einladung zur Initiative (der Begriff „Leistungsanreize" greift hier zu kurz, weil „Initiative" im Gegensatz zum „Anreiz" nicht fremd-, sondern eigengesteuert ist[280]). Niemand muss mehr das Gefühl entwickeln, ein höherer Lebensstandard als Hartz IV sei sowieso nicht drin bzw. nur auf kriminellem Wege erreichbar. Jeder hat die Möglichkeit, ohne (existenziellen) materiellen Druck den eigenen Weg zu suchen, eingebettet in das solidarische Netz einer menschenfreundlichen Gesellschaft. Mit der Deckung der unverzichtbaren Grundbedürfnisse durch ein Grundeinkommen würden Menschen in die Lage versetzt, ihren *intrinsischen Interessen*[281] nachzugehen, also zu tun, was ihnen liegt und was ihnen unabhängig vom materiellen Lohn Erfüllung bringt; es ist gar nicht auszudenken, welche Leistungen dabei herauskämen, wenn wir alle aus Eigenmotivation tätig würden, statt nur „unsere Jobs zu machen".

Nota bene: Es geht hier nicht um „Gutmenschentum" oder naive Sozialromantik, sondern um Existenzfragen moderner Gesellschaften. Wer das nicht glaubt, der erkundige sich bei Jugendrichtern und Sozialarbeitern nach den Zuständen in manchen Großstadtdschungeln.[282]

Freiheit

Was hier noch erörtert werden muss, ist die Freiheit, bzw. die zu erwartende Wirkung eines bedingungslosen Grundeinkommens auf dieselbe.

Nicht erst seit die Bundesrepublik Deutschland einen Präsidenten hatte, dessen Lebensmotto aus biographisch nachvollziehbaren Gründen die

---

[280] vgl. Werner, Ein Grund für die Zukunft, S. 55

[281] vgl. hierzu Rosa, Resonanz, S. 24

[282] stellvertretend für alle genannt sei hier Kirsten Heisig, Das Ende der Geduld

Freiheit war,[283] spielt dieser Begriff bei allen gesellschaftspolitisch bedeutsamen Fragen eine zentrale Rolle. Unser Grundgesetz ist freiheitlich konzipiert, mit vielen wichtigen Freiheits- und demgegenüber vergleichsweise wenigen Teilhaberechten, unsere christlich-abendländische Kultur ist stark freiheitlich geprägt, und (individuelle) Freiheit ist einer der zentralen Aspekte unserer Werteordnung, sozusagen unserer kollektiven Psyche.

Das bedingungslose Grundeinkommen, das, so ahnen wir, von manch Marktliberalem verdächtigt werden wird, leistungs- und freiheitsfeindlich zu sein, würde, bei genauer und sachgerechter Betrachtung, Freiheit schaffen für jene, die heute keine Freiheit haben, sich eine Tätigkeit zu wählen, sondern nehmen müssen, was genug Geld bringt. Das betrifft keineswegs nur gering qualifizierte Leiharbeiter und Hartz IV-Kandidaten, sondern auch den jungen Abiturienten, der gerne mit Kindern umgeht und sich deshalb wünscht, Erzieher zu werden, aber gewarnt wird, dabei verdiene man nicht genug. Es betrifft den Idealisten, der sich ehrenamtlich für soziale oder humanitäre Ziele engagiert, sich diesen Altruismus aber auf Dauer nicht leisten kann. Es betrifft Menschen, die gerne Alte pflegen, Asylbewerber betreuen oder auch viele eigene Kinder aufziehen möchten, alles sozial höchst erwünschte, nützliche Tätigkeiten, die aber in der Marktwirtschaft schlecht oder gar nicht bezahlt werden. Diese Menschen sind unfrei, sie können nicht tun, was sie eigentlich wollen, sondern müssen in besser bezahlte Tätigkeiten ausweichen. Politische Freiheit ohne ein Mindestmaß an wirtschaftlicher Freiheit ist letztlich wertlos.[284] Ein Mensch in existenzieller materieller Bedrängnis kann nicht frei sein.[285]

Dass die „Leistungsgerechtigkeit" unserer Gesellschaft, die die Leistung eines Investmentbankers (oder Fußballspielers, Schlagersängers, TV-Moderators) höher bewertet als die Leistung sämtlicher Polizisten einer Kleinstadt zusammengenommen, hinterfragt werden sollte, darauf sind schon andere gekommen, vor allem wegen des Kuriosums, dass be-

---

[283] vgl. Gauck, Freiheit – Ein Plädoyer

[284] vgl. Fromm, Wege aus einer kranken Gesellschaft, S. 241)

[285] vgl. Binswanger, Frei von Arbeit?, S. 24

sonders gut bezahlte Arbeit meist eher angenehm ist, während gefährliche und unangenehme Arbeit in der Regel auch noch schlecht entlohnt wird.[286] Und in der Tat ist das weder gerecht, noch hat es allzu viel mit Leistung zu tun. Genau genommen sind weite Einkommensspreizungen zumeist auch gar nicht *leistungs-*, sondern lediglich *marktgerecht.* Beide Begriffe werden von Neoliberalen synonym verwendet, sind es aber keineswegs. Denn während Leistungsgerechtigkeit schon seit Aristoteles´ „iustitia commutativa" durchaus ethischen Gehalt hat,[287] bedeutet marktgerecht im Grunde nichts weiter, als dass man eben nimmt, was man bekommen kann. Leistungsgerecht wäre es durchaus, wenn eine gute Krankenschwester mehr verdienen würde als ein mittelmäßiger Bankangestellter, der Markt indes lässt das nicht zu, weil die Bank mehr Profit erwirtschaftet als das Krankenhaus.

Aber das bedingungslose Grundeinkommen böte die Möglichkeit, solche Missverhältnisse auszugleichen (zu reduzieren), ohne dass in die Freiheit des Marktes eingegriffen werden müsste. Denn das bedingungslose Grundeinkommen würden zwar alle bekommen, der Polizist und die Krankenschwester wie der Banker und der Fußballer, aber bei Ersteren würde es zu einer massiven Entlastung der Haushaltslage führen, bei Letzteren hingegen kaum einen Unterschied machen (außerdem haben Besserverdienende natürlich auch mehr zur (Steuer-)Finanzierung des bedingungslosen Grundeinkommens beizutragen). Und was die Freiheit des Arbeitsmarktes betrifft, so spricht vieles dafür, dass ein solcher, wirklich freier Markt erst durch das bedingungslose Grundeinkommen entstehen könnte, weil sich Anbietende und Nachfragende (endlich) auf Augenhöhe begegnen könnten. Dass dies unter den bestehenden, derzeitigen Umständen nicht gewährleistet ist, zeigt die Diskussion um Instrumente wie Mindestlöhne oder Kündigungsschutz, mit denen man versuchen will bzw. schon heute versucht, die offensichtlichsten Symptome der ungleichen Verhandlungspositionen ein wenig zu mildern.

---

[286] s. dazu z.B. Russel, Wege zur Freiheit, S. 240

[287] vgl. Aristoteles, Nikomachische Ethik, Rn. 1129b ff.

Wichtiger noch ist aber, dass das bedingungslose Grundeinkommen „ein tief in der religiösen und humanistischen Tradition des Westens verwurzeltes Prinzip bestätigen (würde), dass der Mensch unter allen Umständen das Recht hat zu leben. Dieses Recht auf Leben, Nahrung und Unterkunft, auf medizinische Versorgung, Bildung usw. ist ein dem Menschen angeborenes Recht, das unter keinen Umständen eingeschränkt werden darf, nicht einmal im Hinblick darauf, ob der Betreffende für die Gesellschaft von Nutzen ist“.[288]

[288] Fromm, Psychologische Aspekte zum garantierten Einkommen, S. 310

Einwände gegen das bedingungslose Grundeinkommen

Es gibt viele Einwände gegen das bedingungslose Grundeinkommen. Sie kommen aus den unterschiedlichsten politischen Richtungen, und es liegen ihnen die unterschiedlichsten Motive zugrunde. Seinen Gegnern gilt das Grundeinkommen als aussichtslos, weil es nicht finanzierbar sei, als gefährlich, weil die Menschen aufhören würden zu arbeiten, und als widernatürlich, weil letztlich eine Minderheit (noch) härter arbeiten müsste, um die faule Mehrheit zu ernähren.[289]

Viele der erhobenen Einwände sind traditionell begründet, haben sozusagen kollektiv-psychologische Hintergründe. Andere formulieren durchaus ernstzunehmende ökonomische, teilweise auch verhaltenspsychologische Bedenken. Der folgende Abschnitt beschäftigt sich mit diesen Einwänden, soweit sie bereits erhoben wurden oder antizipiert werden können. Nicht alle sind vollständig widerlegbar, schon weil das Feld, auf dem wir uns hier bewegen, keine exakte Wissenschaft ist; manche Wirkungen eines bedingungslosen Grundeinkommens wird man erst wirklich erkennen können, wenn man es ausprobiert hat, sie lassen sich nicht berechnen. Aber letztlich wäre es auch schon ein lohnendes Ergebnis, wenn man, Für und Wider abwägend, zu dem Schluss käme, es sei vielleicht einen *Versuch* wert, die ausgetretenen Pfade der Sozialpolitik zu verlassen und unausgesprochene Denkverbote zu Fall zu bringen.

„Soziale Hängematte" vs. Leistungsprinzip

Natürlich wird der Vorschlag eines bedingungslosen Grundeinkommens von vielen Kommentatoren deshalb abgelehnt, weil er leistungsfeindlich sei. Schon jetzt gebe es zu viele Menschen, denen Hartz IV den Leistungswillen ausgetrieben habe, die sich nur auf den Staat verließen und ständig neue Forderungen stellten, ohne selbst einen nennenswerten Beitrag zum gesellschaftlichen Gelingen zu leisten. Die Einführung eines

---

[289] vgl. Bregman, Utopien, S. 50

bedingungslosen Grundeinkommens, so argumentieren seine Gegner, würde dieses Problem verschärfen.

Nun ist zwar zutreffend darauf hingewiesen worden, dass dieser Einwand eigentlich nur von jenen vorgetragen werden dürfte, die selbst ungern arbeiten und die Arbeit unterlassen würden, wenn sie nicht dazu gezwungen wären;[290] es ist aber dennoch durchaus anzunehmen, dass dieser Standpunkt von sehr vielen Menschen geteilt wird, wenn auch mit Abstufungen, was die Strenge des Urteils über Sozialleistungsempfänger betrifft.

Richtig daran ist indes nur, dass das gegenwärtige System mit Hartz IV und all den anderen an Bedürftigkeit geknüpften Transferleistungen in der Tat kaum geeignet ist, Initiative und Leistungsbereitschaft zu fördern. Falsch ist der Schluss, das werde mit einem bedingungslosen Grundeinkommen nur noch schlimmer.

Betrachten wir jedoch zunächst die Hintergründe solcher Bedenken genauer:

„Wer nicht arbeiten will, soll auch nicht essen", schrieb der Apostel Paulus, und legte damit das Fundament für unser Arbeitsethos.[291] Martin Luther hat daran angeknüpft und eine protestantische Arbeitsethik geschaffen, nach der die Ausübung von Erwerbsarbeit eine „gottgewollte sittliche Mission"[292] ist.

Moderne Gesellschaften kennen freilich durchaus auch das Element der Solidarität, der Fürsorge ohne Gegenleistung, und auch diese haben ihren Ursprung im Christentum, in Nächstenliebe und „Caritas".[293] Aber es wird erwartet, dass der Einzelne sich anstrengt, dass er leistungsbereit ist. Gleichzeitig geht unser Menschenbild aber offensichtlich davon aus, dass der Mensch grundsätzlich faul ist und für sich den bequemsten Weg wählt, wenn ihm das möglich ist. „Wer Arbeit kennt und sich nicht drückt, ist verrückt", dichtet der Volksmund und skizziert damit die

---

[290] vgl. z.B. Gorz, Arbeit zwischen Misere und Utopie, S. 141

[291] 2. Brief an die Thessalonicher, 3,10

[292] Friedell, Kulturgeschichte, S. 237

[293] s. Keck, Fürsorge im Wandel, S. 37, zur Caritas bei Thomas v. Aquin

Einstellung, die wir einander zu unterstellen scheinen. Eigenartigerweise findet sich aber kaum jemand, der sich zu dieser Einstellung bekennt. Von sich selbst sagen fast alle, sie seien zur Leistung entschlossen und würden nur im äußersten Notfall Sozialleistungen annehmen.[294] Wir haben also offenbar von uns selbst jeweils ein ganz anderes Bild als von unseren Mitmenschen.[295]

Vor dem Hintergrund dieses Generalverdachts gegenüber allen anderen ist es nur konsequent, dass Einkommen (also Kaufkraft und damit letztlich Lebensstandard) grundsätzlich an Arbeit gekoppelt, dass auch menschliches Selbstwertgefühl an (entgeltliche) Arbeitsleistung gebunden ist und dass Verantwortung für die eigene (wirtschaftliche) Existenz als Erfolgsmaxime einer prosperierenden Gesellschaft begriffen wird.[296]

Ein solches gesellschaftliches Paradigma in Frage zu stellen ist nicht leicht; deshalb traut sich auch niemand so recht heran an diese Frage, der in irgendeiner Weise auf breite gesellschaftliche Zustimmung angewiesen ist, insbesondere also das politische Establishment. Aber die Fragwürdigkeit dieser überkommenen Maxime wird unmittelbar deutlich, wenn man betrachtet, wie viel gesellschaftlich wertvolle Leistung unentgeltlich erbracht wird. Das beginnt mit der Kindererziehung und endet mit der Altenpflege durch Familienangehörige, die dafür erhebliche (auch) materielle Opfer bringen. Dazwischen gibt es millionenfaches ehrenamtliches Engagement in caritativen Organisationen, Sportvereinen, Kunst und Kultur, politischen Parteien usw.

Alles unbezahlt, manches davon inzwischen auch gesellschaftlich kaum noch anerkannt (z.B. die Erziehung der Kinder durch die Eltern, ohne Beanspruchung staatlicher KiTas). Alles aber unabdingbar für ein funktionierendes Gemeinwesen. Niemand bestreitet die Wichtigkeit z.B. ehrenamtlicher Arbeit in Vereinen, allgemein anerkannt ist, dass ein Wegfallen ehrenamtlicher Tätigkeiten katastrophale Folgen hätte. Aber als „Leistung" wollen wir nur anerkennen, was der „Markt" in Geld entlohnt?

---

[294] vgl. hierzu Straubhaar, Radikal gerecht, S. 155 f., mit Bezug auf eine Forsa-Umfrage von 2016

[295] Werner, Ein Grund für die Zukunft, S. 55 ff.

[296] Opielka et al., Grundeinkommen und Werteorientierungen, S. 47f.

In Wahrheit, so scheint es bei näherer Betrachtung, ist das bestehende System leistungsfeindlich, indem es den Menschen zwingt, aus Gründen des Broterwerbs Dinge zu tun, die er nicht will und vielleicht auch nicht kann, zu Lasten anderer Dinge, die er eigentlich tun möchte und die für die Gesellschaft letztlich viel wertvoller wären.

An dieser Stelle ist übrigens auch auf das Paradoxon hinzuweisen, dass in der modernen kapitalistischen Gesellschaft ausgerechnet jene Arbeiten, die niemand gerne tut (z.B. Reinigungs- oder Kanalarbeiten) besonders schlecht bezahlt werden; nach den Grundsätzen der Marktwirtschaft zu urteilen, sollte man eigentlich annehmen, dass für unangenehme Arbeit ein Ausgleich in Form höheren Lohnes gezahlt werden muss. Dass dies nicht der Fall ist, liegt an der schlechten Verhandlungsposition der betreffenden Arbeitnehmer: sie haben keine Wahl, sind quasi erpressbar, weil sie in der Regel keine andere Möglichkeit haben, ihren Lebensunterhalt zu verdienen.[297] Der Markt ist eben nicht frei, sondern wird jedenfalls in Zeiten massenhafter Arbeitslosigkeit von den Arbeitgebern beherrscht; dieser Zustand, der im Frühkapitalismus zu krasser Ausbeutung geführt hatte, wird in modernen Sozialstaaten durch allerlei Regulierungen gemildert, besteht aber im Prinzip fort.[298]

Und schließlich hat dies alles auch mit dem verfassungsrechtlich geschützten Wert der Berufsfreiheit zu tun, Art. 12 GG. Es gibt viele junge Menschen, die gerne in der Altenpflege arbeiten würden oder als Erzieher in Kindergärten, die sich das aber schlicht nicht leisten zu können glauben. Denn jedenfalls wer die Absicht hat, selbst Kinder zu bekommen, meidet soziale Berufe besser, weil sie kaum einen Single ernähren, ganz sicher aber keine Familie. Ein Grundeinkommen, das mit dem (bescheidenen) Gehalt eines Altenpflegers oder Erziehers ergänzt werden könnte, würde aber automatisch ein enormes Potential entstehen lassen „für dann bezahlbare Arbeit am und für die Menschen", also in Erziehung, Pflege und Bildung.[299]

---

[297] vgl. Domscheit-Berg, Anders arbeiten, S. 33, zum Zusammenhang zwischen Erpressbarkeit gering qualifizierter Arbeitnehmer und bedingungslosem Grundeinkommen

[298] vgl. Fromm, Wege aus einer kranken Gesellschaft, S. 80ff.

[299] Werner, Ein Grund für die Zukunft, S. 19

Was soll daran leistungsfeindlich sein?

Sicherlich würde es auch nach Einführung eines bedingungslosen Grundeinkommens Menschen geben, die sich nicht engagieren, die nicht arbeiten wollen, die sich „durchfüttern" lassen. Aber es wären wahrscheinlich nicht mehr als heute, sondern weniger, weil niemand, der nichts tut, mehr hätte als heute mit Hartz IV, viele aber motiviert wären, zum Grundeinkommen etwas hinzuzuverdienen, was heute für Menschen mit geringem „Marktwert" nicht oder nur sehr begrenzt möglich ist. Das bedingungslose Grundeinkommen versteht sich eben nicht als „Faulenzerprämie", sondern im Gegenteil als „aktivierendes Sprungbrett.[300]

Wer all das für zu theoretisch hält, wer empirische Fakten verlangt, um die Folgen eines Grundeinkommens auf die Arbeitsmoral der Betroffenen zu beurteilen, der sei an dieser Stelle auf ein interessantes Experiment verwiesen, das 2009 in London begonnen wurde: man gab 13 Menschen, die seit Jahren auf der Straße lebten und von denen einige alkoholkrank oder drogensüchtig waren, einmalig 3000 Pfund (ca. € 3500) zur eigenen Verfügung, ohne Bedingungen und ohne Gegenleistung. Das Ergebnis verblüfft selbst den enthusiastischsten Befürworter des Grundeinkommens; nach anderthalb Jahren hatten sieben der 13 Teilnehmer des Experiments ein Dach über dem Kopf, einige machten eine Ausbildung, andere hatten den Drogenkonsum eingestellt, hatten seit langem wieder Kontakt zu ihren Familien. Und die Kosten für den Staat waren durch das Projekt nicht etwa gestiegen, sondern gesunken, weil, so hatte eine Studie ergeben, dieselben 13 Obdachlosen die öffentlichen Haushalte zuvor etwa 400.000 Pfund pro Jahr gekostet hatten, durch Polizeieinsätze, Gerichtskosten, soziale Dienste, Krankenhauskosten etc.![301]

Mit Blick auf das, was er „autotelische Arbeit" nennt, also selbstbestimmte, intrinsisch motivierte Tätigkeit, weist Mihaly Csikszentmihalyi auf Untersuchungen hin, nach denen Menschen, die mit ihrer Arbeit und ihrer Umgebung in Einklang leben, auch im hohen Alter (weit über der

---

[300] Althaus/Binkert, Solidarisches Bürgergeld, S. 121

[301] Bregman, Utopien, S. 33 ff.

Rentengrenze) nicht weniger arbeiten wollen.[302] Es ist eben nicht richtig, dass wir zur Arbeit verflucht sind, um uns zu ernähren, sie aber sofort einstellen würden, wenn wir uns das leisten könnten. Vielmehr sucht der Mensch nach sinnstiftender Tätigkeit, umso mehr, je weniger sie mit Existenzsicherung verknüpft ist. Und wer es ernst meint mit dem bedingungslosen Grundeinkommen, muss selbstverständlich auch in Kauf nehmen, dass „diejenigen, die den ganzen Tag vor Malibu surfen", auf diese Weise „durchgefüttert" werden.[303]

Um zum Ende dieses Abschnittes dem oben zitierten Paulusbrief eine biblisch inspirierte Anmerkung entgegenzustellen: auf ihrer Flucht aus der Sklaverei bekam die Israeliten Manna vom Himmel; das machte sie aber nicht faul, sondern es motivierte sie, ihren Weg fortzusetzen.[304] Und in der Bergpredigt steht: „Schaut auf die Vögel des Himmels; sie säen nicht, sie ernten nicht und sammeln nicht in Scheunen, und euer himmlischer Vater ernährt sie. … Betrachtet die Lilien des Feldes, wie sie wachsen; sie arbeiten nicht und spinnen nicht."[305]

Nochmals: Soziale Gerechtigkeit

Es wurde schon angedeutet, dass das Schlagwort von der sozialen Gerechtigkeit für eine konstruktive Diskussion eher hinderlich ist. Dennoch kommt, wer für den hier vorgeschlagenen Paradigmenwechsel eintritt, um eine Auseinandersetzung mit diesem Kriterium nicht herum. Und natürlich wird der Vorwurf zu entkräften sein, das bedingungslose Grundeinkommen sei sozial ungerecht, weil es die Fleißigen belaste und die Faulen belohne.

Während dieser Vorwurf eher „von rechts" zu hören ist, aus der marktliberalen Ecke, kommt aber gleichzeitig auch noch Störfeuer von links, weil das Grundeinkommen ja per definitionem allen zusteht, also auch

---

[302] Csikszentmihalyi, Flow, S. 227 ff.

[303] so der Titel des Aufsatzes von van Parijs, „Warum Surfer durchgefüttert werden sollten"

[304] vgl. Bregman, Utopien, S. 40

[305] Mt 6, 26/28

dem Millionenerben und dem Top Manager; das ist der dogmatischen Linken natürlich ein Dorn im Auge,[306] mancher nennt das Grundeinkommen „eine üppig ausgestattete Herdprämie".[307] Außerdem ist es eine tatsächlich traditionell linke Vorstellung, dass jeder arbeiten muss, dass jene, die nicht arbeiten, Ausbeuter und Parasiten sind.[308] Politisch, d.h. bezogen auf die Durchsetzbarkeit der Idee, ist eine solche einmütige Gegnerschaft unterschiedlichster Fraktionen fatal. Die Befürworter des bedingungslosen Grundeinkommens werden permanent von beiden Seiten angegriffen, jede Verteidigung der Idee gegen eine Attacke der einen Seite lässt die andere Seite umso mehr aufschreien. Andererseits spricht aber einiges dafür, dass so falsch nicht liegen kann, wer von den Extremen aller Seiten abgelehnt wird, und die Tatsache, dass die beiden großen ökonomischen Ideologien der Neuzeit, nämlich der Kapitalismus und der Kommunismus, in gerader Linie auf dasselbe (protestantisch-lutherische) Arbeitsethos zurückgehen, gibt ebenfalls zu denken.[309]

Was also ist soziale Gerechtigkeit? In einer einerseits freiheitlichen, andererseits aber auch solidarischen, außerdem werteorientierten (christlichen) Gesellschaft muss wohl eine Balance gefunden werden aus Leistungs-, Verteilungs- und Bedarfsgerechtigkeit.[310] Also: wer viel leistet, soll etwas davon haben. Aber: auch wer weniger leistet (leisten kann), darf nicht allein gelassen, sondern muss unterstützt werden. Und jeder Mensch muss in seiner Eigenart geschützt und in seinen (Grund-)Bedürfnissen anerkannt werden.

Soweit dürfte das im Rahmen des bürgerlichen Konsenses sein, und unser Sozialstaat hat sich seit 1949 diesen Prinzipien verpflichtet gesehen, mit je nach wirtschaftlicher Entwicklung und politischen Mehrheiten unterschiedlicher Akzentuierung, aber stabiler Grundausrichtung.

---

[306] vgl. z.B. Gysi, Weder gleich noch gerecht, S. 49; Stegner, Wider die menschliche Natur, S. 164 ff.

[307] Nida-Rümelin, Spaltung der Gesellschaft, S. 125

[308] Werner, Einkommen für alle, S. 62

[309] Friedell, Kulturgeschichte, S. 238

[310] vgl. Opielka et. al., Grundeinkommen und Werteorientierungen, S. 64, S. 144

Einerseits gibt es eine breite gesellschaftliche Zustimmung zur Freiheit des Einzelnen, seinen Lebensstandard durch Leistung selbst zu bestimmen, andererseits stellt auch niemand in Frage, dass es einen grundlegenden Anspruch auf Nahrung, Kleidung etc. geben muss.

Für unsere Debatte wäre viel gewonnen, wenn die Einsicht vermittelt werden könnte, dass der Vorschlag eines bedingungslosen Grundeinkommens diesen gesellschaftlichen Konsens keineswegs verlässt, sondern vielmehr konsequent umsetzt. Denn wo ein Hartz IV-Empfänger heute quasi dazu eingeladen wird, sich in einer „sozialen Hängematte" einzurichten, weil er ja kaum etwas haben oder (dazu-)verdienen darf, um seine Ansprüche nicht zu verlieren, würde ihn ein (knapp bemessenes) bedingungsloses Grundeinkommen motivieren, eine Arbeit zu suchen und hinzuzuverdienen. Der Umverteilungseffekt besteht in beiden Modellen; wer soziale Gerechtigkeit also am Grad der Umverteilung misst, wird sich eher für die Höhe der Leistungen interessieren als für die Struktur. Worauf es aber eigentlich ankommt, ist die Effizienz der Umverteilung, weil hohe Effizienz die Kosten für die Leistungsträger gering hält, gleichzeitig aber den Nutzen für die Empfänger optimiert. Das bedingungslose Grundeinkommen hat gegenüber allen sozialstaatlichen Alternativen den Vorzug, dass es wirtschaftliche Effizienz und soziale Gerechtigkeit nicht gegeneinander austariert, sondern miteinander verbindet. Straubhaar nennt sie „das Yin und Yang des 21. Jahrhunderts".[311]

Zugespitzt lautet die Frage: Wenn wir sowieso einen großen Teil des Sozialprodukts für Transferzahlungen aufwenden, warum fördern wir dann mit diesen Zahlungen auch noch Leistungsfeindlichkeit, sozialen Unfrieden, Stigmatisierungen etc.?

---

[311] Straubhaar, Radikal gerecht, S. 117 f.; die FAZ bezeichnet Straubhaar deshalb als „Überläufer" vom Lager der Marktliberalen zu den Staatsgläubigen, FAS v. 23.3.2014, S. 26

Subsidiarität

Der Anspruch an eine soziale Gemeinschaft, die diesen Namen verdient, ist ein solidarisches Miteinander. Wer in Not ist, soll von den stärkeren Mitgliedern der Gemeinschaft Hilfe erfahren. Allerdings soll diese soziale, solidarische Unterstützung begrenzt sein auf diejenigen Hilfeempfänger, die sich nicht selbst helfen können. Auch soll sie auf das erforderliche Maß beschränkt sein.[312] Bezogen auf den Staat bedeutet dieses Subsidiaritätsprinzip, dass er sich bei allen seinen Eingriffen zu fragen hat, ob sie notwendig sind. Abraham Lincoln drückte das folgendermaßen aus: „Die Regierung hat für die Menschen das zu besorgen, wonach die Menschen ein Bedürfnis haben, was sie aber selbst … nicht tun können. … In all das, was die Menschen ebenso gut selber tun können, hat die Regierung sich nicht einzumischen".[313] Das gilt vor allem auch deshalb, weil der moderne, umverteilende Leistungsstaat ganz wesentlich auch Machtstaat ist, und weil er spätestens seit Bismarck Sozial- und Machtpolitik unauflöslich verknüpft hat.[314] Es gilt folglich, den Staat (bzw. die regierenden Parteien) daran zu hindern, dass sie zu Machtzwecken überflüssige Wohltaten verteilen. Denn Grundlage des modernen Sozialstaats sind, entsprechend der (protestantischen) Arbeitsethik, „Arbeit und Eigenleistung".[315]

Das Subsidiaritätsprinzip ist im Grunde *common sense*, und es gilt auf allen denkbaren Ebenen, auf denen Über- und Unterordnungsverhältnisse bestehen. Das ist der Hintergrund für unsere föderale Staatsverfassung sowie für die ebenfalls im Grundgesetz festgeschriebene kommunale Selbstverwaltung: was man vor Ort regeln kann, soll nicht ohne Not zentral entschieden werden. Das ist umgekehrt einer der Gründe für das Scheitern der sozialistischen Diktaturen, die sehr stark zentralisiert waren, weil sie den Menschen an der Basis systematisch misstraut haben, was deren Kreativität und letztlich auch Loyalität irre-

---

[312] vgl. zur theoretischen Begründung im Einzelnen Nell-Breuning, Baugesetze der Gesellschaft, S. 79ff.

[313] zitiert nach Nell-Breuning, Baugesetze der Gesellschaft, S. 88; s. auch Opielka, Paradoxon, S. 306 ff.

[314] vgl. Haverkate, Verfassungslehre, S. 267

[315] vgl. auch Straubhaar, Radikal gerecht, S. 75

parabel beschädigte. Schließlich ist die Nichtbeachtung des Subsidiaritätsprinzips auch ein Schlüssel zum Verständnis für das Scheitern vieler internationaler Konzerne, die dem lokalen Management Kompetenzen entziehen und einen allzuständigen Zentralvorstand quasi nach dem Vorbild des sowjetischen Politbüros etablieren.

Der Staat also, das ist die Quintessenz, soll nur regulieren, wenn die entsprechende Notwendigkeit nachgewiesen ist; erst recht soll er nur umverteilen, wo dies tatsächlich erforderlich ist. Zieht er qua Regulierung bzw. zwecks Umverteilung im Übermaß Entscheidungskompetenz an sich, führt dies zu Ineffizienz, lähmt private Initiative und schürt soziale Konflikte. Schon der römische Historiker Tacitus schrieb hierzu, bezogen auf die Endzeit der römischen Republik: „... nie waren die Gesetze zahlreicher als in dieser Zeit tiefster Verderbnis".[316]

Hieraus ergibt sich gegen das bedingungslose Grundeinkommen der Einwand, es erhöhe nicht nur insgesamt die Staatsquote, sondern greife auch umverteilend an vielen Stellen ein, wo dies gar nicht nötig sei, z.B. indem es einerseits Steuererhöhungen voraussetze, um andererseits auch jenen ein Grundeinkommen zu zahlen, die solche Unterstützung gar nicht brauchten. Die notwendige (Netto-) Umverteilung, so könnte man vor dem Hintergrund des Subsidiaritätsprinzips argumentieren, habe mit möglichst wenig (Brutto-) Transfer auszukommen; es sei falsch, wenn der Staat zunächst viel mehr einsammle, als er umverteilen wolle, um es dann an überwiegend nicht Bedürftige wieder auszuzahlen. Das hier zum Ausdruck kommende, insbesondere in liberalem Denken tief verankerte Misstrauen gegenüber dem Staat als Finanzakteur wird zweifellos ein wichtiger Aspekt in der Diskussion über das bedingungslose Grundeinkommen werden.

Andererseits muss das bedingungslose Grundeinkommen nicht zwingend im Konflikt mit dem Prinzip der Subsidiarität stehen, jedenfalls dann nicht, wenn man letzteres differenziert und seinem Sinn entsprechend anwendet. Zwar würde bei Einführung eines Grundeinkommens die Summe des Steueraufkommens steigen, ebenso der (Sozial-) Staatshaushalt, aber die Zahl der Eingriffe des Staates in Wirtschaft und

---

[316] „coruptissima republica, plurimae leges", Tacitus, Annalen, 3. Buch, 27. Kapitel

Gesellschaft wäre weit geringer als heute. Während sich die Sozialpolitik heute verzettelt, indem sie immer wieder korrigierend eingreift, um Fehlentwicklungen einzudämmen (häufig mit wenig Erfolg), anschließend dann zumeist auch die Korrekturen wieder korrigieren muss, so dass sich ein undurchdringliches Dickicht an intransparenten Regelungen entwickelt, wäre das bedingungslose Grundeinkommen einfach, transparent und frei von komplizierten Ausnahmen. Die Klarheit seiner Ausgestaltung würde kaum Raum für Ermessensspielräume lassen, so dass die Eingriffsmöglichkeiten der Exekutive faktisch viel geringer wären als im derzeitigen System, in dem über Millionen von Anträgen individuell und oft auch noch nach Kassenlage entschieden wird.

Das Subsidiaritätsprinzip hat, das wird oft verkannt, zwei Seiten. Einerseits soll der Staat dem Einzelnen nicht abnehmen, was dieser selbst besorgen kann; andererseits aber muss der Staat eingreifen, wo ein Mitglied der Gemeinschaft in Not ist und sich nicht selbst helfen kann. Schon etymologisch ist das offenkundig, stammt doch der Begriff Subsidiarität vom lateinischen subsidium = Hilfeleistung.[317] Fragt man nun, wie der Staat seine Eingriffe möglichst eng begrenzen kann, um beiden Aspekten des Subsidiaritätsprinzips gerecht zu werden, ist es zumindest eine vertretbare Alternative zum Status Quo, die höheren Gesamtbeträge in Kauf zu nehmen, um dafür die multiplen Leistungen samt all ihrer Ausnahmen durch ein einziges bedingungsloses Grundeinkommen zu ersetzen. Fordert man ferner, „die Bedingungen einer rationalen Umverteilungspolitik herauszuarbeiten, die das sachfremde Machtinteresse des umverteilenden Staates möglichst wenig zum Zuge kommen lässt",[318] ist die Überlegenheit des bedingungslosen Grundeinkommens gegenüber dem Flickenteppich der gegenwärtigen Sozialleistungen evident.

[317] vgl. auch Nell-Breuning, Baugesetze der Gesellschaft, S, 79

[318] Haverkate, Verfassungslehre, S. 269

Das „Zuzugsproblem"

Ein weiterer Einwand, mit dem sich die Idee des bedingungslosen Grundeinkommens auseinandersetzen muss, ist theoretisch und intellektuell eigentlich absurd, aber politisch und praktisch durchaus von einer gewissen Relevanz:

Würde nicht, so lautet er, ein bedingungsloses Grundeinkommen, das (nur) in Deutschland bestünde, zum Magneten für ein internationales, zumindest ein europäisches Prekariat werden? Würden wir dadurch nicht sozusagen eine sozialleistungsgetriebene Einwanderung schaffen, die jede Finanzierung, jede ökonomische Balance kollabieren ließe?

Dazu ist zunächst zu sagen, dass jedes Land, in dem sich gut leben lässt, eine gewisse Anziehungskraft auf Menschen ausübt, die in weniger gut organisierten Staaten leben (müssen). Ist das aber ein Grund, Deutschland nicht besser machen zu wollen? Brauchen wir Armut, damit uns die Süd- und Osteuropäer in Ruhe lassen? Das ist ein Argument aus Absurdistan!

Nun zeigt aber die seit den 1980er-Jahren mit bedauerlich wenig christlicher Nächstenliebe und Menschenrechtsorientierung geführte Debatte um politisches Asyl und Wirtschaftsflüchtlinge, dass das Schreckgespenst ungesteuerter Einwanderung gewaltige politische Kräfte mobilisiert. Deshalb ist es mit Blick auf die bevorstehende gesellschaftliche Auseinandersetzung zur Einführung des Grundeinkommens trotz allem notwendig, sich mit solcherlei Überfremdungsangst zu befassen.

Ist es also zu erwarten, dass das bedingungslose Grundeinkommen Einwanderungsschübe auslösen wird?

Nein! Nicht, wenn die Höhe auf das (soziokulturelle) Existenzminimum begrenzt wird. Denn dieses Existenzminimum bekommen legale Einwanderer auch jetzt schon. Es geht ja auch, wie schon mehrfach ausgeführt, gar nicht um mehr Transfer und höhere Zahlungen, sondern um Effizienz und strukturelle Qualität.

Deutschland ist auch heute schon attraktiv für Einwanderer, etwa aus süd- und südosteuropäischen Krisenstaaten, in denen extrem hohe Arbeitslosigkeit herrscht. Aber erstens kommen von dort überwiegend junge, gut ausgebildete und leistungsbereite Arbeitskräfte, die offenbar hierzulande sehr begehrt sind, und zweitens wäre für tatsächlich sozialleistungsmotivierte Einwanderung ein bedingungsloses Grundeinkommen gar nicht entscheidend attraktiver als der Status Quo, also Hartz IV.

Trotzdem mag man darüber nachdenken, den Bezug des bedingungslosen Grundeinkommens an Voraussetzungen zu knüpfen, die zumindest kurzfristig orientierte Zuzügler „ausbremsen", etwa durch eine Wartezeit, wenn der Leistungsbezieher seinen Wohnsitz nicht zu einem bestimmten Stichtag bereits in Deutschland hatte. Danach könnte man für einen längeren Zeitraum die Ansprüche von Zuwanderern auf das soziale Versorgungsniveau der Herkunftsländer begrenzen.[319]

Wirklich notwendig sind solche Massnahmen wahrscheinlich nicht, aber wenn es der Besänftigung irrationaler Ängste dient und damit die politische Umsetzung unseres Vorschlags befördert, sollte ein Kompromiss in dieser Richtung nicht von vorne herein ausgeschlossen werden.

Subventionierte Billiglöhne

Wir haben oben als einen wichtigen Vorzug des bedingungslosen Grundeinkommens herausgestellt, dass es Arbeit im Niedriglohnsektor, die zur Hartz IV-Aufstockung führt, attraktiv machen würde; denn wer bereits durch das Grundeinkommen über eine bestimmte Basis-Kaufkraft verfügt, kann seinen Lebensstandard durch jede (noch so schlecht bezahlte) Arbeit signifikant erhöhen. Statt wie derzeit niedrige Löhne durch Hartz IV aufzustocken, was als sozial sehr ungerecht empfunden wird, weil die Arbeit sich nicht lohnt, wenn der nicht arbeitende Nachbar unter dem Strich fast das gleiche Einkommen hat, würde dann das Grundeinkommen durch den Lohn „aufgestockt", aber eben nur bei dem, der auch arbeitet. Mindestlöhne, wie sie in jüngerer Vergangenheit erst nach langer Diskussion erkämpft wurden, wären bei Einführung des

---

[319] vgl. Straubhaar, Radikal gerecht, S. 98 f., auch zur EU-rechtlichen Zulässigkeit von Warteregelungen (Anm. 111)

Grundeinkommens entbehrlich. Das mag aus Sicht von Gewerkschaftern - auch aus Sorge um gewerkschaftliche Machtpositionen[320] - unerwünscht sein. Tatsächlich ist aber festzustellen, dass der Mindestlohn seine ihm zugewiesene Funktion, nämlich die Sicherung auskömmlicher, aufstockungsfreier Löhne, nicht erfüllen kann, weil er dazu viel höher sein müsste, als es die Produktivität erlaubt (vgl. dazu die Ausführungen oben zur „Lösung der Mindestlohnfrage"); das bedingungslose Grundeinkommen hingegen erfüllt diese Aufgabe, weil es an die Stelle bedürftigkeitsabhängiger „Aufstockung" ein bedürftigkeitsunabhängiges „Fundament" setzt.

Indes kann hiergegen sicherlich in Feld geführt werden, dass Niedriglöhne auf diese Weise durch das bedingungslose Grundeinkommen subventioniert würden; weil das Grundeinkommen niedrige Löhne attraktiv macht, so könnte man argumentieren, werden Unternehmer (noch) weniger zahlen müssen – im Endeffekt finanziert dann also der Steuerzahler eine künstliche Lohnsenkung, das bedingungslose Grundeinkommen wirkt „wie eine Lohnsubvention."[321]

Es wäre zu einfach, diese Bedenken allein mit dem Hinweis ausräumen zu wollen, auch Hartz IV in seiner heutigen Form habe solche Wirkungen. Zielführender ist ein Blick auf das Wesen von Sozialleistungen im Allgemeinen:

Jede Transferleistung hat unbestreitbar (auch) Einfluss auf die Verhandlungsbasis am Arbeitsmarkt. Dabei kann grundsätzlich davon ausgegangen werden, dass ein wirtschaftlich abgesicherter Bürger weniger Bereitschaft zeigen wird, schwere und unangenehme Arbeit zu Dumpinglöhnen zu verrichten, als jemand, dessen Überleben ausschließlich von seiner Lohnarbeit abhängt. Das Lohnniveau z.B. in China gibt Zeugnis hiervon. Insoweit haben staatliche Transferleistungen also eher einen Effekt, der die Verhandlungsmacht der Arbeitnehmer stärkt. Andererseits kann es freilich auch sein, dass ein niedriger Lohn, von dem allein man nicht leben kann, nur durch zusätzliche Sozialleistungen überhaupt verhandelbar wird. Wie sich solche gegenläufigen Wirkungen

---

320 s. Straubhaar, Radikal gerecht, S. 23

321 Roth, Kritik des BGE, S. 10, außerdem 15 ff.

zueinander verhalten werden, wenn ein bedingungsloses Grundeinkommen unser Sozialsystem vom Kopf auf die Füße stellt, lässt sich nicht in allen Nuancen prognostizieren. Wahrscheinlich ist aber, dass unbeliebte, schmutzige, schwere und gefährliche Arbeit eher teurer wird, wenn der wirtschaftliche Druck reduziert,[322] die Verhandlungsposition des Arbeitnehmers gestärkt wird, während Arbeit, die eigentlich als schön und sinnvoll empfunden wird, deren ökonomische Wertschöpfung aber für hohe Löhne nicht ausreicht (eben die Arbeit am Menschen, die der Rationalisierung unzugänglich ist, z.B. in der Erziehung, Pflege etc.), im Ergebnis tatsächlich zwar nicht billiger, aber doch auf dem gegenwärtigen Lohnniveau für die Betroffenen attraktiver würde. Wer will, mag darin eine versteckte Subvention erblicken, im Ergebnis sind jedenfalls alle absehbaren Wirkungen des bedingungslosen Grundeinkommens durchaus wünschenswert.

Finanzierung

Der am nächsten liegende, gleichzeitig aber wohl auch im politischen Meinungsbild schwerwiegendste Einwand gegen das bedingungslose Grundeinkommen betrifft die Finanzierung. Das ist einerseits typisch für moderne Industriegesellschaften, in denen politische Entscheidungen häufig in erster Linie finanzgetrieben sind. Andererseits muss sich ein Vorschlag, der durchgesetzt werden und nicht im Stadium einer Utopie steckenbleiben soll, selbstverständlich auch mit dieser Frage auseinandersetzen.

Hierzu schreibt der Nestor der katholischen Soziallehre, Oswald von Nell-Breuning:[323]

„Das Geld sollte ursprünglich den tauschwirtschaftlichen Prozeß erleichtern, vielleicht ihn im großen Stil überhaupt erst möglich machen, in Wirklichkeit aber stoßen wir derzeit ständig auf angeblich unüberwindli-

---

322 das erkannte schon im 18. Jahrhundert Joseph Charlier, Lösung des Sozialproblems, S. 145, als er bei Einführung des Grundeinkommens massive Lohnsteigerungen für „abstoßende und gefährliche Aufgaben" prognostizierte

323 Nell-Breuning, Arbeitet der Mensch zuviel?, S. 111ff.

che Finanzierungsschwierigkeiten. Wenn es zuträfe, daß das, was güterwirtschaftlich möglich ist, nicht auch finanzierbar ist, dann wäre die Erfindung des Geldes kein Fortschritt für die Menschheit gewesen, sondern dann hätte die Menschheit mit dieser Erfindung einen Rückschritt gemacht." Zwar könne etwas „im Augenblick wirklich nicht finanzierbar sein; wenn das der Fall ist, dann kann die Ursache nur darin liegen, daß wir Menschen diesen tauschwirtschaftlichen Prozeß und seine Abrechnung in Geld bisher oder in jüngster Zeit fehlerhaft organisiert haben; als Quittung für unsere Fehler haben wir dann jetzt diese Blockade durch angebliche oder wirkliche finanzielle Sperren, beispielsweise in Gestalt der Staatsverschuldung. ... Die rechte Schlussfolgerung daraus wäre, ... uns zu fragen, ... welche Fehler uns dabei unterlaufen sind ... . Hier stoßen wir auf zwei schwer zu behebende Schwierigkeiten. Die erste liegt darin, daß die Politiker es bei ihren Entscheidungen unmittelbar nicht mit der Güterseite der Dinge zu tun haben, sondern mit der Finanzseite. Beschlossen wird über den Haushalt. Das zwingt sie dazu, sich in erster Stelle mit den Haushaltsziffern zu befassen, anstatt von den Sachproblemen her zu denken, welche Lösung hier sachlich geboten wäre, und dann zu fragen, wer bezahlt es? Damit ist schon die zweite Schwierigkeit berührt, nämlich wie schwer es den Politikern fällt, denen, die das bezahlen sollen, das zu sagen; deshalb ist es eine ungeheure Versuchung für sie, die Maßnahmen so zu treffen und zu finanzieren, daß diejenigen, die es wirklich zahlen, ... es nicht merken."

Letztere Bemerkung Nell-Breunings erhellt unter anderem, warum das bedingungslose Grundeinkommen ein politisch so ungeheuer heißes Eisen ist. Denn eine derart fundamentale Umstellung des Sozialsystems lässt sich nicht machen, ohne dass Finanzierungsstrukturen transparent werden und in die öffentliche Diskussion geraten, von denen die breite Masse der Wähler bisher kaum etwas wusste. Der von Wiederwahl abhängige Mandatsträger mutet seinem Wähler nur ungern Opfer zu, lieber schon bürdet er die Lasten per Staatsverschuldung jenen auf, die bis auf weiteres nicht wählen dürfen. Und wenn sich Lasten nicht vermeiden lassen, dann versteckt man sie, so dass sie nach Art und vor allem nach Herkunft und Urheberschaft nicht erkennbar sind. Daher kommt vermutlich der Vorschriftendschungel im Steuerrecht, (auch) deshalb hatten vernünftige Vorschläge für vereinfachende Reformen bislang keinen Erfolg.

Wichtiger noch ist aber der erste Punkt: das „Denken von der Finanzierung her". Das Credo: „Man muss zuerst erwirtschaften, was man ausgeben will" ist uneingeschränkt richtig, soweit es sich auf private Haushalte bezieht, die qua Verschuldung über ihre Verhältnisse leben. Es führt aber in die Irre, wenn es bei grundlegenden Fragen der Staatsverwaltung die Finanzfrage ins Zentrum des Denkens stellt. Es führt beispielsweise unter Umständen in einem fatalen Umkehrschluss auch dazu, dass der Staat in Zeiten des Überschusses alles ausgibt, was er einnimmt, anstatt Reserven zu bilden. Nell-Breuning schlägt vor, umgekehrt vorzugehen. Er will die notwendigen oder sinnvollen Kosten und Investitionen ermitteln und dann fragen, wie die erforderlichen Mittel dafür bereitgestellt werden können. Der in der modernen Gesellschaft ständig lauernden Gefahr, die Grundrichtung der Politik undifferenziert von Finanzfragen diktieren zu lassen („durch die Anbetung des Geldes ist die Menschheit ausnahmslos und rettungslos verarmt", sagt Egon Friedell hierzu[324]) muss jedenfalls wirksam begegnet werden.

Es ist wohl einzuräumen, dass eine solche Vorgehensweise in der politischen Praxis nicht immer durchzuhalten ist; eine wenigstens graduelle Verschiebung in diese Richtung wäre aber angebracht und würde die Diskussion vieler kreativer politischer Ideen befruchten. Als „Totschlagargument" zur Abwürgung jeglicher Debatte sollte das Finanzierungsproblem jedenfalls nicht akzeptiert werden.

Der zweite, im Zusammenhang mit dem Finanzierungseinwand grundsätzlich zu erörternde Aspekt betrifft das unserem gesellschaftlichen und politischen Diskurs zugrundeliegende Menschenbild:

Selbst wenn es, so ließe sich argumentieren, auf der Basis heutiger Beschäftigungszahlen möglich wäre, das bedingungslose Grundeinkommen zu finanzieren, sei eine solche Kalkulation deshalb nicht tragfähig, weil die Einführung des Grundeinkommens verheerende negative Effek-

---

[324] Friedell, Kulturgeschichte, S. 634

te auf die Beschäftigung und damit auf die Finanzierungsbasis hätte. Denn denkbar wäre ja, dass gerade die Vorteile des bedingungslosen Grundeinkommens, insbesondere auch die Entstigmatisierung des Bezugs dieser neuen Leistung im Vergleich zum Hartz IV-Empfang, zu einer Welle der Bequemlichkeit führen würde, dass sich also die Balance zwischen Leistungsträgern und Sozialleistungsempfängern nicht nur deshalb verschlechtern würde, weil alle (statt nur einer Minderheit) Empfänger wären, sondern weil sich auch viele entscheiden würden, nicht mehr leisten zu wollen, wenn sich so angenehm und ohne jedes Stigma ohne Arbeit leben lässt. In diesem Fall wäre eine Kalkulation zur Finanzierung des bedingungslosen Grundeinkommens, die von derzeitigen Arbeitsmarktdaten ausgeht, obsolet. Für diejenigen, die noch Transferleistende, also „Nettozahler" sind, würde es immer teurer, das Grundeinkommen zu finanzieren; deshalb würde der Anreiz, auf die Seite der „Nettoempfänger" zu wechseln, immer stärker. Es wäre zu fragen, wie viele derzeit Arbeitende die Seiten wechseln, also Leistung verweigern könnten, bevor das System kollabiert. Diesen Punkt, an dem eine Entwicklung, die zunächst langsam und nahezu unbemerkt verläuft, plötzlich und scheinbar unvorhersehbar dramatische Entwicklungen auslösen kann, hat Malcolm Gladwell in seinem gleichnamigen Bestseller „The Tipping Point" genannt.

Es besteht aber die begründete Erwartung, dass die Einführung des bedingungslosen Grundeinkommens eine solche, schädliche Entwicklung gar nicht erst in Gang setzen würde; vielmehr darf davon ausgegangen werden, dass das Gegenteil geschehen würde, dass also nicht weniger, sondern mehr geleistet würde, weil Leistungsblockaden, die heute bestehen, wegfallen würden. Arbeiten, die sich heute nicht lohnen, Leistungen, die heute unökonomisch sind, würden durch ihre grundeinkommensaufstockende Wirkung interessant. Andere, z.B. viele ehrenamtliche Tätigkeiten, würden überhaupt erst ermöglicht. Umgekehrt, so die begründet optimistische Prognose der Befürworter des bedingungslosen Grundeinkommens, wäre eine neue Faulheitswelle kaum zu befürchten, auch weil die allermeisten Menschen gerade nicht nur des Geldes wegen arbeiten, sondern weil der Wunsch, etwas zu leisten, dem menschlichen Wesen immanent ist.[325]

Es ist nicht zu bestreiten, dass alle diese Überlegungen ein spekulatives Element haben. Genau wissen werden wir es erst, nachdem wir es ausprobiert haben. Und dass das so ist, wird in der langwierigen Debatte, die in dieser Sache zu bestreiten ist, immer wieder Wasser auf die Mühlen der Skeptiker tragen. Aber fragen muss man schon, ob mit einem Menschenbild, das von kollektiver Leistungsfeindlichkeit und einer parasitären Grundeinstellung ausgeht, die Zukunft zu gestalten ist.

---

[325] vgl. Werner, Ein Grund für die Zukunft, S. 29f.

Die Geschichte der Idee

Die Idee des bedingungslosen Grundeinkommens ist nicht neu. Sie stammt weder vom Verfasser dieses Textes noch von ihren prominenten (modernen) Protagonisten wie Thomas Straubhaar, Rutger Bregman, Götz Werner, Katja Kipping oder Michael Opielka. Sie ist wohl auch ohnehin nicht einfach „erfunden" worden, sondern hat sich über einen sehr langen Zeitraum entwickelt, kann folglich auch niemandem exklusiv zugerechnet werden.[326]

So lohnend es auch wäre, die Geschichte dieser großen Idee vollständig zu erarbeiten und nachzuzeichnen, kann es doch nicht Aufgabe einer an der Praxis, am konkreten politischen Anliegen orientierten Arbeit sein, dieses dicke Brett zu bohren; zu weit liegen die Ursprünge zurück, zu vielfältig sind die Verzweigungen der Diskussion.

Andererseits ist die Geschichte der Idee zu wichtig sowohl für das Verständnis ihrer selbst als auch für den Umgang mit den Schwierigkeiten, denen sie in der politischen Realität begegnet, als dass auf einen halbwegs systematischen Rückblick ganz verzichtet werden könnte. Die folgende Darstellung ist aber nicht nur ausdrücklich summarisch, sondern auch bewusst unvollständig und in ihren Wertungen und Akzentuierungen angreifbar.

Ethische Grundlagen

Die Vorstellung, der Mensch habe, einfach weil er Mensch sei, einen Anspruch auf das, was er zum Leben braucht, ohne sich dafür durch Leistung oder Nützlichkeit zu qualifizieren, ist im Wesentlichen christlichen Ursprungs. Bevor Jesus Christus Barmherzigkeit und Nächstenliebe forderte („Liebet Eure Feinde", Mt 5,44), war menschliche Solidarität nur innerhalb enger sozialer Gruppen üblich. Die Fürsorge einer Mutter war schon immer „in keiner Weise davon abhängig, was das Kind für sie tut, und auch nicht von irgendeiner Verpflichtung, die das Kind ihr

---

[326] vgl. zur Geschichte der Idee auch Vanderborght/van Parijs, Grundeinkommen, S. 14 ff.

gegenüber hätte. Sie (war) bedingungslos".[327] Die Familie, die Sippe hielt zusammen, auch noch das Dorf und der Stamm (das Volk), aber alle Außenstehenden wurden prinzipiell als Feinde betrachtet.[328] Wer nicht „durch die Bande von Blut und Boden vertraut" war, wurde „voller Argwohn angeschaut, und bei der geringsten Provokation (konnte) es zu paranoiden Wahnvorstellungen kommen".[329] Dieses ingroup/outgroup-Verhalten, auch als Gentilismus bezeichnet, folgt dem Prinzip des genetischen Eigennutzes,[330] Nationalismus und chauvinistischer Patriotismus sind seine Ausprägungen. Folgerichtig fand in der Antike niemand etwas dabei, wenn besiegte Völker massakriert oder versklavt wurden. Die Eroberung Trojas in der Ilias ist nach unseren Maßstäben ein Völkermord, wird von Homer aber als Heldentat geschildert, die großen griechischen Philosophen haben gegen Sklaverei nichts einzuwenden, und auch das Alte Testament enthält verstörend gleichmütige Schilderungen von Hass und Gewalt. Das christliche „Selig sind die Armen" ist der antiken Vorstellungswelt offenbar grundsätzlich fremd.[331] Dabei hat die Haltung, sich als Gruppe zusammenzuschließen, (auch) weil der Einzelne allein nicht (über-) lebensfähig wäre, aber alle anderen, alle Fremden auszuschließen, im Übrigen auch viel vom Bild des modernen homo oeconomicus, der nützliche Bündnisse schließt, aber letztlich ein nur am Eigeninteresse orientierter Soziopath ist.[332]

Die Lehre Jesu Christi geht über solcherlei Sippensolidarität und Zweckbündnisse weit hinaus: er zielt nicht auf einen *homo oeconomicus*, sondern viel eher auf einen *homo socialis*[333] und auf einen *homo empathicus*.[334] Erstmals in der Geschichte bekommt im Neuen Testament das Menschsein an sich einen Wert, der Mensch erscheint als

---

[327] Fromm, Wege aus einer kranken Gesellschaft, S. 40

[328] vgl. Friedell, Kulturgeschichte, S. 98

[329] Fromm, Wege aus einer kranken Gesellschaft, S. 56

[330] Angenendt, Toleranz und Gewalt, S. 24f.

[331] vgl. Angenendt, Toleranz und Gewalt, S. 584

[332] Schirrmacher, S. 29, vgl. auch Fromm, Wege aus einer kranken Gesellschaft, S. 71

[333] vgl. Collier, Sozialer Kapitalismus, S. 48

[334] Rifkin, Empathische Zivilisation, S. 17 ff.

Subjekt, mit einem unveräußerlichen Anspruch auf Zuwendung. Denn im Gleichnis vom barmherzigen Samariter (Lk 10, 30-35) ist es eben ausgerechnet ein Fremder, der sich um den überfallenen Juden kümmert. Dabei wird keineswegs geleugnet, dass es (etwa innerhalb einer Familie) besondere menschliche Beziehungen gibt, die ein besonderes Maß an Verantwortung begründen;[335] aber ein gewisser Mindeststandard obliegt uns gegenüber allen Menschen. Dass die christliche Realität (sozusagen das „real existierende Christentum") hinter solchen Ansprüchen über viele Jahrhunderte hinweg weit zurückgeblieben ist, tut hier nichts zur Sache; denn nicht um menschliche Unzulänglichkeit geht es hier, sondern um den gewaltigen ethischen Fortschritt, der im Neuen Testament angelegt wird.

Die Forderung, man solle barmherzig sein gegenüber dem Nächsten, ist für antike Verhältnisse ebenso unerhört, wie sie prägend ist für unseren modernen Sozialstaat mit seiner weitgehenden Ausformulierung von Menschenrechten. Die Frage, welche konkreten Ansprüche der Einzelne gegenüber der Gemeinschaft hat (und umgekehrt), ist damit freilich noch nicht beantwortet.

Auf die verunglückte Rezeption des Paulus-Zitats: „Wer nicht arbeiten will, der soll auch nicht essen" aus dem zweiten Brief an die Thessalonicher (3,10) ist schon verschiedentlich hingewiesen worden. Natürlich predigt Paulus hier keinen Sozialdarwinismus, selbstverständlich will er Jesu Gebot der Barmherzigkeit und Nächstenliebe nicht relativieren oder gar auf „nützliche" Mitglieder der Gemeinde beschränken. Insofern kommt dem Wort „will" am Ende des ersten Halbsatzes, das aus Gründen der politischen Tendenz in manchem Zitat unterschlagen wird, eine wichtige Bedeutung zu.

Klar dürfte insofern also sein, dass jene, die arbeiten wollen, aber nicht können (wegen Krankheit) oder nicht dürfen (wegen Arbeitslosigkeit) nach christlichem (paulinischem) Verständnis einen Anspruch auf Solidarität haben. Da aber das bedingungslose Grundeinkommen auch demjenigen zustehen soll, der ausdrücklich nicht arbeiten will, bleibt trotz allem ein scheinbarer Widerspruch zum Paulus-Brief. Auch wäre

---

[335] vgl. Häring, Das Gesetz Christi, Bd. I, S. 339

ein „Recht auf Faulenzen" kaum vereinbar mit dem christlichen Gebot, die uns von Gott geschenkten Kräfte zum Wohl unser selbst sowie unserer Mitmenschen einzusetzen.[336] Aber dieses Gebot zielt eben nicht (nur) auf Erwerbsarbeit, sondern ebenso auf viele andere sozial erwünschte Tätigkeiten, und vor allem ist es nicht verknüpft mit einer direkten wirtschaftlichen Sanktion im Sinne von „soll auch nicht essen". Ohne zu sehr ins fremde Feld der Theologie abzugleiten, sei außerdem darauf hingewiesen, dass der zweite Thessalonicher-Brief im Kontext der seinerzeit verbreiteten Erwartung steht, die Endzeit (die Wiederkunft Christi) stehe unmittelbar bevor, weswegen offenbar manche Mitglieder der Gemeinde die Arbeit eingestellt hatten.[337] Das Wort des Paulus zu instrumentalisieren, um das bedingungslose Grundeinkommen der christlichen Lehre zu entfremden, ist jedenfalls verfehlt, zumal Jesus selbst keineswegs ein besonderes Gewicht auf Erwerbsarbeit gelegt hat, sondern vielmehr spirituelle Prioritäten hatte („Mein Reich ist nicht von dieser Welt", Joh 18,36).[338]

Indes ergibt sich die Verpflichtung der Gesellschaft, allen ihren Mitgliedern (eine gewisse) Teilhabe am gesellschaftlichen Wohlstand zu ermöglichen, auch aus (natur-)rechtlichen Erwägungen. So haben Charles Fourier[339] (1772-1837) und Joseph Charlier[340] (1816-1896) darauf hingewiesen, dass die moderne Zivilisation dem Menschen sein natürliches Recht zum Jagen, Fischen und Sammeln genommen bzw. diese Rechte stark reglementiert habe; dafür schulde die Gesellschaft dem Einzelnen einen Ausgleich, also eine Art Grundversorgung, für die keine Gegenleistung verlangt werden dürfe.[341] Sogar der wirtschaftsliberale Urvater Adam Smith sprach im übrigen von „jenem ursprünglichen Zustande, der sowohl der Bodenaneignung wie der Kapitalienansammlung

---

[336] vgl. Nell-Breuning, Arbeitet der Mensch zuviel?, S. 38f.

[337] vgl. auch Götz Werner unter Berufung auf Eugen Biser in Werner, Einkommen für Alle, S. 60f.

[338] vgl. hierzu auch Friedell, Kulturgeschichte, S. 239.: „Es ist daher die größte Blasphemie, die man gegen Jesus begehen kann, wenn man ihn in eine Reihe mit jenen Zwerggeistern stellt, die die Menschheit auf nationalökonomischem Wege erlösen wollten."

[339] vgl. Fourier, Brief an den Justizminister, S. 112 ff.

[340] vgl. Charlier, Lösung des Sozialproblems, S. 141 ff.

[341] s. Althaus/Binkert, Solidarisches Bürgergeld, S. 31f.

vorhergeht," in dem „das ganze Arbeitsprodukt dem Arbeiter" gehört.[342] Schon vor Fourier und Charlier zur Diskussion gestellt hatte die Idee eines entsprechenden Ausgleichs Thomas Paine (1737-1809), der aus England stammte, aber sowohl an der amerikanischen als auch an der französischen Revolution teilnahm und wegen seiner fortschrittlichen Ideen als Ehrenbürger Frankreichs in den Nationalkonvent gewählt wurde. Er schlug in dieser Funktion faktisch bereits ein Grundeinkommen vor, nämlich die (einmalige) Zahlung von 15 Livre Sterling an jede Person über 21 Jahren sowie die jährliche Zahlung von 10 Livre Sterling an alle über 40 Jahre.[343] Begründet hat Paine diesen Vorschlag mit dem Hinweis, es gelte die unvermeidlichen negativen Begleiterscheinungen der (unumkehrbaren[344]) Zivilisation zu kompensieren, die darin bestünden, dass die Schere zwischen Armen und Reichen automatisch auseinanderginge.[345] Ursache ist laut Paine insbesondere das territoriale Eigentum, also das Eigentum an Grund und Boden, das zivilisationsbedingt entstanden sei und eine ausgleichspflichtige Ungerechtigkeit darstelle. „Es ist eine unbestreitbare Wahrheit, dass die Erde, bevor sie kultiviert wurde, das gemeinsame Eigentum des Menschengeschlechts war. ... er (der Mensch) hat nicht das Recht, auch nur über den geringsten Teil davon wie ein ... permanentes Eigentum zu verfügen. Niemals hat der Schöpfer ein Privilegienbüro geschaffen, aus dem der erste Anspruch dieser Art hervorgehen könnte".[346]

Aus diesem Grund will Paine seinen nationalen Fonds zur Finanzierung des Grundeinkommens auch durch eine Grundsteuer (sowie durch eine

---

[342] Smith, Wohlstand der Nationen, 1. Buch, 8. Kapitel, S. 115

[343] Paine, Grundeinkommen, S. 132; s. zum Vergleich Paine, Agrarische Gerechtigkeit, S. 85, wo die Altersgrenze bei 50 Jahren liegt

[344] vgl. Paine, Agrarische Gerechtigkeit, S. 82: „... es ist nicht möglich, aus dem zivilisierten in den natürlichen (Zustand) überzugehen."

[345] Paine, Grundeinkommen, S. 130; an anderer Stelle schreibt Paine: „Es ist unrecht zu sagen, dass Gott Reiche und Arme machte; er schuf nur Mann und Weib und gab ihnen die Erde zu ihrem Erbe", Paine, Agrarische Gerechtigkeit, S. 81

[346] Paine, Grundeinkommen, S. 131; dem Engländer Paine mag hier auch die „Einhegungsbewegung" in England vor Augen gestanden haben, eine „Revolution der Reichen gegen die Armen", vgl. Rifkin, Null-Grenzkosten, S. 51, die ab dem 16 Jahrhundert die Bauern von ihrem Land vertrieben hatte

Erbschaftssteuer[347]) finanzieren, als Ausgleichszahlung der Grundbesitzer an die faktisch enteigneten ursprünglichen Miteigentümer.[348] Eine ähnliche Argumentation findet sich bei Thomas Spence, für den der Boden ebenso wie das Recht an „der Luft, dem Licht oder der Sonnenwärme"[349] allen Menschen zu gleichen Teilen gehört, deshalb im öffentlichen Eigentum verbleiben und nur verpachtet werden kann; mit dem Pachtzins wiederum will Spence die Armen versorgen.[350]

Manches von diesen Ideen findet sich im Übrigen auch in dem Prinzip der Sozialbindung des Eigentums wieder, das eben nicht unumschränkt geschützt werden soll, sondern, in engem Zusammenhang mit dem Sozialstaatsprinzip, auch dem Gemeinwohl zu dienen hat (Art. 14 Abs. 2 bzw. Art 15 GG). Sowohl Paine als auch das Grundgesetz wenden sich hier gegen jenen modernen „Besitzindividualismus",[351] den der homo oeconomicus auf die Spitze treibt, dem aber jede ethische Legitimation fehlt; Paul Lafarge spricht von der „kapitalistische(n) Moral" als einer „jämmerliche(n) Karikatur der christlichen Moral".[352] Oder, um wieder einmal Erich Fromm zu Wort kommen zu lassen: „Die Idee von der Gleichheit der Menschen, von der Heiligkeit des Lebens und vom Recht aller auf ihren Anteil an den Früchten der Natur fand (ihren) Ausdruck in den Ideen des Naturrechts, des Humanismus, der Aufklärungsphilosophie und in den Zielsetzungen des demokratischen Sozialismus. Allen diesen Ideen gemeinsam ist die Vorstellung, daß alle Menschen Kinder der Mutter Erde sind und ein Recht darauf haben, von ihr ernährt zu werden und glücklich zu sein, ohne zuvor dieses Recht durch Leistungen von bestimmtem Rang nachweisen zu müssen".[353]

Auch der Begründer des Liberalismus und entschiedene Verfechter des Privateigentums, John Locke, gab übrigens zu, dass die Erde im Natur-

---

[347] Paine, Agrarische Gerechtigkeit, S. 87 f.

[348] Paine, Grundeinkommen, S. 132

[349] Spence, Gemeineigentum, S. 27

[350] Spence, Gemeineigentum, S. 28; s. auch Spence, Die Rechte der Kinder, S. 102 ff.

[351] vgl. Böckenförde, Kirchlicher Auftrag und politisches Handeln, S. 221

[352] Lafargue, Recht auf Faulheit, S. 157 f.

[353] Fromm, Wege aus einer kranken Gesellschaft, S. 54f.; vgl. auch Offe, Grundeinkommen, S. 465

zustand allen Menschen gemeinsam gehörte,[354] und jeder sich ihre Früchte „aneignen" konnte.[355] Das Recht auf Eigentum, insbesondere der Besitz von Grund und Boden, ist bei Locke denn auch dahingehend begrenzt, dass der Besitzer zur Nutzung verpflichtet war; liess er sein Land brach liegen, „so war dieser Teil der Erde, ungeachtet seiner Abgrenzungen, noch als herrenlos zu betrachten und konnte von einem anderen in Besitz genommen werden."[356]

Utopie und politisches Programm

Man mag es kaum glauben, aber was der damalige englische Lordkanzler (unter Heinrich VIII.) Thomas Morus (1478-1535) in seinem berühmten, 1517 erschienenen Buch Utopia vorschlägt, kommt dem bedingungslosen Grundeinkommen verblüffend nahe:

Zunächst betrachtet Morus[357] das seinerzeit geltende englische Strafrecht, das besonders drakonische Strafen für Eigentumsdelikte vorsah, ohne dass Diebstähle deswegen seltener wurden. Das sei einerseits nicht gerecht, denn „ein einfacher Diebstahl ist kein so gewaltiges Verbrechen, dass es den Kopf kosten müsste", andererseits sinnlos, denn „keine Strafe ist schwer genug, um die Leute von Diebereien abzuhalten, die kein anderes Gewerbe haben, um ihr Leben fristen zu können", weshalb der Staat „vielmehr Vorsorge treffen sollte, dass sie irgendein Auskommen finden, damit keiner in die Zwangslage gerät, zuerst stehlen und dann sterben zu müssen." Der Humanist Juan Luis Vives, der Thomas Morus offenbar persönlich kannte, ergänzte 1530 in seiner Schrift *„De Subventione pauperum"* , der Mensch könne keine höheren ethischen Standards und Selbstansprüche entwickeln, wenn er in Not gehalten werde.[358] Allerdings meint Vives, ganz in der paulinisch-aqui-

---

[354] Locke, Regierung, II. § 26, S. 216; dazu Rousseau: „Aus der Bebauung des Bodens folgte notwendigerweise seine Aufteilung ...", Ungleichheit, S. 86

[355] Locke, Regierung II. § 28, S. 217

[356] Locke, Regierung II. § 38, S. 224

[357] Morus, Utopia, Ziff. II.5 b)

[358] zitiert nach Keck, Fürsorge im Wandel, S. 115, 165

nischen Tradition, auch eine Arbeitspflicht der Bedürftigen postulieren zu müssen, weil das Nichtstun sonst schnell zu einer Lebenseinstellung werden könne.[359]

Später im Utopia-Text fordert Morus konkret einen „Markt für Waren aller Art. Dort werden in bestimmte Gebäude die Erzeugnisse aller Familien zusammengebracht, und die einzelnen Warengattungen werden gesondert auf die Speicher verteilt. Aus diesen wieder fordert jeder Familienälteste an, was er selbst und die Seinigen brauchen, und erhält ohne Bezahlung, überhaupt ohne jegliche Gegenleistung, alles, was er verlangt. Warum nämlich sollte man ihm etwas verweigern, da doch alles im Überfluss vorhanden ist und keinerlei Befürchtung besteht, es könne einer mehr fordern, als er braucht? Denn wie sollte man annehmen, es könne einer Überflüssiges verlangen, der die Gewissheit hat, dass ihm niemals etwas fehlen wird? Begierig und räuberisch macht ja alle Lebewesen nur die Furcht vor Entbehrung oder aber den Menschen allein noch der Hochmut …“.[360]

N.B: Das eigentlich utopische an dieser Konzeption, nämlich der Überfluss, ist in modernen westlichen Gesellschaften mittlerweile erreicht. Selbst global betrachtet ist wirkliche Armut seit 200 Jahren auf dem Rückzug: so lebten um 1820 noch 84 % (!) der Menschen weltweit in extremer Armut (also unmittelbar an der Grenze zum Verhungern), inzwischen liegt dieser Wert bei ca. 10 %.[361] Tatsächlich leiden mittlerweile mehr Menschen unter Fettleibigkeit als unter Hunger![362] Was uns im Wesentlichen fehlt, ist, wie Erich Fromm schrieb, die Entwicklung von der „Psychologie des Mangels“ zur „Psychologie des Überflusses“.[363] Die Psychologie des Mangels, die in der Menschheitsgeschichte immer vorherrschte, weil eben Mangel war, erzeugt Angst, Neid und Egoismus; sie zwingt den Einzelnen, zuerst an sich und seine Sippe zu denken,

---

[359] vgl. Keck, Fürsorge im Wandel, S. 159

[360] Morus, Utopia, Ziff. III.9

[361] vgl. Bregman, Utopien, S. 9

[362] Bregman, Utopien, S. 13

[363] s. Fromm, Psychologische Aspekte zum garantierten Einkommen, S. 310 f.; s. auch Rifkin, Null-Grenzkosten, S. 24, der meint, die „auf Knappheit gegründete Ökonomie (mache) langsam einer Ökonomie des Überflusses Platz“

sich in Konkurrenz zu anderen zu sehen und immer mehr Eigentum und Macht anhäufen zu wollen. Eine Psychologie des Überflusses hingegen erzeugt Initiative, Glaube an das Leben und Solidarität. Wenn die Menschen wissen, dass genug für alle da ist, braucht niemand ängstlich oder missgünstig zu sein. Da nun aber kollektiv-psychologische Veränderungen sehr lange brauchen, hält die Weiterentwicklung unserer inneren Einstellungen nicht Schritt mit der wirtschaftlichen Entwicklung. Während wir schon seit Jahrzehnten (in den westlichen Industriestaaten) keinen wirklichen Mangel mehr leiden, sind wir noch immer in der Psychologie des Mangels gefangen. Deshalb „sind viele Menschen nicht einmal imstande, neue Ideen wie die eines garantierten Einkommens zu begreifen, denn traditionelle Ideen werden gewöhnlich von Gefühlen bestimmt, die ihren Ursprung in früheren Gesellschaftsformen haben."[364]

---

[364] Fromm, Psychologische Aspekte zum garantierten Einkommen, S. 310

Konkrete Vorschläge und Ansätze zur Einführung

Gemessen daran, dass das bedingungslose Grundeinkommen in weiten Teilen der Öffentlichkeit entweder gar nicht wahrgenommen oder aber für eine sozialromantische Spinnerei gehalten wird, gibt es schon seit längerer Zeit und in vielen Ländern erstaunlich differenzierte und weit fortgeschrittene Diskussionen zu dem Thema.

In Deutschland gab es immerhin bereits 2010 im Zusammenhang mit einer privaten Petition eine öffentliche Anhörung im Bundestag; in der CDU beschäftigte sich eine Kommission mit dem Modell von Dieter Althaus,[365] die Grünen diskutieren seit Jahren kontrovers, die Piraten-Partei hatte den Vorschlag im Wahlprogramm für die Bundestagswahl 2013. Entsprechende Debatten gibt es parallel auch in Österreich, der Schweiz,[366] Luxemburg und Spanien, und in Frankreich hat immerhin der ehemalige Außenminister de Villepin ein Grundeinkommen i.H.v. EUR 850,- vorgeschlagen. Bereits 1967 untersuchte eine Kommission im Auftrag von Präsident Johnson, der den „Krieg gegen die Armut" ausgerufen hatte,[367] die Möglichkeit eines bedingungslosen Grundeinkommens für die USA, mit durchaus ermutigenden Ergebnissen, allerdings ohne dass hieraus konkrete politische Initiativen entstanden wären. Und schließlich gibt es verschiedene international vernetzte Initiativen zur Förderung des bedingungslosen Grundeinkommens, insbesondere das „Basic Income Earth Network (BIEN)".[368]

Während man aber mit Blick auf die Bundesrepublik Deutschland und viele andere moderne Industriestaaten einräumen muss, dass die Idee des bedingungslosen Grundeinkommens bislang nicht wesentlich über den Status einer Utopie hinausgekommen ist, gibt es konkrete Ansätze zu seiner Verwirklichung teilweise ausgerechnet in Ländern, von denen man eine Vorreiterrolle in sozialen Fragen eher nicht erwartet hätte, z.B.

---

[365] vgl. Althaus/Binkert, Solidarisches Bürgergeld, S. 7

[366] in der Schweiz gab es inzwischen immerhin eine Volksabstimmung über die Einführung des Grundeinkommens, allerdings mit negativem Ausgang

[367] vgl. Bregman, Utopia, S. 45

[368] www.basicincome.org

in Namibia und dem Iran, aber auch in Brasilien oder dem US-Bundes-
staat Alaska.

Alaska

1976 wurde per Volksentscheid entschieden, den Ölreichtum des Staates Alaska in einem Fonds („Alaska Permanent Fund") zu verwalten und
aus diesem Fonds jährliche Dividenden an jeden Einwohner des Landes
auszuzahlen, der einen entsprechenden Antrag stellt. Die Höhe der
Ausschüttungen richtet sich nach der Wertentwicklung des Fonds,
schwankt erheblich und ist nicht ausreichend, um als existenzsichern-
des Grundeinkommen zu gelten; z.B. betrug die Dividende im Jahr
2008 $ 2.069, im Jahr 2012 jedoch nur $ 878 pro Person.[369]

Bemerkenswert ist aber, unabhängig von der Höhe der Zahlungen, dass
hier dem Prinzip gefolgt wird, an den Früchten (hier: Bodenschätzen)
des Landes alle Bürger teilhaben zu lassen, gleichermassen und bedingungslos. Das folgt, vermutlich ohne dass sich die Entscheidungsträger
an Thomas Paine erinnerten, dessen Argumentation zu dem ursprünglichen Miteigentum am Grund und Boden, für das die Gesellschaft den
Enteigneten einen Ausgleich schuldet.[370]

Namibia

Es ist erstaunlich genug, dass in einem im Vergleich zu Deutschland
bettelarmen Land wie Namibia überhaupt eine Diskussion über ein bedingungsloses Grundeinkommen (Basic Income Grant, im folgenden
„BIG") entstehen konnte. Noch überraschender ist aber, dass es in Namibia nicht bei einer nur theoretisch geführten Debatte geblieben ist,

---

[369] Bergmann, BGE, S. 41

[370] vgl. Paine, Grundeinkommen, S. 132

sondern bereits erste konkrete Schritte zur Einführung unternommen wurden.[371]

Namibia ist zweieinhalb Mal so groß wie Deutschland, hat aber kaum mehr als 2 Mio. Einwohner. Das Durchschnittsalter liegt bei 21 Jahren, die Lebenserwartung bei 51 Jahren. Namibia ist, durchaus nicht ungewöhnlich für unterentwickelte afrikanische Staaten, ein Land extremer Einkommensunterschiede. Es gibt in den großen Städten eine wachsende Zahl gutverdienender Angestellter, aber auch 30-40% Arbeitslose, und ein einfacher Landarbeiter verdient häufig nicht mehr als 300 namibische Dollar (ca. 30 Euro) im Monat.

Mit Blick auf diese Armutsproblematik schlug die nationale Steuerkommission Namibias 2002 ein steuerfinanziertes, garantiertes Grundeinkommen vor; jeder Namibier sollte monatlich 100 namibische Dollar (ca. 10 Euro) erhalten, was ca. 3% des Bruttoinlandsproduktes kosten würde. 2007 entschied die sog. „BIG-Koalition", ein Zusammenschluss von Kirchen, NGOs etc., das BIG (spendenfinanziert) in einem Pilotprojekt zu testen. Die Wahl fiel auf die nahe beieinander liegenden Orte Otjivero und Omitara, etwa auf halber Strecke zwischen Windhoek und Gobabis, besonders arm und betroffen von hohen Kriminalitätsraten.

Zu einem bestimmten Stichtag wurden 930 Einwohner festgestellt und als bezugsberechtigt definiert. Wer später kam, erhielt kein BIG, um das „Zuzugsproblem" zu vermeiden. Ab 2008 wurden dann monatlich 100 namibische Dollar an jeden dieser registrierten Einwohner ausgezahlt. 2010 wurde der Betrag wegen knapper Mittel auf 80 Dollar gekürzt, das Projekt aber auf unbestimmte Zeit verlängert.

Nach den Feststellungen von Monika Lenz, die sich auf Reports der BIG-Koalition stützt, aber auch vor Ort war und mit Betroffenen und umliegenden Farmern gesprochen hat, sind die Folgen des BIG in allen drei zentralen Beobachtungsbereichen, nämlich Arbeit, Bildung und Kriminalität, positiv. So ist die Arbeitslosigkeit erheblich zurückgegangen; einige Bewohner von Otjivero-Omitara haben das BIG genutzt, um

---

[371] die Darstellung folgt im Wesentlichen dem Buch von Monika Lenz/Christopher Ray, „Das bedingungslose Grundeinkommen – eine Chance zum Leben"; vgl. aber auch Bergmann, BGE, S. 42 f.

nach Windhoek zu gehen, dort eine Arbeit zu finden und ihre Familie von dort aus zu unterstützen, andere haben kleine Unternehmen gegründet (Schneidereien, Backstuben, Handelsgeschäfte), für die das BIG eine notwendige Anschubfinanzierung war.

Während vor Start des Projekts trotz in Namibia geltender Schulpflicht nur etwa 30% der Kinder zum Unterricht erschienen waren, wurden Schulverweigerer durch BIG zur Ausnahme. Die Zahl der Schulabbrecher sank massiv, viele Schüler schafften es sogar auf weiterführende Schulen.

Die von Otjivero-Omitara ausgehende Kriminalität nahm signifikant (um etwa ein Drittel) ab. Gleichzeitig scheint das BIG allerdings Straftäter von außerhalb angezogen zu haben, offenbar weil der relative Wohlstand des Ortes für Kriminelle anziehend wirkt; diese negative Begleiterscheinung hat aber damit zu tun, dass es sich um ein (kleines) Pilotprojekt handelt; bei flächendeckender Einführung, so die Erwartung, würde der Effekt verschwinden.

Iran

Noch verblüffender als das BIG in Namibia ist aber das Folgende: ausgerechnet der „Schurkenstaat" Iran, der seine Bevölkerung unterdrückt und seine Nachbarn mit militärischer Gewalt bedroht, der demokratische Freiheitsrechte mit Füßen tritt – ausgerechnet der Iran hat schon Ende 2010 ein (partielles) bedingungsloses Grundeinkommen eingeführt. Seither erhält jeder Iraner, der einen entsprechenden Antrag stellt (schon nach wenigen Wochen hatten das über 80% der Berechtigten getan), umgerechnet 40 US-Dollar pro Monat, was etwa zwei Dritteln des Mindestlohns entspricht.[372] Anlass hierfür war die Streichung einer Reihe von Subventionen, z.B. für Benzin, Wasser, Strom und Mehl. Dabei war zunächst diskutiert worden, die Ausgleichszahlung als Sozialleistung auszugestalten, also nur an Bedürftige zu geben. Die politische Diskussion darüber, wer als bedürftig zu gelten habe, löste aber offen-

---

[372] vgl. Wilkens, Grundeinkommen im Iran

bar so heftige Kontroversen aus, dass man sich schließlich auf eine einheitliche Zahlung an alle Bürger einigte.

Die Erfahrungen sind offenbar positiv: die durch den Wegfall der Subventionen verursachten Preissteigerungen konnten aufgefangen werden, das Konzept genießt Akzeptanz in der Bevölkerung und soll in den nächsten Jahren durch Verdoppelung des Betrages auf umgerechnet 80 USD ausgebaut werden.[373]

Freilich gibt es Regelungselemente im iranischen Grundeinkommen, die nach westeuropäischem Verständnis nicht akzeptabel sind. So erhalten nur Staatsbürger das Grundeinkommen, nicht aber Immigranten bzw. Flüchtlinge, die durch die genannten Preissteigerungen voll getroffen werden; außerdem wird das Geld für alle Familienmitglieder an den „Haushaltsvorstand", also den Familienvater, ausgezahlt, ein selbständiger Anspruch für Frauen besteht nicht. Aber dennoch verfolgt der Iran hier einen Ansatz, der unserer Sozialpolitik zum Vorbild gereichen könnte.

Brasilien

In Brasilien steht seit 2004 ein Recht auf bedingungsloses Grundeinkommen in der Verfassung (sog. „renda basica"). Allerdings soll die tatsächliche Einführung schrittweise erfolgen und ist bislang nicht darüber hinausgekommen, dass eine Art Sozialhilfe (auf denkbar niedrigem Niveau) an Arme ausgezahlt wird. Das Grundeinkommen steht also bislang nur auf dem Papier, in der Praxis wird die Leistung wie bei uns nur nach einer Bedürftigkeitsprüfung gewährt.[374]

Immerhin hat der brasilianische Verfassungsgeber aber ein weitsichtiges Ziel formuliert, dessen Umsetzung angesichts der schlechten Finanz- und Wirtschaftslage lange dauern mag, aber jedenfalls in die richtige Richtung weist. Ob die neue brasilianische Regierung unter Präsident Bolsonaro dieses Ziel weiter verfolgt, bleibt allerdings abzuwarten.

---

[373] vgl. Tabatabai, Der Iran ersetzt Preissubventionen durch Direktzahlungen an alle

[374] Bergmann, BGE, S. 42

Kanada

In Kanada wurde bereits in den 1970er-Jahren unter dem Namen „Mincome" (vermutlich für „minimum income") ein weitgehend vergessenes Experiment durchgeführt, mit dem die Wirkung eines Grundeinkommens auf Sozialverhalten und Leistungsbereitschaft der Empfänger getestet werden sollte.[375] Ausgewählt wurde die Stadt Dauphin nordwestlich von Winnipeg. Von den ca. 13.000 Einwohnern erhielten all jene, die unter der Armutsgrenze lebten (ca. 30%) ein Grundeinkommen.[376]

Das Projekt lief 4 Jahre, dann wurde es von der neu gewählten konservativen Regierung gestoppt; nicht einmal die weitere Analyse und Veröffentlichung der Untersuchungsergebnisse wurde genehmigt, alle Daten verschwanden unausgewertet.[377] Erst 2009 fanden Forscher die Unterlagen im Nationalarchiv und werteten sie aus, mit dem erstaunlichen Ergebnis, dass Mincome ein spektakulärer Erfolg gewesen war.

Die schulischen Leistungen der Kinder hatten sich verbessert, Ausbildungen wurden schneller abgeschlossen, Krankentage bzw. Krankenhausaufenthalte gingen zurück, ebenso wie Fälle häuslicher Gewalt und psychische Auffälligkeiten. Praktisch niemand war auf die Idee gekommen, es sich mit dem Grundeinkommen bequem zu machen und die Arbeit einzustellen, vielmehr wurden die neuen Möglichkeiten produktiv genutzt, insbesondere um die Perspektiven der Folgegeneration zu verbessern.[378]

USA

Bereits oben wurde erwähnt, dass Präsident Lyndon B. Johnson, im Rahmen seines 1964 ausgerufenen „Krieges gegen die Armut", eine

---

[375] Bergmann, BGE, S. 41 f.

[376] dieses Grundeinkommen war nicht bedingungslos, weil nur die Armen es erhielten; für die Absicht, das Arbeits- und Leistungsverhalten der Empfänger zu erforschen, ist das aber irrelevant

[377] Bregman, Utopien, S. 42 f.

[378] Bregman, Utopien, S. 43 ff.

Kommission ins Leben rief, um die potentiellen Auswirkungen eines bedingungslosen Grundeinkommens zu analysieren. Untersucht wurden vor allem zwei Fragen: die Auswirkungen auf die Arbeitsbereitschaft sowie die Finanzierbarkeit des Grundeinkommens. Pilotprojekte mit dem Grundeinkommen in sieben verschiedenen Bundesstaaten sollten darüber Aufschluss geben.[379]

Die Ergebnisse waren ermutigend: die Arbeits- und Leistungsbereitschaft litt nicht unter der neuen, bedingungslosen Versorgung, allenfalls wurde die Erwerbstätigkeit etwas reduziert, um etwa Fortbildungen durchzuführen und dadurch mittelfristig qualifizierter zu arbeiten. Auch die Finanzierbarkeit war nach Ansicht der meisten Experten gegeben, jedenfalls „im Rahmen der wirtschaftlichen und finanziellen Möglichkeiten des Landes."[380] Ein offener Brief von fünf führenden Ökonomen an den Kongress, dem sich 1200 Wirtschaftswissenschaftler anschlossen, forderte ein bedingungsloses Grundeinkommen „nicht unterhalb der amtlichen Armutsgrenze".

Ausgerechnet Präsident Nixon, der ansonsten aus guten Gründen keinen sonderlich guten Ruf geniesst, versuchte sich sogar an der konkreten Umsetzung. 1970 brachte er den „Family Assistance Plan" mit großer Mehrheit durch das Repräsentantenhaus, scheiterte aber im Senat, ebenso wie bei einem zweiten Versuch im folgenden Jahr. Das Grundeinkommen wurde noch bis 1978 weiter diskutiert,[381] bis schließlich eine Statistik auftauchte, nach der die Scheidungsquote durch das Grundeinkommen dramatisch anzusteigen schien. Das Projekt wurde beerdigt, weil man fürchtete, die durch das Grundeinkommen gesteigerte Unabhängigkeit der Frauen würde die amerikanische Familie zerstören - abgesehen davon, dass eine solche Begründung heute sicher nicht mehr zeitgemäß wäre: die Statistik war schlicht falsch, man hatte einen Fehler bei der Auswertung der Daten gemacht![382]

---

[379] vgl. Bregman, Utopien, S. 45 ff.

[380] The New York Times v. 28.5.1968, zitiert nach Bregman, Utopien, S. 47; auch die weitere Darstellung folgt Bregman, S. 47 ff.

[381] 1972 zog der demokratische Präsidentschaftskandidat George McGovern mit dem Slogan „Thousand Dollars for every American" in den Wahlkampf! vgl. Opielka, Paradoxon, S. 301

[382] vgl. Bregman, Utopien, S. 45

Immerhin: die USA, sicherlich kein Land, das zu sozialstaatlichen Exzessen neigt, war einmal kurz davor, ein Grundeinkommen einzuführen, noch dazu unter einem republikanischen Präsidenten. Warum man heute in den USA weithin als Kommunist gilt, wenn man solche Gedanken auch nur in die Diskussion wirft, ist nicht recht nachvollziehbar.

Uganda

Im Jahr 2008 stellte die Regierung von Uganda Mittel zur Verfügung, um 12.000 Bürgern im Alter zwischen 16 und 35 Jahren jeweils $ 400 auszuzahlen, zur freien Verwendung. Man wollte testen, was die Menschen mit dem Geld anfangen würden.[383]

Nach fünf Jahren stellte man fest, dass fast alle Empfänger das Geld in Bildung oder in den Aufbau von eigenen Geschäften investiert und ihre Einkommen um fast 50% (!) gesteigert hatten; Verschwendung kam so gut wie nicht vor, die längerfristigen volkswirtschaftlichen Effekte waren positiv und weit höher als die Kosten des Experiments. Offenbar ist Entwicklungshilfe viel einfacher, als man sich das in westlichen Behörden und Ministerien vorstellt: einfach bedingungslos Geld an die Armen geben, den ganzen Betreuungs- und Überwachungsapparat einsparen und warten ...

Finnland

Große öffentliche Aufmerksamkeit erzielte Finnland mit einem „Experiment", mit dem das Grundeinkommen und seine Wirkungen getestet werden sollte. Es hatte 2017 begonnen und wurde Ende 2018 beendet. Im Wesentlichen bestand das Experiment darin, dass zwei Jahre lang 2.000 zufällig ausgewählten Arbeitslosen ein Grundeinkommen in Höhe von € 560 monatlich steuerfrei ausgezahlt wurde. Hinzuverdientes Geld wurde nicht angerechnet.

---

[383] vgl .die Darstellung bei Bregman, Utopien, S. 37

Zwar muss bei einem solchen Projekt noch einige Zeit vergehen, bis man die in Frage stehenden Wirkungen wirklich wird beurteilen können, aber die überwiegende (ver)öffentlich(t)e Meinung ist auch bei sehr oberflächlicher Prüfung bereits sicher, dass das Experiment gescheitert ist. Auf tagesschau.de[384] titelte man: „Durchwachsene Bilanz eines Experiments", ZeitOnline erklärte „Test zum Grundeinkommen zeigt keine Wirkung auf den Arbeitsmarkt".[385] Beide Quellen stellen zwar fest, das Grundeinkommen habe das Wohlbefinden der Betroffenen signifikant gesteigert, auch hätten sie ein „stärkeres Vertrauen in ihre Zukunft". Jedoch sei der „Beschäftigungseffekt kaum messbar" gewesen, und außerdem sei das Grundeinkommen „wohl doch zu teuer".

Seriöser (und entsprechend aufwändiger) analysiert „Die Welt" das finnische Modell.[386] So wird zunächst festgestellt, dass das tatsächlich durchgeführte Projekt mit dem ursprünglich geplanten Test eines wirklich bedingungslosen Grundeinkommens nur entfernte Ähnlichkeiten aufwies: so war das Einkommen eben nicht bedingungslos, weil nur Langzeitarbeitslose in den Lostopf kamen, außerdem sollte das Experiment ursprünglich länger laufen, was auch entsprechend längerfristige Ergebnisse hervorgebracht hätte. Hintergrund für den geänderten Versuchsaufbau war ein Wechsel in der finnischen Regierung, die neue Administration war nicht am Test einer sozialen Utopie interessiert, sondern nur daran herauszufinden, wie Arbeitslose dazu gebracht werden könnten, schlecht bezahlte Jobs anzunehmen. Der für die Durchführung der Studie verantwortliche Forscher Olli Kangas klagte denn auch: „Wären wir in der Lage gewesen, das Projekt wie geplant durchzuführen, könnten wir jetzt das beste Experiment der Welt auswerten. Was wir jetzt auswerten, ist … aus vielen Gründen verwässert worden."[387] Besonders unbrauchbar gerade mit Blick auf das Verhalten der Probanden am Arbeitsmarkt sind die Ergebnisse deshalb, weil offenbar viele der Studienteilnehmer zusätzlich zum Grundeinkommen

---

[384] Quelle: tagesschau.de, 8.2.19, 14.45h

[385] Quelle: zeit.de 9.2.19, 12.05h; vgl. auch FAZ v. 11.2.2019, S. 21

[386] Kaiser, Finnlands Grundeinkommen

[387] zitiert nach Kaiser, Finnlands Grundeinkommen, S. 3

noch Sozialleistungen bezogen, die ihrerseits nicht von der Verrechnung mit Arbeitseinkommen freigestellt wurden.

Insgesamt ist es zu bedauern, dass eine der Idee des Grundeinkommens offenbar nicht freundlich gesonnene neue Regierung den ursprünglichen Versuchsaufbau torpedierte; bei Licht besehen kann das nicht vollständig befriedigende Ergebnis des Experiments aber nicht verwendet werden, um einem konsequent bedingungslos ausgestatteten Grundeinkommen entgegengehalten zu werden.

Der Einwand eingeschränkter Aussagekraft gilt leider gegenüber allen genannten Projekten. Noch nie wurde wirklich ein den notwendigen Lebensbedarf vollständig deckendes bedingungsloses Grundeinkommen unter lebensechten Bedingungen, also auch ohne absehbare Befristung, getestet. Das ist aber zwingend notwendig, will man herausfinden, wie sich Menschen verhalten, die ihre Lebensführung an den Erhalt eines Grundeinkommens anpassen. Solange sie wissen, dass die Zahlungen nach einer bestimmten Zeit wieder eingestellt werden, nehmen sie zwar gerne mit, was sie bekommen, aber sie werden ihre längerfristige Lebensplanung vernünftigerweise nicht danach ausrichten.[388]

Stets wurden die Tests entweder zu früh abgebrochen (z.B. Kanada, Finnland, USA) oder die Höhe des Test-Einkommens war zu niedrig, um davon zu leben (Iran, Alaska). Am ehesten aussagefähig ist das Projekt in Namibia, mit sehr positiven Ergebnissen, jedoch wird man hier einwenden, die namibische Gesellschaft sei strukturell mit einer modernen europäischen Industrienation nicht vergleichbar, deshalb seien es auch die Studienergebnisse nicht. Aber eine vorurteilsfreie Analyse der gemachten Erfahrungen sollte zumindest rechtfertigen, endlich einen richtigen, umfassenden Feldversuch zu unternehmen; Finnland hat diese Chance verpasst - wer, wenn nicht wir (Deutsche) sollte sie ergreifen, und wann, wenn nicht jetzt?

---

[388] das gilt auch für private Aktionen z.B. des Vereins „Mein Grundeinkommen", der für ein Jahr ein Grundeinkommen in Höhe von € 1.000 an eine kleine Zahl von Empfängern verlost; da die Empfänger wissen dass sie nach Ablauf des Jahres wieder auf sich gestellt sind, werden sie natürlich keine strukturelle Neuausrichtung vornehmen. Das Grundeinkommen kann damit seine wichtigsten Funktionen nicht erfüllen, die Aktion ist letztlich reine PR (Quelle: FAS 2.6.2019, S., 22)

Höhe und Finanzierung des Grundeinkommens

Es gibt sehr unterschiedliche Vorschläge dazu, wie hoch das bedingungslose Grundeinkommen zu sein hat, um seine Funktion mit optimaler Effizienz zu erfüllen. Die Untergrenze der Vorschläge bildet das Existenzminimum etwa auf Hartz IV-Niveau, die höchsten genannten Beträge bewegen sich im vierstelligen Bereich, also jenseits von € 1.000 pro Person.[389] Es kann aber hier nicht darum gehen, dass „mehr" auch „besser" ist; vielmehr muss auf die Funktion des Grundeinkommens abgestellt werden, ein Fundament des Einkommens zu legen, das dann (i.d.R.) durch Arbeit aufgestockt wird. Selbst wenn es sich der Staat „leisten" könnte, Grundeinkommen in vierstelliger Höhe zu zahlen, wäre damit dem *Zweck* der Idee nicht gedient.[390] Schon oben wurde deshalb festgestellt, dass sich die Höhe des bedingungslosen Grundeinkommens jedenfalls zunächst an den Sätzen für Hartz IV orientieren sollte, ggf. pauschal erhöht um typischerweise kumulativ bezogene Leistungen, die bei Einführung des bedingungslosen Grundeinkommens wegzufallen hätten (insbesondere die Wohnkosten, die gemäß SGB II / Hartz IV regelmässig übernommen werden). Für Personen unter 18 Jahren kann ein geringerer Betrag angesetzt werden; das ist sachgerecht, weil bestimmte Fixkosten typischerweise nur einmal pro Haushalt anfallen[391] (alternativ könnte man sich politisch aber auch dafür entscheiden, Kinder durch Gleichstellung beim Grundeinkommen besonders zu fördern, also nur einen Satz für alle festzulegen). Für die folgenden Überlegungen zur Finanzierung soll von einem Satz von monatlich € 600,- für Erwachsene und € 400,- für Minderjährige ausgegan-

---

[389] Richard David Precht, fordert einen Betrag von „mindestens € 1.500", Precht, Jäger, Hirten, Kritiker, S. 132

[390] Straubhaar, Radikal gerecht, S. 97, nennt das „soziokulturelle Existenzminimum" als Orientierungsgröße; vgl. auch Dahrendorf, Mindesteinkommen, S. 336

[391] die OECD spricht in ihrer Skala zur Berechnung von Armut von „Äquivalenzeinkommen" und zählt die erste Person im Haushalt mit 1, den zweiten Erwachsenen mit 0.5 und Kinder mit 0,3; zitiert nach Jacobi/Bechtler, Garantiertes Grundeinkommen: Pro und Contra, S. 29

gen werden.[392] Hartz IV (inkl. Mietkostenübernahme), Kindergeld etc. würden im Gegenzug entfallen.[393]

Nota bene: dabei wird in Kauf genommen, dass manche Bezieher schlechter gestellt würden als bisher; das liegt vor allem daran, dass das bedingungslose Grundeinkommen die Kosten für Wohnung nicht mehr in ihrer tatsächlich anfallenden Höhe berücksichtigt, sondern pauschaliert.[394]

Zum Beispiel:

Ein arbeitsloser Hartz IV-Empfänger, der alleine lebt und eine Warmmiete von € 500,- zahlt, bekommt bisher € 924,- (Hartz IV-Regelsatz i.H.v. € 424,- zuzüglich € 500,- Mietbedarf). Sein Grundeinkommen würde nur € 600,- betragen, er hätte somit € 324,- weniger als bisher.

Maximal profitieren würde hingegen z.B. eine 4-köpfige Familie, die bisher ein Erwerbseinkommen an der Aufstockungsgrenze von ca. € 1500,- netto bezieht. Sie bekäme ein Grundeinkommen von € 2.000,- hinzu; gegengerechnet werden muss nur das Kindergeld (€ 408,-) so dass ein Vorteil von bis zu € 1592,- entsteht. Allerdings würde ein Teil dieses Mehreinkommens wieder kompensiert durch die (höheren) Steuern, die zu zahlen wären.

Im ersten Beispiel muss es eine Härtefallregelung oder eine Versicherungslösung geben, wenn der betreffende „Single" nicht arbeiten kann oder trotz entsprechender Bereitschaft und Bemühung keine Arbeit findet; ansonsten darf der Staat erwarten, dass er das, was ihm noch fehlt, selbst hinzuverdient. Ggf. wäre zu prüfen, ob der Staat „Minijobs" für gering qualifizierte Arbeitssuchende schaffen könnte, damit möglichst viele Menschen die Versorgungsdifferenz aus eigener Kraft ausgleichen können. Wenn statt dessen alternativ vorgeschlagen wird,[395]

---

[392] statt absoluter Beträge könnte man auch diskutieren, Prozentsätze vom Median-Einkommen festzulegen (z.B. 60%)

[393] vgl. zur Kalkulation auch Jacobi/Bechtler, Garantiertes Grundeinkommen: Pro und Contra, S. 30

[394] vgl. hierzu auch Bergmann, BGE. S. 28

[395] z.B. von Althaus/Binkert, Solidarisches Bürgergeld, S. 50, 67ff.

bei „Bedürftigkeit" den sog. „Bürgergeldzuschlag" (entsprechend dem Wohngeld nach heutiger Praxis) zu zahlen, ist dies eher skeptisch zu sehen. Denn dann wäre das Grundeinkommen niedriger zu veranschlagen, und im Ergebnis bliebe man wegen des in der Regel hohen Wohngeldanteils faktisch doch wieder im alten Bedürftigkeitssystem stecken.

Die meisten Sozialleistungsempfänger, deren Grundeinkommen nach den oben vorgeschlagenen Sätzen niedriger ist als bisher die Hartz IV-Zahlung, sind auch nur auf den ersten Blick schlechter gestellt. Denn sie können zu ihrem Grundeinkommen ohne Anrechnung in beliebigem Umfang hinzuverdienen; schon ein Minijob wird in der Regel reichen, um den Nachteil auszugleichen, und jede (auch eine sehr schlecht bezahlte) Vollzeitarbeit würde zu erheblich höherem Lebensstandard führen.

Aus den o.g. Annahmen ergibt sich:

Bei Einführung eines bedingungslosen Grundeinkommens in der vorgeschlagenen Höhe errechnet sich bei 80 Millionen Einwohnern, von denen ca. 15 Millionen minderjährig sind, ein jährlicher Aufwand von

65 Mio x 600 € x 12 + 15 Mio x 400 € x 12 = € 540 Mrd.

Das ist zugegebenermaßen eine ungeheure Summe Geldes, und allein dieser Betrag wird wohl ausreichen, um eine breite Front gegen das bedingungslose Grundeinkommen zu organisieren.

Indessen verliert die Rechnung viel von ihrem Schrecken, wenn man die Einzelheiten näher betrachtet:

Gegenzurechnen sind ersparte Aufwendungen für Hartz IV, Sozialhilfe, Kindergeld, Wohngeld und einige andere wegfallende Sozialleistungen. Die genaue Berechnung ist kompliziert, aber letztlich müssen lediglich in dem Umfang Steuern erhöht werden, in dem Grundeinkommen an Bürger ausgezahlt wird, die bislang nichts bzw. weniger bekommen. Auch die Berücksichtigung des Umstands, dass das Gesamt-Sozialleistungsbudget Deutschlands bei ca. € 1.000 Mrd.(!) liegt, relativiert die o.g. Milliardensumme, auch wenn darin einige größere Posten enthalten sind, die durch das bedingungslose Grundeinkommen nicht wegfallen würden.[396]

Ob Götz Werner recht hat, wenn er sagt, das bedingungslose Grundeinkommen müsse gar nicht mehr finanziert werden, sondern es sei schon finanziert, es handle sich letztlich nur um ein Organisations-(=Verteilungs)Problem[397], mag dahingestellt bleiben. Offensichtlich ist jedenfalls, dass Deutschland über die erforderliche volkswirtschaftliche Kraft verfügt, sofern der politische Wille entsteht.

Sozialversicherung

Zu entscheiden ist auch die Frage, ob die Leistungen der Sozialversicherung bei Einführung des bedingungslosen Grundeinkommens ganz oder teilweise wegfallen sollten.

Nicht zur Debatte steht sicherlich die Notwendigkeit einer Krankenversicherung; ob es dabei beim Nebeneinander von gesetzlicher und privater Krankenversicherung bleiben soll, ist eine Frage, die hier nicht zu vertiefen ist, die Diskussion zum Grundeinkommen wird durch dieses Problem nicht berührt. In dem Vorschlag von Straubhaar ist zwar auch eine grundlegende Reform der gesetzlichen Krankenversicherungspflicht enthalten;[398] es ist aber nicht ersichtlich, warum diese Idee in einem zwingenden Zusammenhang mit dem Grundeinkommen stehen soll. Die Krankenversicherung ist damit von den folgenden Überlegungen nicht betroffen.

Was die Arbeitslosen- und die (gesetzliche) Rentenversicherung betrifft, ist die Situation weniger eindeutig. Thomas Straubhaar will beide entfallen lassen, er sieht bei Einführung des bedingungslosen Grundeinkommens keine Notwendigkeit für solche Sozialversicherungen mehr.[399] Er

---

[396] nicht wegfallen würden insbesondere Kosten für Kranken- und Rentenversicherung; vgl. in diesem Kontext auch Bergmann, BGE, S. 128 ff., 186 ff.

[397] Werner, Einkommen für alle, S. 222

[398] Straubhaar, Radikal gerecht, S. 101 f.

[399] Straubhaar, Radikal gerecht, S. 15

will „das Versicherungselement der Sozialversicherungen vollständig ... privatisieren (und) das Umverteilungselement in einem einzigen Instrument ... integrieren ...", nämlich in dem bedingungslosen Grundeinkommen.[400] Die bestehenden Sozialversicherungen hält Straubhaar für ineffizient, paternalistisch und letztlich auch nicht sozial.

Richtig daran mag sein, dass eine gesetzliche Sozialversicherungspflicht nach Einführung eines Grundeinkommens nicht mehr in gleichem Maß wie derzeit zwingend erscheint, um existenzielle soziale Risiken abzufedern; die Menschen werden durch das Grundeinkommen vor Armut geschützt, die Sozialversicherung verliert dadurch ebenso an Bedeutung wie Mindestlöhne, Kündigungsschutz etc. Allerdings findet sich bei Straubhaar nichts zu der Frage, wie er in der Praxis umgehen will etwa mit Menschen, die jahrzehntelang in die gesetzliche Rentenversicherung eingezahlt und entsprechende Anwartschaften erworben haben. Ihnen die Rente einfach zu streichen, während der selbständige, nicht sozialversicherungspflichtige Nachbar seine Kapitallebensversicherung ausgezahlt bekommt, kann jedenfalls nicht die Lösung sein. Allenfalls könnte man daran denken, die gesetzliche Rentenversicherung langsam auslaufen zu lassen, unter Beibehaltung bestehender Anwartschaften, aber ohne Versicherungspflicht für die Zukunft.

Was aber jedenfalls obsolet würde durch die Einführung des Grundeinkommens, sind die Debatten um Mindestrenten, Grundrenten, Mütterrenten, Respektrenten und dergleichen mehr; all diese Vorschläge sind (zumeist untaugliche) Versuche, das Fehlen eines bedingungslosen Grundeinkommens wenigstens für bestimmte Bevölkerungsgruppen zu kompensieren.

Finanzierung: Umsatz- vs. Einkommenssteuer

Einige prominente Protagonisten des bedingungslosen Grundeinkommens schlagen vor, zur Finanzierung ausschließlich die Umsatzsteuer heranzuziehen. Schon Erich Fromm schlug in diesem Zusammenhang „eine progressive Besteuerung des Konsums jenseits eines gewissen

---

[400] Straubhaar, Radikal gerecht, S. 122 f.

Schwellenwertes" vor; gemeint ist vermutlich vor allem eine hohe Umsatzsteuer auf Luxusgüter, während Güter des normalen täglichen Bedarfs umsatzsteuerfrei bleiben sollen.[401]

Insbesondere Götz Werner vertritt die Auffassung, man solle die „einkommensbasierten Steuern runterfahren, die Konsumsteuern hochfahren und Schritt für Schritt ein Bürgergeld einführen".[402] Dem Einwand, durch massiv erhöhte Konsumsteuern (insbesondere Umsatzsteuern) würden die Preise steigen und den gewünschten Effekt des garantierten Grundeinkommens gleich wieder verwässern, begegnet Werner mit dem Hinweis, auch Einkommens-, Gewerbe- und Körperschaftssteuern schlügen sich in den Preisen nieder, eine Umstellung auf „saubere" Konsumsteuern würde demgegenüber lediglich für wünschenswerte Transparenz sorgen. Außerdem könne man durch Differenzierung der Konsumsteuersätze sozial erwünschtes Erwerbsverhalten gegenüber weniger erwünschtem oder gar schädlichem Wirtschaften privilegieren.[403] Götz Werners Mitstreiter Bendiktus Hardorp bezeichnet die Lohnsteuer in diesem Zusammenhang als „konsumeinschränkende Kaufkraftabschöpfung" und verweist auf Rudolf Steiner, der schon im Jahre 1919 eine Umstellung des Steuersystems auf Verbrauchssteuern vorgeschlagen habe.[404] Die Erhebung von Ertragssteuern bezeichnet Werner als „Knospenfrevel",[405] weil sie „in den laufenden Wertschöpfungsprozess eingreifen, bevor konsumfähige Güter und Dienstleistungen entstanden sind. Wer bereits den Anbau von Äpfeln besteuert und nicht erst den Verbrauch, der betreibt Knospenfrevel. Er belastet nämlich nicht den Obstbauern, sondern hauptsächlich dessen Beitrag zum gesellschaftlichen Real- und Nominaleinkommen".[406] Gerade für junge, noch kapitalschwache Unternehmen bedeute diese zu frühe Besteue-

---

[401] Fromm, Psychologische Aspekte eines garantierten Einkommens, S. 314

[402] Werner, Ein Grund für die Zukunft, S. 31

[403] Werner, Ein Grund für die Zukunft, S. 32f.

[404] zitiert nach Werner, Ein Grund für die Zukunft, S. 95

[405] der Begriff „Knospenfrevel" kommt aus der sog. „Knospenfrevelpredigt" des reformierten Geistlichen Paul Humbug am 3.5.1936 gegen die Vereinnahmung von Kindern durch die Hitler-Jugend

[406] Werner, Einkommen für alle, S. 184

rung häufig das Scheitern. Konsum- statt Einkommensteuern würden, so Werner weiter, dort anfallen, wo gekauft und verbraucht wird: „Damit brechen (auch) die wesentlichsten Argumente gegen die Globalisierung zusammen",[407] weil die Belastung von Ausfuhrpreisen durch inländische Steuern ein Ende hätte, ebenso wie umgekehrt die indirekte Subventionierung von (Billig-)Importen.[408]

Diese Argumentation hat manches für sich. In der Tat lässt sie sich keinesfalls allein mit dem Hinweis widerlegen, die vorgeschlagene Umstellung führe zu Preissteigerung und Inflation. Es mag zwar sein, dass eine insgesamt erhöhte Staatsquote zu einer gewissen Preissteigerung führen könnte, jedoch ist dies sicher unabhängig davon, auf welche Weise der Staat die benötigten Mittel abschöpft, also etwa durch Umsatzsteuern einerseits oder durch Einkommenssteuern andererseits. Denn am Ende stecken ohnehin alle Steuern in den Preisen.[409] Allerdings Argumentiert Werner hier elegant darüber hinweg, dass Durchschnitts- und Geringverdiener in der Regel nahezu ihr gesamtes Einkommen konsumieren (müssen), während der Anteil des Konsums am Einkommen und damit die relative Konsumsteuerbelastung in den höheren Einkommensgruppen immer geringer wird. Insofern ist es richtig, wenn Straubhaar feststellt, dass indirekte Steuern einen regressiven Charakter haben, man die unteren Einkommensgruppen also wieder entlasten müsste etwa durch Steuerfreiheit für Waren des täglichen Grundverbrauchs (insbesondere Lebensmittel), was aber letztlich die Ergiebigkeit der Konsumsteuern massiv reduzieren würde.[410]

Alternativ kommt naturgemäß eine Finanzierung des Grundeinkommens durch höhere Einkommensteuern in Betracht. Hier könnte die neue Struktur des Sozialstaats auch zu einer radikalen Vereinfachung genutzt werden: denn da das Grundeinkommen bereits ein steuerfreier Einkommenssockel ist, braucht es keine Freibeträge mehr, und ggf. (das wäre politisch zu diskutieren) könnte auch eine einzige „Flat Tax Rate"

---

407 Werner, Ein Grund für die Zukunft, S. 70

408 Werner, Einkommen für alle, S. 195f.

409 Werner, Einkommen für alle, S. 189

410 Straubhaar, Radikal gerecht, S. 151

zur Anwendung kommen, statt eines ausgeklügelten Systems progressiver Steuersätze inkl. all der Folgeprobleme mit kalter Progression und dergleichen. Straubhaar bietet hierzu Beispielsrechnungen an, etwa mit jährlich € 12.000 Grundeinkommen (€ 1.000 pro Monat) und einer Flat Tax Rate von 50%[411] für das gesamte darüber hinaus gehende Einkommen (Nota bene: bei Straubhaar ist die Sozialversicherung abgeschafft):[412]

- Wer kein zusätzliches Einkommen erzielt, hat also € 12.000 netto (das Grundeinkommen); Steuern fallen nicht an;

- Wer € 12.000 pro Jahr hinzuverdient (Gesamteinkünfte € 24.000), zahlt € 6.000 Steuern (50% auf € 12.000), er hat € 18.000 netto (durch das Grundeinkommen also € 6.000 mehr als er brutto durch seine Arbeit verdient);

- Wer € 24.000 pro Jahr hinzuverdient (Gesamteinkünfte € 36.000), zahlt € 12.000 Steuern (50% auf € 24.000), er hat netto € 24.000, also genau so viel, wie er brutto verdient hat;

- Wer € 48.000 pro Jahr hinzuverdient (Gesamteinkünfte € 60.000), zahlt € 24.000 Steuern (50% auf € 48.000), er hat netto € 36.000, (hat also, wenn man nur sein Arbeitseinkommen betrachtet, € 12.000 (=25%) weniger netto als brutto;

- Wer € 96.000 pro Jahr hinzuverdient (Gesamteinkünfte € 108.000, zahlt € 48.000 Steuern (50% auf € 96.000), hat inkl. Grundeinkommen € 60.000 netto, also eine Belastung von € 36.000 bezogen auf das Arbeitseinkommen.

Wie man an diesen Beispielen sehen kann, wirkt das Grundeinkommen wie eine negative Einkommenssteuer (ein Begriff, den Milton Friedman in die Diskussion eingeführt hat[413]): wer insgesamt Einkünfte von weniger als € 24.000 brutto hat, bekommt durch das Grundeinkommen Geld

---

[411] Althaus, Mut zur Revolution, S. 16, meint mit einer einheitlichen Einkommenssteuer von 25% auskommen zu können - das erscheint aber als sehr niedrig

[412] vgl. Straubhaar, Radikal gerecht, S. 102 ff., auch für die folgenden Beispiele; s. auch Bergmann, BGE, S. 196 ff.

[413] vgl. Friedman, Kapitalismus und Freiheit, S. 267 f.

dazu, bei € 24.000 (€ 12.000 Grundeinkommen + € 12.000 Arbeitseinkommen) liegt der steuerfreie „break even", darüber entsteht positive Steuerpflicht. Die auf den ersten Blick hohe Steuerbelastung von 50% auf alle zusätzlichen Einkommen - natürlich nicht nur auf Arbeit, sondern auch auf Kapitaleinkünfte![414] - verliert durch diesen komfortablen „negativen Steuersockel" viel von ihrem Schrecken; teuer wird es erst bei wirklich hohen Einkommen.

Zumindest taktisch mag es freilich trotzdem ein Fehler sein, das Schicksal des bedingungslosen Grundeinkommens mit der Idee einer fundamentalen Steuerreform zu verknüpfen („Ohne Steuerreform kein bedingungsloses Grundeinkommen und ohne Grundeinkommen keine Steuerreform"[415]). So frustrierend der über Jahrzehnte entstandene, fatale Wildwuchs aus unverständlichen Vorschriften, sinnlosen Subventionen und ungerechten Privilegien auch ist, die vergangenen Versuche einer entrümpelnden, vereinfachenden Reform des Steuersystems sind allesamt gescheitert. Das gilt für die klugen Vorschläge des Prof. Kirchhof ebenso wie für die „Bierdeckelideen" des Friedrich Merz. Ein so wichtiges, schwieriges und insbesondere ohnehin schwer durchzusetzendes Projekt wie das bedingungslose Grundeinkommen auch noch mit der Hypothek einer grundlegenden Umwälzung des Steuerrechts zu belasten, wäre womöglich in der Praxis kontraproduktiv. Deshalb wäre auch zu überlegen, die gegenüber dem Status Quo (der Staatseinnahmen) bestehende Finanzierungslücke z.B. durch eine lineare Steuererhöhung in überschaubarem Ausmaß zu schließen, wobei man natürlich noch über Differenzierungen zum Zwecke sozialer Umverteilung diskutieren könnte. Allerdings hat das bedingungslose Grundeinkommen ohnehin bereits stark umverteilenden Charakter, weil es niedrige Einkommen massiv erhöht, bisweilen sogar mehr als verdoppelt, während Spitzenverdiener auch durch die eine lineare Steuererhöhung mehr zusätz-

---

[414] Ebenfalls zur Finanzierung beitragen könnte im übrigen eine wirksamere Einbeziehung von Erbschaften und Schenkungen; sie würde auch der sich seit Jahrzehnten beschleunigenden Konzentration privaten Vermögens entgegenwirken. Die derzeit sehr hohen Freibeträge bei gleichzeitig niedrigen Steuersätzen jenseits dieser Freibeträge machen Erbschafts- und Schenkungssteuern weitgehend wirkungslos, vgl. Atkinson, Ungleichheit, S. 251 ff.

[415] Werner, Einkommen für alle, S. 151

lich zahlen würden, als sie durch das bedingungslose Grundeinkommen bekommen werden.

Die Frage, wie das bedingungslose Grundeinkommen zu finanzieren ist, sollte ohnehin nicht am Anfang, sondern am Ende der Debatte stehen. Nochmals erinnert sei an Oswald von Nell-Breuning, der uns darauf hinwies, wir sollten erst definieren, was nötig und sinnvoll ist, und dann sehen, wie das nötige Geld bereitgestellt werden könne, statt immer nur Politik nach Kassenlage zu machen.[416]

---

[416] Nell-Breuning, Arbeitet der Mensch zuviel?, S. 111 ff.

Revision des kollektiven Menschenbildes

Während die befürwortenden Stimmen zum bedingungslosen Grundeinkommen ständig lauter und zahlreicher werden und auch keineswegs nur aus der linken „Umverteilerecke" kommen, herrscht weitgehend Pessimismus, was die Aussichten einer politischen Durchsetzung dieser Idee betrifft. Auch leidenschaftlichste Befürworter halten die Diskussion um das bedingungslose Grundeinkommen für „rein theoretisch, … eine blanke Fiktion".[417] Götz Werner betrachtet das bedingungslose Grundeinkommen als „eine Art Fixstern am Horizont",[418] der den Weg weist, aber nicht erreichbar ist. Und Katja Kipping von der Partei „Die Linke", bekennende Anhängerin des bedingungslosen Grundeinkommens,[419] hat ihre Vorstellungen bislang auch in der eigenen Partei nicht durchsetzen können. Sie erklärt im Interview mit der Frankfurter Allgemeinen Sonntagszeitung: „Wir stehen nun aber nicht gerade vor der Verabschiedung des Grundeinkommenseinführungsgesetzes. Insofern ist das Grundeinkommen eher ein Kompass, an dem sich Sozialpolitik heute orientieren sollte".[420]

Das soll wohl heißen, das bedingungslose Grundeinkommen könne man als Hebel nutzen, um die Aussichten für andere Umverteilungsprojekte wie z.B. höherer Mindestlohn, Reichensteuer, Hartz IV-Erhöhung etc. zu verbessern. Das wäre aber nun gerade fatal, weil es der Idee des Grundeinkommens, die eben nicht in erster Linie auf Umverteilung, sondern auf einen grundlegenden, strukturellen Umbau des Sozialstaats abzielt, nicht gerecht würde. Eine mit betriebs- wie volkswirtschaftlichen Belangen vollkommen kompatible Idee würde als Verhandlungsmasse missbraucht, um ökonomisch schädliche, als Kompromisse verbrämte linke Vorstellungen durchzusetzen.

---

[417] Lenz/Ray: Eine Chance zum Leben?, S. 13

[418] Werner, Einkommen für alle, S. 98

[419] vgl. auch Kipping, Teil der Lösung, S. 87

[420] FAS, 10.3.2013, S. 4; vgl. auch Guérot, Europa, S. 130, die das Grundeinkommen offenbar auch für eine ferne Utopie hält, obwohl sie ansonsten durchaus „outside-the-box" zu denken bereit ist

Dabei soll hier niemandem unterstellt werden, dass dahinter Strategie steckt. Frau Kippings Engagement für das bedingungslose Grundeinkommen ist durchaus glaubwürdig. Aber wenn sie das bedingungslose Grundeinkommen zum fiktionalen Endziel eines langen Umverteilungsprozesses reduziert, macht sie es zu einem rein linken Projekt und zerstört damit seine grundsätzliche Konsensfähigkeit quer durch die politischen Parteien. Tatsächlich zielt das bedingungslose Grundeinkommen nicht in erster Linie auf Umverteilung, sondern auf volkswirtschaftliche Effizienz, auf bessere Nutzung von Leistungspotentialen und auf sozialen Frieden. Ein gewisses Maß an Umverteilung geht damit einher, ist erwünscht und wird am Ende auch für alle akzeptabel sein. Aber es wäre eben kein Kompromiss, auch kein konstruktiver Schritt auf dem Wege dorthin, wenn man einfach auf traditionelle Weise weiter und stärker umverteilt.

Warum aber werden die Vorschläge zum bedingungslosen Grundeinkommen wahlweise als fiktional, utopisch, unfinanzierbar oder rein taktisch motiviert abgetan?

Es gibt drei (miteinander zusammenhängende) Merkmale unseres kollektiven Menschenbildes, die der Durchsetzung eines bedingungslosen Grundeinkommens im Wege stehen. Zum einen ist da die Unterstellung, der Mensch sei von Natur aus faul und arbeite nur, wenn er entweder mit Gewalt oder durch materielle Not (bzw. Anreize) dazu gezwungen oder motiviert werde. Zum anderen gehen wir davon aus, dass der Mensch grundsätzlich aus Eigennutz handelt und gerade dadurch das Wohl der Gemeinschaft fördert. Adam Smith schrieb in seiner berühmten Passage über die „unsichtbare Hand": „Da aber jeder sein Kapital möglichst ... so zu leiten sucht, daß sein Produkt den größten Wert erhält, so arbeitet auch jeder notwendig dahin, das Jahreseinkommen des Volkes so groß zu machen, als er kann. Allerdings beabsichtigt er in der Regel weder, das allgemeine Wohl zu fördern, noch weiß er, in welchem Maß er es befördert. ... (er) wird in diesem wie in vielen anderen Fällen von einer unsichtbaren Hand geleitet ..."[421] Hierfür wurde der

---

[421] Smith, Wohlstand der Nationen, 4. Biuch, 2. Kapitel, S. 524; s. aber auch Kant, Metaphysik der Sitten, S. 18 ff., der es keineswegs für gleichgültig hält, mit welcher Motivation der Mensch handelt, auch nicht mit Blick auf das Ergebnis seiner Handlungen

Begriff des homo oeconomicus geprägt, der nach Gewinn strebende Mensch, in der Antike noch verachtet, während der Industrialisierung aber zum Leitbild geworden.[422] Erich Fromm zufolge ist er „für den Kapitalismus gut zu gebrauchen", weil er „von Natur aus isoliert, asozial, habgierig" ist.[423] Diesen Typus scheint auch Dostojewskij im Sinn zu haben, wenn er den Starez Sossima in den Brüdern Karamasow fragen lässt: „Und womit endet dieses Recht auf Vermehrung der Bedürfnisse? Bei den Reichen mit *Absonderung* und geistiger Selbstauslöschung; bei den Armen - mit Neid und Totschlag, denn ihnen wurde das Recht auf Bedürfnisse zuerkannt, aber kein Weg zur Befriedigung dieser Bedürfnisse gewiesen."[424] Kurz darauf folgt bei Dostojewskij die berühmte Frage: „Wenn du keinen Gott hast, wie soll es da ein Verbrechen geben?"[425] Die Forderung nach Gott mag heute nicht mehr konsensfähig sein, aber zumindest ein *ethisches Prinzip* jenseits des wirtschaftlichen Eigennutzes könnte schon hilfreich sein.

Drittens schließlich ist es zumindest in unseren westlichen Wohlstandsgesellschaften üblich, den sozialen Wert von Menschen an ihrem wirtschaftlichen Erfolg zu messen, und zwar in erster Linie an ihrer (Erwerbs-) Arbeitsleistung. Nach dieser „Ideologie der Arbeit als Ware" spielt es außerdem keine Rolle, wenn die Arbeit an sich gleichgültig und uninteressant ist; sie hat nur den Zweck, den Zugang zum Konsum zu öffnen.[426] Das geringste Sozialprestige haben folglich Menschen, denen man unterstellt, sie lägen der Gesellschaft auf der Tasche, also insbesondere Arbeitslose – schon der Begriff erscheint quasi als eine „Chiffre für Bürger zweiter Klasse".[427] Das höchste Ansehen genießt demgegenüber derjenige, der Tag und Nacht schuftet. Auch deshalb gibt es so viele Büroangestellte, die Überstunden machen, obwohl sie schon mittags kaum noch etwas zu tun haben: wenn man schon nicht überlastet

---

[422] s. Precht, Jäger, Hirten, Kritiker, S. 113

[423] Fromm, Wege aus einer kranken Gesellschaft, S. 71

[424] Dostojewskij, Brüder Karamasow, S. 505

[425] Dostojewskij, Brüder Karamasow, S. 509

[426] Gorz, Arbeit zwischen Misere und Utopie, S. 80

[427] Werner, Ein Grund für die Zukunft, S. 72

ist, muss man wenigstens so tun! Zugespitzt könnte man sagen, es geht uns nicht um Leistung, sondern um Arbeit an sich (und sei sie auch sinnlos), und es geht um ökonomischen Erfolg.

Erich Fromm hat die unzeitgemässe „Psychologie des Mangels"[428] für diese Fehlentwicklungen verantwortlich gemacht; kulturhistorisch mag dazu auch beigetragen haben, dass die Reformation (insbesondere Calvin) der Maxime folgte, der Einzelne habe quasi vor Gott eine Verpflichtung zu wirtschaftlichem Streben, und es sei ein Zeichen für göttliche Gunst, wenn jemand im irdischen Leben erfolgreich sei;[429] umgekehrt hiess das dann, wem es auf Erden schlecht gehe, der gehöre wohl nicht zu den Erwählten, denen einst das Seelenheil zuteil werde. Indes ist dieses Menschenbild kein Naturgesetz, sondern das Resultat einer grundsätzlich reversiblen gesellschaftlichen Entwicklung. Nur als Beleg dafür, nicht etwa als Vorbild für uns sei daran erinnert, dass antike Gesellschaften ganz selbstverständlich diejenigen am höchsten schätzten, die es nicht nötig hatten, zu arbeiten (dafür hatten sie Sklaven), sondern sich „Höherem" widmeten, wozu man sowohl die Politik zählte als auch allerlei kulturelle Aktivitäten.[430] Nachwirkungen dieser „vom klassischen Altertum überkommenen, offenbar unausrottbaren" Paradigmen sind auch durchaus bis heute wahrnehmbar,[431] herrschen allerdings nicht mehr vor. Kulturgeschichtlich, so meint jedenfalls Egon Friedell, nimmt das Wirtschaftsleben denn auch „den untersten Rang in der Hierarchie der menschlichen Betätigungen" ein, weit unter Politik, Wissenschaft, Philosophie und Religion,[432] und er weist darauf hin, dass noch vor kurzer Zeit als englischer „Gentleman" nur galt, wer keiner merkantilen Beschäftigung nachging.[433]

---

[428] Fromm, Psychologische Aspekte zum garantierten Einkommen, S. 310

[429] vgl. Rifkin, Null-Grenzkosten, S. 91

[430] vgl. Meier, Athen, S. 144

[431] Nell-Breuning, Arbeitet der Mensch zuviel?, S. 21

[432] Friedell, Kultgeschichte, S. 31ff

[433] Friedell, Kulturgeschichte, S. 112

Auch Friedell führt ferner aus, dass es Luther und die Reformation waren, die die Arbeit „geadelt, ja heiliggesprochen" haben.[434] Hannah Arendt schrieb dazu, „der plötzliche glänzende Aufstieg der Arbeit von der untersten und verachtetsten Stufe zum Rang der höchstgeschätzten begann theoretisch damit, daß Locke entdeckte, daß sie Quelle des Eigentums sei. Der nächste entscheidende Schritt war getan, als Adam Smith in ihr die Quelle des Reichtums ermittelte; und auf den Höhepunkt kam sie in Marx' System der Arbeit, wo sie zur Quelle aller Produktivität und zum Ausdruck der Menschlichkeit des Menschen selbst wird."[435] Kurios wäre es insofern (mit Blick auf das bedingungs-, also gegenleistungs- und erwerbsarbeitslose Grundeinkommen), wenn ausgerechnet die marxistische Definition des Menschen als „Animal laborans" die Weiterentwicklung des Sozialstaats blockieren würde. Kritische Denker haben im übrigen darauf hingewiesen, dass die moderne Industriegesellschaft darauf angewiesen gewesen sei, den Menschen dahingehend zu manipulieren, dass er von sich aus einen starken Arbeitstrieb entwickelte.[436] Oder, wie üblich rhetorisch zugespitzt bei Bertrand Russell: „Historisch gesehen war der Begriff der Pflicht ein Mittel, das die Machthaber dazu benützten, andere Menschen dazu zu veranlassen, zum Nutzen ihrer Herren statt zum eigenen Vorteil zu leben."[437]

Aus christlicher Sicht entscheidend ist aber der „Primat des Menschen gegenüber den Dingen" und daraus folgend der Vorrang der Arbeit vor dem Kapital, welches nämlich nur „das geschichtlich gewachsene Erbe menschlicher Arbeit" ist.[438] Dabei ist jedwede Arbeit zwar nicht unbe-

---

[434] Friedell, Kulturgeschichte, S. 237

[435] Arendt, Vita activa, S. 119f.; s. auch Marx/Engels, Kommunistisches Manifest, S. 49, die sogar Arbeitszwang einführen wollen

[436] Fromm, Wege aus einer kranken Gesellschaft, S. 73

[437] Russell, Lob des Müßiggangs, S. 74; s. auch Nietzsche, Götzendämmerung, S. 803, der die Arbeiter gezielt dumm und gefügig halten will

[438] Johannes Paul II, Laborem Exercens, S. 148f.

dingt gleich bewertet (=bezahlt), aber doch in ihrer Ausrichtung auf den Menschen gleichwertig.[439]

Auch die Annahme, der Mensch arbeite nur, wenn er muss, ist falsch. Vielmehr ist Faulheit „keineswegs normal, sondern ein Symptom einer seelischen Erkrankung." Gäbe es die „natürliche Faulheit", die offenbar das Paradigma der modernen Sozialpolitik ist, müsste der faule Mensch ja besonders glücklich sein, und die allerfaulsten müssten kleine Kinder sein, die noch nicht durch irgendwelche Umstände zur Tätigkeit gezwungen werden – beides ist erkennbar nicht der Fall.[440]

Wohl mag es sein, dass bestimmte Arbeiten so unattraktiv und gleichzeitig so schlecht bezahlt sind, dass man dafür nur jemanden findet, der darauf zwingend angewiesen ist. Die Folge könnte durchaus sein, dass schwere Arbeit, die wenige zu leisten bereit sind (z.B. Putzarbeiten, besonders gefahrgeneigte Tätigkeiten etc.), teurer wird, wenn das bedingungslose Grundeinkommen die wirtschaftliche Erpressbarkeit der betroffenen Arbeitnehmer reduziert. Was wäre schlimm daran? Aber grundsätzlich werden die allermeisten Menschen deshalb nicht faul auf dem Sofa liegen, sondern sie werden sich Arbeit suchen, die ihnen liegt, die sie glücklich macht. Das kann, muss aber nicht klassische Erwerbsarbeit sein. Profitieren würde alles, was auf ehrenamtliche Arbeit angewiesen ist, aber auch die Erziehung von Kindern und die häusliche Pflege der Alten. Im Grunde ist der Generalverdacht, wir alle seien von Natur aus faul und leistungsavers, geradezu menschenverachtend. Bezeichnend ist übrigens, dass sich die allermeisten Mitbürger selbst ausnehmen, wenn sie ein solches Urteil über alle Anderen fällen. So wurde 2016 in einer Forsa-Umfrage untersucht, ob die Befragten aufhören würden zu arbeiten, wenn sie ein Grundeinkommen von € 1.000 bekämen; 95% verneinten dies. Allerdings waren viele Befragte der Meinung, der Wille zu arbeiten würde insgesamt (also bei „den anderen") rapide zurückgehen.[441]

---

[439] Johannes Paul II, Laborem Exercens, S. 137, unter Verweis darauf, dass Jesus „den größten Teil seiner irdischen Lebensjahre der körperlichen Arbeit in der Werkstatt eines Zimmermanns gewidmet hat."

[440] Fromm, Wege aus einer kranken Gesellschaft, S. 245

[441] Straubhaar, Radikal gerecht, S. 155 f.

Bleibt noch das Paradigma, dass der Mensch nichts tut, was nicht dem eigenen Nutzen dient. In der Literatur ist es längst entzaubert,[442] aber es beherrscht unser Menschenbild in erheblichem Maße.[443] Es ist eben wohltuend berechenbar, jenes „Wesen, das man nicht mehr durch diffuse Leidenschaften, sondern durch seine knallharten Interessen verstehen konnte", und so war der homo oeconomicus eben nicht einfach ein Soziopath, sondern auch eine „Figur der Aufklärung" und eine „Geburtsidee der Linken."[444] Er kann friedlich sein, fürsorglich und sozial, aber all dies nur aus eigennützigen Motiven, also friedlich wegen der Kosten und Risiken des Konfliktes, fürsorglich und sozial wegen der damit verbundenen (nützlichen) Anerkennung oder in der Erwartung von Gegenleistungen. Das Problem ist dabei nicht, dass man dieses Menschenbild nicht argumentativ mit dem bedingungslosen Grundeinkommen in Einklang bringen könnte – auch dieser Text tut das an anderer Stelle, z.B. wenn er darauf verweist, wie wichtig es für alle Mitglieder einer Gesellschaft ist, eine soziale Spaltung mit ihren offensichtlichen Folgen in Gestalt von Unruhen und Kriminalität zu verhindern. Hemmend wirkt vielmehr das negative, skeptische Menschenbild an sich; die Idee vom homo oeconomicus *postuliert* nicht nur Egoisten, sie *produziert* sie.[445] Wenn wir Sozialleistungsempfängern dauernd unterstellen, sie verfolgten ausschließlich parasitäre Ziele, wird das auf Dauer als „selffulfilling prophecy" wirken. In Wahrheit gibt es den reinen homo oeconomicus nicht, ist der Mensch nicht nur rational und berechnend, sondern (auch) emotional und in seinem Verhalten daher unberechenbar.[446] Die Idee vom rein rational handelnden Menschen ist genauso paranoid wie viele ihrer Vordenker,[447] und es ist keineswegs ein Naturgesetz, dass Bürger, deren Existenz durch ein Grundeinkommen gewährleistet ist, deshalb weniger leistungsbereit werden. Letztlich braucht der

<hr>

[442] z.B. Fukuyama, Identity, Collier, Sozialer Kapitalismus, Rifkin, Die Emphatische Zivilisation, Rosa, Resonanz, Schirrmacher, Ego – Das Spiel des Lebens

[443] vgl. auch Opielka et.al, Grundeinkommen und Werteorientierungen, S. 49

[444] Schirrmacher, S. 28f.

[445] Schirrmacher, S. 68

[446] vgl. z.B. Strenger, Eliten, S. 125, Haidt, Righteous Mind, S. 150, 229

[447] vgl. Schirrmacher, S. 62

Mensch eben beides, Lebens*unterhalt* und Lebens*inhalt*; dass beides durch Lohnarbeit miteinander verknüpft wird, ist aber durchaus nicht zwingend.[448] Nichts weniger als eine grundsätzliche Revision unseres überkommenen Menschenbildes tut also Not, einschließlich der „Entflechtung von Arbeiten und Essen"![449]

---

[448] Nell-Breuning, Arbeitet der Mensch zuviel? S. 41

[449] Vobruba, Entflechtung von Arbeiten und Essen, S. 338

Dritter Teil

Epilog

Die Krise der Politik
oder
Demokratie ohne Diskurs

Ich habe in diesem Buch versucht zu zeigen, dass es Zeit ist, über den Tellerrand der Tagespolitik hinaus zu blicken. Es sind grundsätzliche Debatten zu führen, auch scheinbar unverrückbare Fundamente unserer Gesellschaft müssen in Frage gestellt werden. Um unsere Demokratie zu erhalten, genügt es nicht, regelmässig Wahlen abzuhalten und ein paar liberale Grundrechte (liberté) zu garantieren - die soziale Frage (egalité) muss ebenso im Mittelpunkt unserer Aufmerksamkeit stehen wie ein geordneter, respektvoller Umgang (fraternité) miteinander. Gleichheit ohne Freiheit entgleist in Kommunismus bzw. den „real existierenden Sozialismus", der jüngst im Osten Europas so krachend gescheitert ist. Freiheit ohne Gleichheit (im Sinne sozialer Sicherheit) aber führt zu Anarchie, zu Beliebigkeit und zur Auflösung des Gesellschaftsvertrages.[450] Wir müssen deshalb über eine grundlegende Reform des Sozialstaates reden, und zwar ohne ideologische Vorbehalte und vor allem ohne Schaum vor dem Mund.

Indes finden solche grundsätzlichen Debatten bislang kaum statt; vielmehr herrscht allenthalben ein Problemlösungsmodus vor, der, bildlich gesprochen, lediglich an einigen Stellschrauben dreht, wo doch eine völlig neue Maschine zu konstruieren wäre. Statt konzeptionell zu denken, wird Politik als Managementaufgabe verstanden, bei der Pragmatiker gefragt, Visionäre hingegen eher im Wege sind.[451] Wer die großen Fragen der (sozialstaatlichen) Zukunft lösen will, muss diese Verkrustungen aufbrechen: „Wer etwas verändern will, sucht Ziele; wer etwas verhindern will, hat Gründe. Und seit mindestens zwei Jahrzehnten ... leben (wir) in einer Diktatur der Gründe über die Ziele. ... Der Triumph der Taktik über die Strategie hat unser Land gelähmt."[452] Dabei soll Einstein gesagt haben, jede wirklich gute Idee sei am Anfang völlig illusorisch erschienen;[453] seinem Kollegen Max Planck freilich wird das Bon-

---

[450] vgl. Guérot, Europa, S. 61, 126

[451] man denke an Bismarcks Definition der Politik als der „Kunst des Möglichen" und an Helmut Schmidts Bonmot, wer Visionen habe, solle zum Arzt gehen

[452] Precht, Jäger, Hirten, Kritiker, S. 44

[453] Guèrot, Europa, S. 23

mot zugeschrieben, neue Ideen setzten sich nicht durch, weil ihre Gegner überzeugt würden, sondern weil diese irgendwann ausstürben.

Außerdem, und auch dies verdient nähere Betrachtung, fällt auf, mit welcher Leidenschaft gesellschaftliche Debatten über Bagatellen bzw. über Irrelevantes geführt werden, während die eigentlichen, wichtigen Fragen vernachlässigt werden (z.B. wenn über „Gender-Toiletten" gestritten wird, während tausende von Schultoiletten ihrer dringend erforderlichen Renovierung harren).

Es ist zu fürchten, dass sich gerade unser demokratisches System, dem wir Frieden und Freiheit verdanken, als phlegmatisch erweist, wenn grundsätzliche Neuorientierung gefragt ist; eine Demokratie ist offenbar nur so innovativ, wie es die Wähler ertragen können. Gleichzeitig hat es den Anschein, als trüge gerade die Offenheit und Pluralität unserer Gesellschaft dazu bei, dass, befördert durch digitale Medien, immer wilder und unsachlicher debattiert wird. Das Internet ist eben leider keine moderne Agora, wie die zentralen Versammlungsorte antiker griechischer Stadtstaaten genannt wurden und wo sich die Bürger trafen, um zu diskutieren, zu streiten und schließlich gemeinsam zu entscheiden; sondern es ist eine Echokammer, in der jeder ständig nur bestätigt findet, was er sowieso schon denkt, weil die Algorithmen des Netzes uns permanent mit unseren eigenen Vorurteilen füttern.[454]

Erstmals seit Gründung der Bundesrepublik Deutschland müssen wir uns der Frage stellen, ob unser politisches System in der Lage ist, auf die drängenden Fragen angemessenen zu reagieren. Dabei darf Erreichtes nicht in Vergessenheit geraten, aber es darf auch keine Denkverbote mit Blick auf systemimmanente Schwächen geben. Eineinhalb Jahrzehnte, nachdem ein Bundespräsident forderte, es müsse „ein Ruck durch Deutschland gehen", scheint das Land gesellschaftspolitisch einerseits dauerhaft sediert, was die großen Zukunftsfragen angeht, anderseits hysterisch, was manche Nebensächlichkeiten betrifft.

---

[454] vgl. Strenger, Eliten, S. 18, 127

Konkreter: einerseits nehmen wir es hin, dass in einem der reichsten Länder der Erde Millionen von Menschen am Rande des Existenzminimums leben, hunderttausende Kinder von Bildungschancen ausgeschlossen sind und kriminelle Clans die Kontrolle ganzer Stadtteile übernehmen, andererseits kann eine ungeschickte Äußerung oder ein missglückter Scherz zu wochenlanger Empörung der öffentlichen (veröffentlichten) Meinung führen, wenn es jemandem gelingt, einen Zusammenhang zu politisch brisanten Fragen wie Rassismus, Sexismus oder gar Faschismus herzustellen. Ein Brandanschlag auf eine Asylbewerberunterkunft wird achselzuckend registriert, ein gemeinnütziger Verein (die Essener „Tafel"), der Deutsche bevorzugen will, weil der Zustrom von nordafrikanischen Flüchtlingen im Rahmen der Syrien-Krise seine traditionelle Klientel aus armen Rentnern und Alleinerziehenden Müttern zu verdrängen droht, löst kollektives Entsetzen aus. Unverhohlener Antisemitismus etwa von arabischen Flüchtlingen wird als kulturell bedingter Sozialisationsdefekt hingenommen, aber die Bücher von Astrid Lindgren meint man von rassistischer Terminologie reinigen zu müssen, weil sie den Begriff „Negerkönig" enthalten. Dass noch immer Millionen von Mädchen beschnitten werden, meinen wir nicht ändern zu müssen, weil es woanders stattfindet, aber die Frage, ob eine Rechtsreferendarin ein Kopftuch tragen darf, schafft es bis zum Bundesgerichtshof. Und während das Trash TV mit „The Bachelor" und „Germany's Next Top Model" Triumphe feiert, diskutieren wir darüber, ob die Begriffe „Vaterland" und „brüderlich" in der Nationalhymne frauenfeindlich sind.

Wir haben das Maß verloren. Unsere Gesellschaft ist gleichzeitig apathisch und hysterisch.

Es gibt viele zentrale Zukunftsthemen, mit denen wir uns dringend zu beschäftigen haben; die künftige Struktur des Sozialstaats, die globale Wirtschafts-, Entwicklungs- und Migrationspolitik, die Umwelt- und Klimapolitik, die Krise der EU und einige mehr. Solche Fragen stehen auch durchaus schon seit geraumer Zeit auf der politischen Agenda. Aber sie werden falsch diskutiert: situativ, nicht grundsätzlich. Pragmatisch, nicht ethisch. Und polemisch, nicht argumentativ. Aus diesem

Grund müssen wir an unserer politischen Kultur, an den Spielregeln des gesellschaftlichen Diskurses arbeiten; andernfalls werden wir zwar weiter über die wichtigen Fragen streiten, einer Lösung aber nicht näher kommen. Gerade was das Fundament unserer Gesellschaft betrifft, den Sozialstaat (der in vielerlei Hinsicht kein sozialer Staat mehr ist) und die soziale Marktwirtschaft, brauchen wir dringend eine qualitativ neue Debatte. Was seit Jahren fast ausschließlich unter Verteilungsaspekten und im Rahmen von Klientelpolitik behandelt wird, muss endlich mit Blick auf Zukunftsfähigkeit betrachtet werden. Dass unsere Gesellschaft dazu nicht in der Lage ist, liegt an einer tiefgreifenden Spaltung, die sich nicht allein durch tagespolitische Probleme erklären lässt. Vielmehr verlieren wir immer mehr den demokratisch-gemeinschaftlichen Grundkonsens, der einen kontroversen, aber konstruktiven Diskurs erst ermöglicht. Die zunehmende Spreizung des Wohlstands geht einher mit politischer Radikalisierung; politische Ränder bekommen Zulauf, weil die Menschen spüren, dass es „so" nicht mehr weitergeht. Gleichzeitig bringt niemand die Kraft auf, wirklich grundlegende Reformen durchzusetzen.

In der Vergangenheit folgte auf solchen Niedergang fast immer entweder eine Diktatur oder eine Revolution; davon sind wir gottlob noch weit entfernt, aber es wird höchste Zeit, die fundamentalen Missstände zur Kenntnis zu nehmen und unbequeme Wahrheiten zuzulassen. Das viele Geld, das in die Sozialsysteme fliesst, muss effizienter eingesetzt werden, sowohl die gesetzliche Normierung als auch die Verwaltungspraxis von Sozialleistungsbezug muss leistungsfördernd und für den Steuerzahler akzeptabel, darf aber nicht unsolidarisch oder gar menschenunwürdig sein.

Dafür genügt es nicht, über mehr oder weniger Geld für Arbeitslose, über Sanktionen für Arbeitsunwillige, über höhere Mindestlöhne und niedrigere Steuern zu streiten. All diese Diskussionen, die seit langer Zeit die öffentliche Debatte beherrschen, quacksalbern an Symptomen herum, statt die wirklich zentralen Fragen zu stellen. Während der Sozialstaat heutiger (deutscher) Ausprägung in der Nachkriegszeit, als er entwickelt wurde, und mindestens bis zur nächsten historischen Zäsur, der deutschen Wiedervereinigung, getrost als erfolgreich bezeichnet werden kann, harrt er nun schon seit mindestens 20 Jahren einer grundlegenden Reform, an die sich niemand heran traut. Die Regierung Schröder erkannte immerhin den Handlungsbedarf und versuchte, mit der berühmt-berüchtigten Agenda 2010 gegenzusteuern. Es ist bezeichnend, dass der SPD-Kanzler Schröder deswegen heute von Liberalen und Konservativen gegen jene rot-grüne Koalition verteidigt werden muss, die diese Agenda seinerzeit durchsetzte.

Aber auch die Agenda 2010 war kein Systemwechsel, sondern sie reformierte das alte System; deshalb brachte sie zwar Entlastung und zeitweiligen Erfolg von allem am Arbeitsmarkt, aber die Erosion der gesellschaftlichen Akzeptanz des real existierenden Sozialstaats konnte so nicht gestoppt werden. Die Zahl der abgehängten, perspektivlosen Hartz IV-Empfänger, neuerdings mit durchaus gewollter Abwertung „Prekariat" genannt, wird immer größer, Kinder wachsen nahezu alternativlos in die Abhängigkeit von Sozialleistungen hinein; folgerichtig entwickelt dieser vernachlässigte Teil der Gesellschaft, der wie gesagt immer zahlreicher wird, die für solche Konstellationen typischen Aversionen gegen jene, die an der trostlosen Lage vermeintlich schuld sind, z.B. also gegen Flüchtlinge oder EU-Bürger, die angeblich „in den Sozialstaat einwandern". Der Zulauf für rechtspopulistische Parteien, der aus dieser Konstellation resultiert, macht es anschließend noch schwieriger, die notwendigen sachlichen Debatten zu führen. Statt dessen glaubt die etablierte Polit-Elite, sich durch Härte etwa gegenüber kriminellen Einwanderern profilieren zu müssen, um der AfD den Wind aus den Segeln zu nehmen. Der Sache wäre freilich mehr damit gedient gewesen, die Verwaltung adäquat auszustatten, um Asylverfahren zu beschleunigen, statt jahrelang über letztlich verfassungswidrige „Obergrenzen" zu streiten.

Inhaltlich braucht es einen kompletten „Sozialstaats-Reset". Wir müssen weg von der Almosen-Kultur und hin zu echter Teilhabe. Weg von dem unübersehbaren Wildwuchs verschiedenster Sozialleistungen, die immer nur irgendwelche Löcher stopfen, ohne konzeptionell wirksam zu sein, und die eigentlich niemand wirklich nachvollziehen kann, hin zu klaren, einfachen Regeln, die sich aus sich selbst heraus erklären. Wir brauchen das bedingungslose Grundeinkommen als Ersatz für sämtliche heute existierenden Sozialleistungen!

Dabei geht es zunächst nicht um mehr oder weniger Umverteilung; beides ist mit dem bedingungslosen Grundeinkommen möglich. Es geht um den Systemwechsel hin zu einer einfachen Regelung, die den Menschen als Mitglied der Gesellschaft respektiert, ihm Entfaltung ermöglicht, niemanden überfordert, und von allen als gerecht akzeptiert werden kann.

Es ist aber offenkundig, dass die hier zu führende Debatte derzeit gar nicht möglich ist. Reflexartig prasseln die Vorurteile auf die Befürworter des Grundeinkommens ein, und zwar bezeichnender Weise von allen Seiten des politischen Spektrums: die Liberalen beklagen Leistungsfeindlichkeit, die Sozialdemokraten fehlendes Arbeitsethos, den Linken gefällt nicht, dass das Grundeinkommen bedingungslos ist, also auch den Reichen zusteht, und die Konservativen wollen sowieso nichts grundlegend ändern.

Was also muss passieren, damit eine ergebnisoffene Debatte über eine grundlegende Reform des Sozialstaats möglich wird? Andersherum, warum können wir eine solche Debatte derzeit offensichtlich nicht führen?

Es zeigt sich, dass uns die Fähigkeit zur sachlichen, (ergebnis-)offenen Debatte ganz grundsätzlich verloren gegangen ist. In der Talk Show- und Stammtisch-Kultur prallen ständig unversöhnliche Stereotypen aufeinander, Denk- und Sprechverbote beherrschen das Feld, ständig versucht jemand, mit echter oder geheuchelter Empörung über vermeintliche Grenzüberschreitungen zu verhindern, dass ein anderer seine These frei formuliert. Die politische Korrektheit und ein enger kulturell-politischer Meinungskanon würgen nahezu alles ab, was sich außerhalb der ausgetretenen Pfade bewegen will. Will jemand etwa vorschlagen, das Kindergeld für EU-Ausländer, deren Kinder z.B. in Rumänien leben, zu kürzen, weil das vergleichsweise sehr hohe deutsche

Kindergeld am Wohnort des Kindes eine vielfach höhere Kaufkraft hat, wird ihm erstmal Xenophobie vorgeworfen. Tritt ein anderer hingegen für großzügige Regelungen zum Familiennachzug anerkannter Flüchtlinge ein, weil es in der Tat kaum zu ertragen ist, dass Kinder nicht nur von Bürgerkriegen traumatisiert werden, sondern anschließend auch noch getrennt von ihren Eltern aufwachsen müssen, gilt dies der Gegenseite mindestens als verantwortungslose Sozialromantik, womöglich auch gleich als Verrat am deutschen Volk. Die Diskussion wird dann durchaus leidenschaftlich geführt, aber sie dreht sich fortan nicht mehr um den eigentlichen Vorschlag, sondern darum, wessen Gesinnung die richtige ist. Auf der Strecke bleibt, was nötig wäre: konstruktive Debatten um politische Sachfragen, mit Respekt und Verständnis für andere Auffassungen.

Wir leben in *aufregenden* Zeiten. Stellt man sich vor, man habe, wie Dornröschen im Märchen, hundert Jahre geschlafen, man wird schwindlig beim bloßen Gedanken daran, was sich in dieser Zeit alles verändert hat. Anfang des 20. Jahrhunderts waren Autos, Flugzeuge und Telefone gerade erfunden, aber von Mobilfunk, Internet, Marsmissionen und Atombomben war keine Rede. In der Antike dagegen, die ja erdgeschichtlich auch erst kurz zurückliegt, waren hundert Jahre ein Zeitraum, in dem sich, was Lebensgewohnheiten, technische Errungenschaften und kulturelle Entwicklungen betraf, kaum etwas änderte; ein antikes Dornröschen hätte sich nach seiner „Auszeit" ohne weiteres zurechtgefunden. Die Geschichte scheint sich also immer schneller zu bewegen, gleich einem Strudel, der sich nach innen immer schneller dreht.

Vor allem aber leben wir in *aufgeregten* Zeiten. Kaum eine öffentliche Diskussion, die ohne apokalyptische Prophezeiungen auskommt, überall hyperventilieren die Protagonisten, die banalsten Nebensächlichkeiten werden mit einer Verve diskutiert, als hänge der Fortbestand der Menschheit davon ab. Ausgerechnet die gebildetste Generation der Menschheitsgeschichte, die noch dazu einen nie zuvor da gewesenen umfassenden Zugriff auf Information hat, verliert offenbar die Fähigkeit, sachlich zu debattieren. Alles wird skandalisiert, und was sich nicht skandalisieren lässt, wird ignoriert. Dabei ist jede Seite zutiefst überzeugt, im Recht zu sein, die menschliche Vernunft dient offenbar nicht dem Erkenntnisgewinn, sondern der Rechthaberei.[455] In den Massenmedien und mehr noch in den (a)sozialen Netzwerken ist es kaum noch möglich, für eine differenziert argumentierende Stellungnahme Aufmerksamkeit zu bekommen, Vereinfachung und Zuspitzung sind Trumpf.

Im Ergebnis werden öffentliche Debatten schwerpunktmäßig über Fragen geführt, die von keinerlei substanzieller Bedeutung sind, und Probleme, die tatsächlich wichtig sind, werden argumentativ so lange trivialisiert, bis sie auf die üblichen politischen Frontlinien zwischen Konservativen und Liberalen/Progressiven zurückgeführt werden können, was natürlich zu einem argumentativen Stellungskrieg ohne irgendeine wirkliche Bewegung führt.

Insbesondere gibt es politische Themen, auf die der moderne Mensch auf eine merkwürdig routinierte Art und Weise empfindlich reagiert. Hier wird mitunter ein Meinungsterror gepflegt, der, bei Licht betrachtet, mit einer offenen, pluralistischen, toleranten und demokratischen Gesellschaft nichts mehr zu tun hat. Typisch ist allen diesen Debatten das Symbolhafte, bzw. genauer, das reflexhafte Reagieren auf bestimmte, symbolisch aufgeladene Reize. Fällt während einer Diskussion ein Wort, das sich irgendwie rassistisch, sexistisch oder anderweitig politisch unkorrekt deuten lässt, ist der sachliche Diskurs beendet; es geht dann für den Rest der (Sende-)Zeit nur noch um einen ritualisierten Schlagabtausch zum jeweiligen übergeordneten Thema (also Rassismus, Sexismus etc.).[456] Dass das daraus resultierende Minenfeld dem demokratisch-offenen Diskurs abträglich ist, bedarf keiner weiteren Erläuterung; dass der Versuch, Sprache von allem zu reinigen, was irgend jemanden

---

[455] Steinkopf, Die anderen haben niemals recht

[456] Als Beispiel genannt sei der Streit, ob „der Islam zu Deutschland gehört". Darüber könnte man durchaus differenziert diskutieren, in der öffentlichen Arena ging es aber nur um eine Auseinandersetzung zwischen „islamophoben Reaktionären" und „linken Verrätern an der deutschen Kultur"

in seinen Gefühlen verletzen könnte, zu einem problematischen Verlust an Ausdrucksmitteln führt, kann an vielerlei Beispielen gezeigt werden:

So nannte man Menschen, denen Gliedmassen fehlten, die gelähmt oder auf andere Weise körperlich stark eingeschränkt waren, früher einfach „Krüppel“. Das war ein abwertender Begriff, der zu Recht nicht mehr verwendet wird. Dass man aber neuerdings auch nicht mehr „Behinderter“ sagen soll, sondern „Menschen mit Andersbegabung“ oder ähnliches, verwischt das, was inhaltlich gesagt werden soll. Die Menschen, um die es geht, haben es oft viel schwerer als diejenigen ohne Behinderung, trotzdem leisten sie häufig Erstaunliches. Sie verdienen unseren Respekt und unsere Unterstützung; so zu tun, als gebe es keine Behinderungen, ist aber absurd. Auch die verschwurbelten Begriffe „Mitbürger mit Migrationshintergrund“ oder mit „Fluchtbiographie“ werden die Probleme des Alltagsrassismus nicht lösen, ebensowenig wie die Säuberung von literarischen Klassikern wie „Pippi Langstrumpf“ von Wörtern wie „Negerkönig“, die heute politisch unkorrekt sind, von Astrid Lindgren aber durchaus nicht rassistisch gemeint waren.

Welche Blüten diese sprachliche Hypersensibilität treiben kann, kann exemplarisch an Universitäten in den USA beobachtet werden: dort gibt es „campus guidelines“ zur Political Correctness, die dem Hochschulpersonal u.a. helfen sollen, problematische Formulierungen zu vermeiden; zum Beispiel wurden Jura-Professoren aufgefordert, das Wort „violate“[457] zu meiden, weil traumatisierte StudentInnen daran Schaden nehmen könnten.[458]

Durch diese inflationäre Instrumentalisierung der Political Correctness wird aber nicht nur die Debattenkultur beschädigt. Vielmehr verdankt sich dieser unheilvollen Entwicklung auch der Erfolg derer, die bei dieser Zensur demonstrativ nicht mitmachen und „dem Volk aufs Maul schauen“; die Bauernfänger der populistischen Rechten.

---

[457] dt: „verletzen“, auch im Sinne sexueller Übergriffe

[458] vgl. Nikola Roßbach, „Achtung Zensur“, zitiert nach FAZ v. 24.11.2018, S. L 12

Der amerikanische Politologe Francis Fukuyama, der in der Einleitung dieses Buches mit seiner berühmten Fehleinschätzung vom „Ende der Geschichte" zitiert wurde, hat ein lesenswertes Buch darüber geschrieben, wie sehr die politischen Debatten der Gegenwart an der *Natur des Menschen* vorbei gehen. Der Mensch ist, so Fukuyama, nicht nur *homo oeconomicus*, er sucht nicht immer nur rational seinen materiellen Vorteil, sondern er ist auch und vor allem um Identität bemüht, d.h., er strebt nach Anerkennung.[459] Identitätsprobleme entstehen immer dann, wenn Menschen, insbesondere wenn soziale Gruppen (Minderheiten) sich nicht als gleichwertig bzw. gleichberechtigt anerkannt fühlen, oder wenn bestimmte Individuen oder Gruppen Anspruch auf Anerkennung ihrer Überlegenheit (also eines Sonderstatus) erheben, diesen Anspruch aber nicht durchsetzen können. Menschen machen dann „Missachtungs- und Entfremdungserfahrungen"[460], die sie in Opferrollen flüchten, sich als Minderheiten zusammenschließen und gegen den Rest der Gesellschaft abschotten lassen.

Das hat mit der (in der Gegenwart viel stärker als in der Vergangenheit die politischen Debatten beherrschenden) Frage der *Gleichheit* bzw. *Gleichberechtigung* zu tun. Während in früheren, zumal in aristokratischen Gesellschaften eine herausgehobener Status und die damit verbundenen Privilegien eine Machtfrage waren, über die nicht weiter diskutiert wurde, sind moderne Gesellschaften zur Akzeptanz eines besonderen Status eigentlich nur noch auf Basis herausragender Leistung bereit, und auch dann nur eingeschränkt, bezogen auf das Feld dieser Leistungen.[461]

Grundsätzlich hingegen leben wir im Zeitalter der Gleichheit. Insbesondere steht im Zentrum unseres Denkens nicht mehr die „Ehre", die in früheren Jahrhunderten nur einer Minderheit vorbehalten war (den Aristokraton durch Geburt, tapferen Soldaten und einigen anderen durch

---

[459] Fukuyama, Identity, vgl. auch Taylor, Multikulturalismus und Anerkennung, S. 13 ff., sowie Strenger, Eliten, S. 28 ff., 125

[460] Rosa, Resonanz, S. 338

[461] vgl. Fukuyama, Identity, S. 22f.; s. in diesem Zusammenhang auch Taylor, Multikulturalismus und Anerkennung, S. 19 f., zum Begriff der „Authentizität"

Leistung), sondern die „Würde", die uns allen gleichermaßen zukommt.[462] Moderne persönliche Freiheit und „Inidividualismus" sind aber auch das Ergebnis eines Wegbrechens hierarchischer Ordnungsgefüge, die früher für Stabilität sorgten.[463] Folgerichtig haben viele aufgeregte Debatten der Gegenwart, von denen einige in den vorangegangenen Abschnitten behandelt wurden, damit zu tun, dass sich Menschen in ihrer Individualität nicht als „gleichwertig" anerkannt bzw. „gewürdigt" fühlen, z.B. LGBTQ, Feministinnen oder religiöse Minderheiten. Gleichzeitig gibt es allerdings noch immer Menschen, die aufgrund ihrer Zugehörigkeit zu bestimmten sozialen Gruppen den Anspruch auf Überlegenheit erheben (z.B. „white supremacists" in den USA, deutsche Nationalisten in Pegida[464]). Sie berufen sich häufig auf ihre „Ehre". Gemeinsam haben alle, dass sie sich als Opfer sehen, entweder Opfer der liberalen Eliten oder der reaktionären Intoleranz, entweder des kaltherzigen Kapitalismus oder des blutsaugenden Staates usw. Es gibt geradezu eine Hierarchie der Opfer, in der um die besten Plätze erbarmungslos gekämpft wird.[465] Denn *Opfer*, und darauf kommt es an, sind im Gegensatz zu *Verlierern* niemals selbst schuld an ihrer Misere.[466]

Für die hier behandelten, zentralen sozialpolitischen Fragen sind die Beobachtungen von Taylor und Fukuyama insofern von großer Bedeutung, als die Bereitschaft zu sachlicher, vernünftiger Auseinandersetzung mit einem konkreten sozialen und wirtschaftlichen Problem immer dann dramatisch abnimmt, wenn die Menschen, die sich zu dem Thema äussern, eigentlich von ihren Identitätsproblemen geleitet sind. In der Tat ist es nicht genug, wenn moderne Verfassungsstaaten die Menschenwürde und die Gleichheit vor dem Gesetz zu obersten Grundsätzen staatlichen Handelns erklären, solange die gelebte Praxis hinter diesen Prinzipien zurückbleibt; weder dem Staat noch seinen Bürgern

---

[462] Taylor, Multikulturalismus und Anerkennung, S. 24; Taylor, Das Unbehagen an der Moderne, S. 55 f.

[463] Taylor, Das Unbehagen an der Moderne, S. 8 f.

[464] oder, auf individueller Ebene, chauvinistische Männer wie etwa Harvey Weinstein, vgl. Fukuyama, Identity, S. 19

[465] Rüther, Wir wollten doch erwachsen werden

[466] vgl. Hank, Wir Opfer

kann man guten Gewissens bescheinigen, grundsätzlich allen Menschen mit demselben Respekt zu begegnen. Insoweit waren und sind entsprechende Emanzipationsbewegungen (wie etwa der Feminismus oder die Bürgerrechtsbewegung in den USA bzw. heute „Black Lives Matter") notwendig. Wenn aber solche Bewegungen ihrerseits intolerant werden, insbesondere wenn sie Zweifler mundtot machen wollen, werden die bestehenden Identitätsprobleme nicht gelöst, sondern es werden weitere geschaffen.

Fukuyama führt in diesem Zusammenhang aus, dass die politische Linke, insbesondere in Europa, ihre Agenda substanziell geändert hat: weg vom Sozialen, hin zum Kulturellen. Toleranz gegenüber Einwanderern, das Ideal der „Multi-Kultur", gleiche Rechte für LGBTQ, „fundamentalistischer" Feminismus notfalls auch ohne sachliche Grundlage - das alles sind linke Themen des 21. Jahrhunderts. Die klassische linke Klientel, also die „Arbeiterklasse", kann mit diesen Themen häufig wenig anfangen und weicht auf die rechte Seite des politischen Spektrums aus. Die dort entstandenen politischen Parteien (Front National in Frankreich, AfD in Deutschland, Tea-Party bzw. neuerdings Donald Trump in USA) greifen den Frust der Vernachlässigten auf und feiern erstaunliche Erfolge.[467] Die modernen Kosmopoliten, also intellektuelle und wirtschaftliche Eliten, entfernen sich immer mehr von den vielen Menschen, die einfache Identitäten brauchen. Paul Collier hat ein eindrucksvolles Beispiel angeführt: In Großbritannien entschied ein Gericht, Schulen dürften mit Blick auf familiäre Strukturen nicht länger von „Müttern und Vätern" sprechen, weil dies das Recht eines gleichgeschlechtlichen Elternpaares verletze. Hier, habe, so Collier, „ein von einem Richter geschaffenes neues Recht, das einer Handvoll Menschen zugute kommen soll, fundamentale Narrative zerstört, die Millionen anderer Familien bei der Erziehung ihrer Kinder helfen. ... (Dies sei) ein Beispiel für den Triumph einer Ideologie über Pragmatismus."[468] Gondor und LGBT Aktivisten mögen das inhaltlich anders sehen, aber dass man mit solcherlei hypersensibler Sprachhygiene viele einfache Menschen verschreckt

---

[467] Fukuyama, Identity, S. 113ff.; vgl. auch Collier, Sozialer Kapitalismus, S. 16 ff.,

[468] Collier, Sozialer Kapitalismus, S. 72 f.

und denen zutreibt, bei denen man noch „geradeaus reden darf", ist evident.

Der weisse Mittelschicht-Amerikaner, der jahrzehntelang im *Rust-Belt* in Pennsylvania, Ohio oder Michigan hart gearbeitet und gut gelebt hat, fühlt sich von den Demokraten verraten, die sich (angeblich) mehr um Einwanderer aus Mexiko kümmern als um ihre angestammten Wähler. Der deutsche Familienvater, der für einen neuen Job umziehen muss und keine Wohnung findet, hat das Gefühl, es werde mehr für „Asylanten" getan als für ihn. Die „Gelbwesten" in Frankreich machen Krawall, weil der Sozialstaat in manchen seiner Wucherungen beschnitten werden muss, die Italiener wählen Parteien, die ganz offen die Politik verfolgen, Bootsflüchtlinge „zur Abschreckung" im Mittelmeer ertrinken zu lassen, und in Polen und Ungarn sind bereits Regimes an der Macht, die elementare Freiheitsrechte und sogar die Gewaltenteilung unter den Vorbehalt stellen, dass sie ihrer Sache nützlich sind. All das geschieht freilich, ohne dass jemand offen antidemokratisch wäre; „man beruft sich immer auf die wahre Demokratie und schilt die anderen antidemokratisch."[469] Wenn man diese Trends extrapoliert, stösst man auf die Frage, ob die Demokratie womöglich im Begriff ist, sich selbst abzuschaffen. Denn Demokratie ist nicht einfach überall, wo regelmäßig Wahlen stattfinden; zu ihren unverzichtbaren Konstitutionsprinzipien gehören außerdem „*checks and balances*" (Gewaltenteilung, insbesondere unabhängige Justiz), und Meinungsfreiheit, einschließlich einer freien, unabhängigen Presse.

Es ist aber auch offensichtlich, dass eben diejenigen politischen Kräfte, die sich mit wachsender Verzweiflung gegen solch undemokratische Trends stemmen, ungewollt zu genau diesen Entwicklungen beitragen. Wenn man vor lauter „Political Correctness" jeden, der Vorbehalte gegen die Einwanderung hunderttausender Muslime äussert, weil er dadurch die kulturellen Grundlagen der deutschen Gesellschaft gefährdet sieht, zum Faschisten erklärt und quasi mundtot macht, spielt das rechten Populisten natürlich in die Hände. „Dem demokratischen Diskurs

---

[469] Adorno, Aspekte des neuen Rechtsradikalismus, S. 37

wird die Grundlage entzogen ..., wenn die politischen Argumente a priori nicht gleichwertig sind ... Mit der Ausgrenzung der Populisten beginnt also der Verfall der Demokratie."[470] Gleiches gilt in all den anderen sensiblen Themenfeldern: die neue CDU-Vorsitzende Kramp-Karrenbauer „darf" eigentlich gar nicht mehr gegen die „Homo-Ehe" sein, weil das nicht mehr im tolerablen Meinungsspektrum ist, auch wenn sie ganz sachlich und keineswegs homophob argumentiert. Wenn eine Ministerin darauf hinweist, dass es noch keine Langzeitstudien dazu gibt, wie sich adoptierte Kinder in gleichgeschlechtlichen Partnerschaften entwickeln, bekommt sie einen Shitstorm (man darf offenbar nicht mehr der Ansicht sein, dass Kinder am besten in einer klassischen Familie mit Mutter und Vater aufgehoben sind). Und wenn man in der SPD oder bei den Grünen etwas werden will, hüte man sich davor, den zuweilen absurden Ideen der fundamentalistischen Feministinnen zu widersprechen. Nicht selten ersetzt politisch korrekte Haltung die notwendige Auseinandersetzung mit den Fakten. 63% der Deutschen sind der Meinung, es gebe „viele ungeschriebene Gesetze, welche Meinungen akzeptabel und welche tabu sind", 78% geben an, sie seien mit öffentlichen Meinungsäußerungen zu einigen (58%) oder sogar zu vielen (20%) Themen vorsichtig.[471]

Was die wohlmeinenden, modernen Politiker ebenso wenig begriffen haben wie die dominierenden Medien, die in der Regel ähnliche Töne anschlagen, ist, dass es im Volk eine natürliche Aversion gegen diese Verengung des „Meinungskorridors" gibt; wenn dann z.B. nur noch die AfD (und evtl. der rechte Rand der CSU) von „Deutscher Leitkultur" zu sprechen wagt, bekommt sie Zustimmung auch von Menschen, die mit rechtem Populismus eigentlich nichts zu tun haben wollen. Man muss eben kein Faschist sein, um den Primat der deutschen Kultur in Deutschland zu fordern.[472] Aber man bewegt sich damit außerhalb jenes Meinungsspektrums, dass ein medialer Mainstream definiert hat;

---

[470] Guerot, Europa,S. 58

[471] Quelle: Institut für Demoskopie Allensbach, FAZ v. 23.5.2019, S. 12

[472] vgl. Fukuyama, Identity, S 166: „Germany needs something precisely like *Leitkultur...*"; Taylor, Multikulturalismus und Anerkennung, S. 18

als Politiker kann man sich das praktisch nicht leisten![473] Das aber, was Paul Collier „die Verachtung der Gebildeten für die nationale Identität" nennt,[474] wird auf Dauer nicht weiterhelfen.[475]

Charles Taylor spricht mit Blick auf die Verwechslung von Toleranz mit Gleichmacherei zu Recht von einem „differenz-blinden Liberalismus",[476] der in eine Falle läuft, wenn er meint, alle Kulturen gleichwertig nebeneinander stellen zu müssen. Die Trennung zwischen Politik und Religion beispielsweise, die für den westlichen Liberalismus prägend ist, wird von den meisten Muslimen abgelehnt - wenn wir deren Haltung als gleichwertig anerkennen würden, gäben wir unseren modernen Rechtsstaat auf; wir müssten dann konsequenter Weise die Anwendung der Scharia und damit die Etablierung islamischer Parallelgesellschaften dulden. Und wenn manche Protagonisten moderner Toleranz die Vollverschleierung muslimischer Frauen glauben hinnehmen zu müssen, weil sie religiös motiviert ist, wird bald auch jemand fordern, seine Tochter beschneiden lassen zu dürfen!

Unser Gesellschaftsmodell ist „ein organisch aus dem Christentum hervorgegangenes Ideengebäude,"[477] der säkulare, liberale Staat kann daher nicht kulturell neutral sein, ohne sich selbst zu verlieren. Man kann aber Muslimen, Juden und anderen Religionen mit Respekt und Toleranz begegnen, ohne deshalb gleich den Anspruch aufzugeben, dass Deutschland ein Teil des *christlichen* Abendlandes ist; eine in diesem Sinne verstandene Forderung nach einer Leitkultur ist nicht intolerant, sondern notwendig. Wenn man dann noch reziproke Rechte für Christen im Maghreb, in der Levante, in Saudi-Arabien, dem Iran und der Türkei durchsetzen könnte, wäre vielen geholfen.

---

[473] vgl. Bregman, Utopien, zum „Annehmbarkeitsfenster" oder „Overton-Fenster" von Meinungen

[474] Collier, Sozialer Kapitalismus, S. 92

[475] man erinnere sich an den Ausdruck „the basket of deplorables", mit dem die demokratische Präsidentschaftskandidatin Hillary Clinton jene Wählergruppen beleidigte, die anschließend ihrem Konkurrenten Trump zum Sieg verhalfen

[476] Taylor, Multikulturalismus und Anerkennung, S. 48

[477] Taylor, Multikulturalismus und Anerkennung, S. 49

Der Erfolg der rechten Parteien in Europa und besonders der Triumph des rechten Volkstribunen Donald Trump wäre jedenfalls kaum denkbar ohne diese, von „modernen" Linken und Mainstream-Medien befeuerte Spirale von Political Correctness und kultureller Beliebigkeit, bei der man zuweilen kaum noch hinterherkommt beim Umgehen immer neu hinzukommender Minenfelder. Trump löst bei seinen Anhängern schon allein dadurch Begeisterung aus, dass er sich um Political Correctness einfach nicht schert. Er (und seinesgleichen in Europa) profitiert von der Empörung vieler Menschen über die Arroganz und Herablassung, mit der sie sich vom liberalen Establishment behandelt fühlen.

Was hat das mit dem bedingungslosen Grundeinkommen zu tun?
Alles!
Das bedingungslose Grundeinkommen ist ein „globales Zivilisationsprojekt, vergleichbar mit der Abschaffung der Sklaverei."[478] Solche Initiativen stoßen immer auf massive Widerstände; sie haben nur eine Chance, wenn Bereitschaft zu ergebnisoffener Debatte besteht.

Solange politische Debatten schematisiert entlang der politisch korrekten Meinungskorridore und der parteipolitischen Frontlinien geführt werden und eine politisch inkorrekte Abweichung quasi mit einer Art demokratischer Todesstrafe („Mundtot-Machung") geahndet wird, werden Protagonisten einer revolutionär-utopisch erscheinenden Idee wie des bedingungslosen Grundeinkommens wohl in der Wissenschaft und Publizistik, aber kaum in der demokratischen Arena zu finden sein. Das politische Risiko für Abweichler von der Parteilinie ist einfach zu groß. Außerdem finden in unseren Parlamenten, vor allem im Bundestag, der seinem grundgesetzlichen Auftrag zufolge der zentrale Ort politischer Auseinandersetzung sein sollte, nur noch Scheindebatten statt. Fernsehübertragungen aus dem Parlament zeigen regelmässig, wie Politiker, die vom politischen Gegner direkt angesprochen worden, gelangweilt an ihrem Smartphone herumspielen; das soll wohl zum Ausdruck bringen, wie wenig ernst sie die Angriffe nehmen, in Wahrheit offenbart solches Verhalten nach allgemeinen zivilisatorischen Maßstäben erstens

---

[478] Bergmann, BGE, S. 9

schlechte Manieren und zweitens die Unfähigkeit zu sachlichem Diskurs. Was sagt es dem TV-Publikum, wenn die Bundeskanzlerin, während ein linke Rednerin sie wegen ihrer Europapolitik angreift, Whatsapps schreibt, sich mit ihrem Vizekanzler unterhält oder gar demonstrativ den Plenarsaal verlässt? Der fehlende Respekt vor dem politischen Gegner wird zum fehlenden Respekt vor der Aufgabe des Parlaments, letztlich auch vor demokratischen Entscheidungsprozessen insgesamt.

Was der politischen Auseinandersetzung zu wünschen wäre, ist eine Rückbesinnung auf die Debattenkultur des Mittelalters, die freilich auch damals nicht von den Machthabern gepflegt wurde, sondern lediglich von einer schmalen kulturell-intellektuellen Elite: der scholastische Disput![479]

Nach den Regeln des scholastischen Disputs wurde eine sachliche Kontroverse ausgetragen, indem zunächst einer der Diskutanten ein Argument für seine Position vortrug. Danach durfte der Gegner nicht sofort antworten, sondern er musste erst das Argument des Kontrahenten in eigenen Worten wiederholen, also beweisen, dass er es verstanden und sich damit auseinandergesetzt hatte. Erst danach durfte er inhaltlich dagegenhalten, woraufhin die andere Partei wiederum wiederholen und zusammenfassen musste, was gegen sie vorgebracht worden war. Auf diese Weise war möglich, was heute kaum je gelingt, nämlich von einer These und einer Antithese zu einer konsensfähigen Synthese zu gelangen. Die hervorragendsten Scholastiker des Mittelalters haben diese Vorgehensweise zu solcher Meisterschaft entwickelt, dass man etwa bei der Lektüre von Schriften des Thomas von Aquin „einigermaßen stutzig und verwirrt, ganze Seiten liest, die nichts anderes enthalten als die höchst überzeugend formulierten gegnerischen Argumente."[480]

Ziel solcher Debatten ist es nicht, den Gegner und dessen Argumente möglichst schwach erscheinen zu lassen, sondern im Gegenteil, dessen Position bestmöglich zu formulieren, um dann, wenn man sie trotzdem

---

479 vgl. Kirchner, Rhetorik und Glaubwürdigkeit, S. 209 ff.

480 Pieper, Thomas von Aquin, S. 79 f.

widerlegen kann, höchstmögliche Sicherheit zu haben, dass man auf dem richtigen Weg ist. Man spricht also nicht, wie unsere Debattenredner es zumeist tun, den Abwehrreflex des Gegners an, sondern bemüht sich um echtes Verständnis der anderen Position.[481] Keinesfalls darf man nach den Regeln der Scholastik schon vorher sicher sein, dass man recht hat.[482] Und „widerlegt zu werden, ist in diesem Falle keine Gefahr, wohl aber, nicht verstanden zu werden."[483]

Man stelle sich einen Moment lang vor, Fernseh-Talkshows würden nach diesen Regeln veranstaltet - welche Zumutung für deren Protagonisten, welcher Gewinn aber auch für die Zuschauer, die auf einmal einen Gedankenaustausch zu hören bekämen an Stelle immer wieder neu aufgewärmter Statements ohne Bezug zum Argument der anderen.

Was im übrigen notwendig ist, ist eine einerseits grundsätzliche, andererseits aber ideologiefreie Debatte. Es spielt keine Rolle, ob jemand aus christlicher Barmherzigkeit handelt oder aus sozialistischer Solidarität; es ist auch egal, ob man die Umwelt schützen oder die Schöpfung bewahren will. Wichtig ist ein offener, tabufreier Streit über Inhalte, und die Bereitschaft, vorurteilslos in Frage zu stellen, was bisher gültig war, so wie René Descartes, der folgendes zum Ausgangspunkt seiner Meditationen nahm:

„Schon vor einer Reihe von Jahren habe ich bemerkt, wieviel Falsches ich in meiner Jugend als wahr habe gelten lassen und wie zweifelhaft alles ist, was ich hernach darauf aufgebaut, und daß ich daher einmal im Leben alles von Grund auf umstoßen und von den ersten Grundlagen an neu beginnen müsse, wenn ich endlich einmal etwas Festes und Bleibendes in den Wissenschaften ausmachen wolle."[484]

---

[481] übrigens gerade auch auf emotionaler Ebene, vgl. Haidt, Righteous Mind, S. 57

[482] vgl. Pieper, Thomas von Aquin, S. 85, unter Berufung auf Sokrates

[483] Kant, Kritik der reinen Vernunft, S. 40

[484] Descartes, Meditationen, S. 11, Rn. (8)

Bibliographie

Adorno, Theodor W.: Aspekte des neuen Rechtsradikalismus, Suhrkamp 2019, zitiert: Adorno, Aspekte des neuen Rechtsradikalismus

Althaus, Dieter: Mut zur Revolution, in: Philip Kovce, Soziale Zukunft - Das bedingungslose Grundeinkommen - Die Debatte, Verlag freies Geistesleben 2017, zitiert: Althaus, Mut zur Revolution

Althaus, Dieter / Binkert, Hermann: Solidarisches Bürgergeld – Den Menschen trauen, Books on Demand GmbH 2010, zitiert: Althaus/Binkert, Solidarisches Bürgergeld

Angenendt, Arnold: Toleranz und Gewalt, 5. Aufl. 2009, zitiert: Angenendt, Toleranz und Gewalt

Arendt, Hannah: Vita activa oder vom tätigen Leben, Piper TB 3623, 11. Aufl. 2013, zitiert: Arendt, Vita activa

Aristoteles: Nikomachische Ethik, Felix Meiner Verlag, Philosophische Bibliothek, zitiert: Aristoteles, Nikomachische Ethik

Atkinson, Anthony: Ungleichheit, Klett-Cotta-Verlag 2016, zitiert: Atkinson, Ungleichheit

Augstein, Jakob: Fairness ist Zufall, in: Philip Kovce, Soziale Zukunft - Das bedingungslose Grundeinkommen - Die Debatte, Verlag freies Geistesleben 2017, zitiert: Augstein, Fairness ist Zufall

Bergmann, Stefan: In zehn Stufen zum BGE, BoD 2. Aufl. 2018, zitiert: Bergmann, BGE

Betts, Alexander / Collier, Paul: Gestrandet, Siedler Verlag 2017, zitiert: Betts/Collier, Gestrandet

Binswanger, Daniel: Frei von Arbeit?, in: Philip Kovce, Soziale Zukunft - Das bedingungslose Grundeinkommen - Die Debatte, Verlag freies Geistesleben 2017, zitiert: Binswanger, Frei von Arbeit

Böckenförde, Ernst-Wolfgang: Kirchlicher Auftrag und politisches Handeln, 1989, zitiert: Böckenförde, Kirchlicher Auftrag und politisches Handeln

Bregman, Rutger: Utopien für Realisten, rororo 3. Aufl. 2019, zitiert: Bregman, Utopien

Bringmann, Klaus: Geschichte der römischen Republik, C.H.Beck 2002, zitiert: Bringmann, Römische Republik

Bringmann, Klaus: Krise und Ende der römischen Republik, Akademie Verlag 2003, zitiert: Bringmann, Krise

Charlier, Joseph: Lösung des Sozialproblems oder Humanitäre Verfassung, auf Naturrecht gegründet und mit einer Präambel versehen, in: Bedingungsloses Grundeinkommen - Grundlagentexte, herausgegeben von Philip Kovce und Birger P. Priddat, Suhrkamp 2019, zitiert: Charlier, Lösung des Sozialproblems

Christ, Karl: Krise und Untergang der römischen Republik, Wissenschaftliche Buchgesellschaft 1979, zitiert: Christ, Römische Republik

Collier, Paul: Sozialer Kapitalismus, Siedler Verlag 2019, zitiert: Collier, Sozialer Kapitalismus

Comte-Sponville, André: Kann Kapitalismus moralisch sein? Diogenes TB 2009, zitiert: Comte-Sponville, Kapitalismus

Cournand, Antoine de: Für die Aufteilung des Grundbesitzes, in: Wolfgang Kruse (Hg.), Die Französische Revolution (Programmatische Texte) 2012, zitiert: Cournand, Aufteilung des Grundbesitzes

Csikszentmihalyi, Mihaly: Flow - das Geheimnis des Glücks, Klett-Cotta, 4. Aufl. 2018, zitiert: Csikszentmihalyi, Flow

Dahrendorf, Ralf: Ein garantiertes Mindesteinkommen als konstitutionelles Anrecht, in: Bedingungsloses Grundeinkommen - Grundlagentexte, herausgegeben von Philip Kovce und Birger P. Priddat, Suhrkamp 2019, zitiert: Dahrendorf, Mindesteinkommen

Descartes, René: Meditationen, Felix Meiner Verlag 1972, zitiert: Descartes, Meditationen, S., Rn.

Desmond, Matthew: Evicted - Poverty and Profit in the American City, Penguin Random House UK, 2017, zitiert: Desmond, Evicted

Desmond, Matthew: Eviction and the Reproduction of Urban Poverty, in: American Journal of Sociology, 118 (2012), p 88-133, zitiert: Desmond, Eviction and Urban Poverty

Domscheit-Berg, Anke: Anders arbeiten, in: Philip Kovce, Soziale Zukunft - Das bedingungslose Grundeinkommen - Die Debatte, Verlag freies Geistesleben 2017, zitiert: Domscheit-Berg, Anders arbeiten

Dostojewskij, Fjodor: Die Brüder Karamasow, Ammann Verlag 2003, zitiert: Dostojewskij, Brüder Karamasow

Dreier, Horst: Grundgesetz - Kommentar, Mohr Siebeck Verlag, 2. Aufl. 2004, zitiert: (Bearbeiter) in: Dreier, GG, Art., Rn.

Engels, Friedrich: Die Lage der arbeitenden Klasse in England, Holzinger, 4. Aufl. 2017, zitiert: Engels,

Figes, Orlando: Natasha´s Dance - a cultural history of Russia, Metropolitan Books 2002, zitiert: Figes, Natasha´s Dance

Fourier, Charles: Brief an den Justizminister, in: Bedingungsloses Grundeinkommen - Grundlagentexte, herausgegeben von Philip Kovce und Birger P. Priddat, Suhrkamp 2019, zitiert: Fourier, Brief an den Justizminister

Friedell, Egon: Kulturgeschichte der Neuzeit, Verlag Zweitausendeins (Lizenzausagabe) 2009, zitiert: Friedell, Kulturgeschichte

Friedman, Milton: Kapitalismus und Freiheit, in: Bedingungsloses Grundeinkommen - Grundlagentexte, herausgegeben von Philip Kovce und Birger P. Priddat, Suhrkamp 2019, zitiert: Friedman, Kapitalismus und Freiheit

Fromm, Erich: Psychologische Aspekte zu Frage eines garantierten Einkommens für alle, in: Gesamtausgabe, DVA 1981, Bd. V, Politik und sozialistische Gesellschaftskritik, S. 309-3016, zitiert: Fromm, Psychologische Aspekte zum garantierten Einkommen

Fromm, Erich: Wege aus einer kranken Gesellschaft, dtv 1991, 7. Aufl. 2011, zitiert: Fromm, Wege aus einer kranken Gesellschaft

Fukuyama, Francis: Identity - Contemporary Identity Politics and the Struggle for Recognition, Profile Books Ltd. (UK) 2018, zitiert: Fukuyama, Identity

Fukuyama, Francis: The end of history and the last man, Free Press Paperback 2006, zitiert: Fukuyama, End of history

Gauck, Joachim: Freiheit – Ein Plädoyer, Kösel-Verlag 2012, zitiert: Gauck, Freiheit – Ein Plädoyer

Gladwell, Malcolm: The Tipping Point – how little things can make a big difference, Abacus (UK), 2005, zitiert: Gladwell, Tipping Point

Göring, Marcus: Die Beweislast im Sozialrecht, Peter Lang Verlag 1994, zitiert: Göring, Sozialrecht

Gorz, André: Arbeit zwischen Misere und Utopie, Suhrkamp 2000, zitiert: Gorz, Arbeit zwischen Misere und Utopie

Grimm, Dieter: Karlsruher Wirtschaftspolitik? In: FAZ v. 9.5.2019, S. 6, zitiert: Grimm in: FAZ v. 9.5.2019

Guérot, Ulrike: Warum Europa eine Republik werden muss, Pieper-Verlag 2017, zitiert: Guérot, Europa

Guski, Andreas: Dostojewskij - Eine Biographie, C.H.Beck 2018, zitiert: Guski, Dostojewskij

Gysi, Gregor: Weder gleich noch gerecht, in: Philip Kovce, Soziale Zukunft - Das bedingungslose Grundeinkommen - Die Debatte, Verlag freies Geistesleben 2017, zitiert: Gysi, Weder gleich noch gerecht

Häring, Bernhard: Das Gesetz Christi, 6. Aufl. 1961, zitiert: Häring, Das Gesetz Christi, Bd.

Haidt, Jonathan: The Righteous Mind, Vintage Books / Random House 2013, zitiert: Haidt, Righteous Mind

Hank, Rainer: Wir Opfer, in FAS v. 7.4.2019, S. 18, zitiert: Hank, Wir Opfer

Hank, Rainer: Wie sozialistisch ist das Grundgesetz? in: FAS v. 14.4.2019, S. 17, zitiert: Hank in: FAS v. 14.4.19

Haverkate, Görg: Verfassungslehre – Verfassung als Gegenseitigkeitsordnung, C.H.Beck 1992, zitiert: Haverkate, Verfassungslehre

Heisig, Kirsten: Das Ende der Geduld, Herder-Verlag 2010, zitiert: Heisig, Das Ende der Geduld

Horstmann, Ulrich: Alles, was Sie über Das Kapital im 21. Jahrhundert von Thomas Piketty wissen müssen, FBV 2014, zitiert: Horstmann,

Huch, Ricarda: Deutsche Geschichte in drei Bänden, Manesse, 2. Aufl. 1989/92, zitiert: Huch, Deutsche Geschichte, Bd.

Jacobi, Dirk / Bechtler, Cornelius: Garantiertes Grundeinkommen: Pro und Contra, Bildungswerk Berlin der Heinrich-Böll-Stiftung, 2007, zitiert: Jacobi/Bechtler, Garantiertes Grundeinkommen, Pro und Contra

Jarass, Hans D. / Pierrot, Bodo: Grundgesetz für die Bundesrepublik Deutschland - Kommentar, C.H.Beck Verlag, 13. Aufl. 2013, zitiert: (Bearbeiter) in: Jarass/Pieroth, GG, Art., Rn.

Johannes Paul II: Laborem Exercens, 1981, in: Nell-Breuning, Arbeit vor Kapital, s.u., zitiert: Johannes Paul II, Laborem Exercens

Kaiser, Tobias: Warum Finnlands Grundeinkommen alle enttäuscht hat, in: www.welt.de 8.2.2019, zitiert: Kaiser: Finnlands Grundeinkommen

Kant, Immanuel: Kritik der reinen Vernunft, Suhrkamp Taschenbuch Wissenschaft, Kant Werke Bd. 3, zitiert: Kant, Kritik der reinen Vernunft

Kant, Immanuel: Grundlegung zur Metaphysik der Sitten, Suhrkamp Taschenbuch Wissenschaft, Kant Werke Bd. 7, zitiert: Kant, Metaphysik der Sitten

Keck, Andreas: Das philosophische Motiv der Fürsorge im Wandel; vom Almosen bei Thomas von Aquin zu Juan Luis Vives´ De subventione pauperum, Echter-Verlag 2010, zitiert: Keck, Fürsorge im Wandel

Kershaw, Ian: Höllensturz - Europa 1914 bis 1949, DVA 4. Aufl. 2016, zitiert: Kershaw, Höllensturz

Kersting, Wolfgang: Gerechtigkeit: Die Selbstverewigung des egalitaristischen Sozialstaats, in: Stephan Lessenich (Hrsg.): Wohlfahrtsstaatliche Grundbegriffe, 2003, S. 105-135, zitiert: Kersting, Gerechtigkeit

Keynes, John Maynard: Wirtschaftliche Möglichkeiten für unsere Enkelkinder, in: Bedingungsloses Grundeinkommen - Grundlagentexte, herausgegeben von Philip Kovce und Birger P. Priddat, Suhrkamp 2019, zitiert: Keynes, Wirtschaftliche Möglichkeiten

Kipping, Katja: Teil der Lösung, in: Philip Kovce, Soziale Zukunft - Das bedingungslose Grundeinkommen - Die Debatte, Verlag freies Geistesleben 2017, zitiert: Kipping, Teil der Lösung

Kirchner, Alexander / Kirchner, Baldur: Rhetorik und Glaubwürdigkeit, Gabler-Verlag 1999, zitiert: Kirchner, Rhetorik und Glaubwürdigkeit

Klee, Ernst: Pennbrüder und Stadtstreicher - Nichtseßhaften-Report, Fischer 1979, zitiert: Klee, Pennbrüder und Stadtstreicher

Klussmann, Uwe / Pieper, Dietmar (Hg.): Die Herrschaft der Zaren, DVA 2012, zitiert: (Autor) in: Klussmann/Pieper, Zaren

Lafarge, Paul: Das Recht auf Faulheit - Zurückweisung des „Rechts auf Arbeit" von 1848, in: Bedingungsloses Grundeinkommen - Grundlagentexte, herausgegeben von Philip Kovce und Birger P. Priddat, Suhrkamp 2019, zitiert: Lafargue, Recht auf Faulheit

Lenz, Monika/Ray, Christopher: Das bedingungslose Grundeinkommen – eine Chance zum Leben? FAKTuell-Verlag 2010, zitiert: Lenz/Ray, Eine Chance zum Leben?

Lepore, Jill: These Truths - A History of the United States, W.W. Norton & Co., 2018, zitiert: Lepore, These Truths

Lessenich, Stephan: Das Grundeinkommen in der gesellschaftspolitischen Debatte, 2009, zitiert: Lessenich, Grundeinkommen

Locke, John: Zwei Abhandlungen über die Regierung, Suhrkamp TB Wissenschaft 1977, zitiert: Locke, Regierung, Abh., §

Mann, Golo: Deutsche Geschichte des 19. und 20. Jahrhunderts, Fischer-Verlag, 19. Aufl. 1987, zitiert: Mann, Deutsche Geschichte

Marx, Karl / Engels, Friedrich: Das kommunistische Manifest, Anaconda 2009, zitiert: Marx/Engels, Kommunistisches Manifest

Marx, Karl: Das Kapital, Alfred Kröner Verlag 1957, zitiert: Marx, Das Kapital

Meier, Christian: Athen, Siedler-Verlag, Neuauflage 2004, zitiert: Meier, Athen

Meyer, Eduard: Untersuchungen zur Geschichte der Gracchen, Halle 1894, zitiert: Meyer, Gracchen

Montefiore, Simon Sebag: Die Romanows - Glanz und Untergang der Zarendynastie 1613-1918, S.Fischer 2016, zitiert: Montefiore, Romanows

Morus, Thomas: Utopia, Rowohlt 1960, zitiert Morus, Utopia, Ziff.

Münch, Ingo von / Kunig, Philip: Grundgesetz - Kommentar, C.H.Beck 6. Aufl. 2012, zitiert: (Bearbeiter) in Münch/Kunig, GG, Art., Rn.

Nell-Breuning, Oswald v.: Arbeitet der Mensch zuviel? Herder Verlag 1985, zitiert: Nel-Breuning, Arbeitet der Mensch zuviel?

Nell-Breuning, Oswald v.: Baugesetze der Gesellschaft – Solidarität und Subsidiarität, Herder Verlag 1990, zitiert: Nell-Breuning, Baugesetze der Gesellschaft

Nell-Breuning, Oswald v.: Arbeit vor Kapital; Kommentar zur Enzyklika Laborem Exercens von Johannes Paul II, Europa Verlag Wien 1983, zitiert: Nell-Breuning, Arbeit vor Kapital

Netzwerk Grundeinkommen: Kleines ABC des bedingungslosen Grundeinkommens, 2012, zitiert: Netzwerk GE, Kleines ABC

Nida-Rümelin, Julian: Spaltung der Gesellschaft, in: Philip Kovce, Soziale Zukunft - Das bedingungslose Grundeinkommen - Die Debatte, Verlag freies Geistesleben 2017, zitiert: Nida-Rümelin, Spaltung der Gesellschaft

Nietzsche, Friedrich: Götzendämmerung, in: Gesammelte Werke, Anaconda 2012, zitiert: Nietzsche, Götzendämmerung

Nipperdey, Thomas: Deutsche Geschichte 1866-1918, Band 1, Arbeitswelt und Bürgergeist, Verlag C.H.Beck, 2. Aufl. 1991, zitiert: Nipperdey, Deutsche Geschichte, Bd. 1

Nitzsch, Karl Wilhelm: Die Gracchen, und ihre nächsten Vorgänger, Berlin 1847, zitiert: Nitzsch, Gracchen

Nolte, Georg: Ist die Welt gerecht? In: FAZ v. 24.5.2018, S. 7, zitiert: Nolte, Ist die Welt gerecht?

Offe, Claus: Das bedingungslose Grundeinkommen als Antwort auf die Krise von Arbeitsmarkt und Sozialstaat, in: Bedingungsloses Grundeinkommen - Grundlagentexte, herausgegeben von Philip Kovce und Birger P. Priddat, Suhrkamp 2019, zitiert: Offe, Grundeinkommen

Opielka, Michael: Gesellschaft für alle, in: Philip Kovce, Soziale Zukunft - Das bedingungslose Grundeinkommen - Die Debatte, Verlag freies Geistesleben 2017, zitiert: Opielka, Gesellschaft für alle

Opielka, Michael: Das garantierte Einkommen - ein sozialstaatliches Paradoxon? in: Bedingungsloses Grundeinkommen - Grundlagentexte, herausgegeben von Philip Kovce und Birger P. Priddat, Suhrkamp 2019, zitiert: Opielka, Paradoxon

Opielka, Michael / Müller, Matthias / Bendixen, Tim / Kreft, Jesko: Grundeinkommen und Werteorientierungen – Eine empirische Analyse, Verlag für Sozialwissenschaften, 2. Aufl. 2010, zitiert: Oielka et al., Grundeinkommen und Werteorientierungen

Paine, Thomas: Für ein Grundeinkommen, in: Wolfgang Kruse (Hg.): Die Französische Revolution (Programmatische Texte), 2012, zitiert: Paine, Grundeinkommen

Paine, Thomas: Agrarische Gerechtigkeit - an die Gesetzgeber und an die Direktoren der Republik Frankreich, in: Bedingungsloses Grundeinkommen - Grundlagentexte, herausgegeben von Philip Kovce und Birger P. Priddat, Suhrkamp 2019, zitiert: Paine, Agrarische Gerechtigkeit

Parijs, Philippe van: Warum Surfer durchgefüttert werden sollten - Liberales Plädoyer für ein bedingungsloses Grundeinkommen, in: Bedingungsloses Grundeinkommen - Grundlagentexte, herausgegeben von Philip Kovce und Birger P. Priddat, Suhrkamp 2019, zitiert: Parijs, Warum Surfer durchgefüttert werden sollten

Peter, Carl: Geschichte Roms in drei Bänden, 3. Aufl. 1871, zitiert: Peter, Geschichte Roms, Bd.

Pfau, Ruth: Das Herz hat seine Gründe, Herder 2003, zitiert: Pfau

Pieper, Josef: Thomas von Aquin - Leben und Werk, Topos Taschenbücher 2014, zitiert: Pieper, Thomas von Aquin

Piketty, Thomas: Das Kapital im 21. Jahrhundert, C.H.Beck 2014, zitiert: Piketty, Kapital

Platon: Politeia, in: Sämtliche Werke Bd. 2, rororo 32. Aufl. 2008, zitiert: Platon, Politeia

Platon: Nomoi, in: Sämtliche Werke Bd. 4, rororo 23. Aufl. 2009, zitiert: Platon, Nomoi

Plutarch: Grosse Griechen und Römer, Artemis&Winkler, 3. Aufl. 2010, zitiert: Plutarch, (Biographie), Bd.

Popper-Lynkeus, Josef: Die allgemeine Nährpflicht als Lösung der sozialen Frage, in: Bedingungsloses Grundeinkommen - Grundlagentexte, herausgegeben von Philip Kovce und Birger P. Priddat, Suhrkamp 2019, zitiert: Popper-Lynkeus, Allgemeine Nährpflicht

Precht, Richard David: Jäger, Hirten, Kritiker, Goldmann-Verlag 2018, zitiert: Precht, Jäger, Hirten, Kritiker

Rawls, John: Eine Theorie der Gerechtigkeit, Suhrkamp Taschenbuch Bd. 271, 21. Aufl. 2019, zitiert: Rawls, Gerechtigkeit

Ricardo, Daniel: Über die Grundsätze der politischen Ökonomie und der Besteuerung, Metropolit-Verlag 2006, zitiert: Ricardo, Grundsätze

Rifkin, Jeremy: Das Ende der Arbeit und ihre Zukunft, Fischer-TB-Verlag 2011, zitiert: Rifkin, Ende der Arbeit

Rifkin, Jeremy: Die empathische Zivilisation, Fischer-TB-Verlag 2012, zitiert: Rifkin, Emphatische Zivilisation

Rifkin, Jeremy: Die Null-Grenzkosten-Gesellschaft, Campus-Verlag 2014, zitiert: Rifkin, Null-Grenzkosten

Roper, Lyndal: Der Mensch Martin Luther, S. Fischer 2016, zitiert: Roper, Luther

Rosa, Hartmut: Resonanz - eine Soziologie der Weltbeziehung, Suhrkamp 2016, zitiert: Rosa, Resonanz

Roth, Rainer: Zur Kritik des bedingungslosen Grundeinkommens, DVS 2006, zitiert: Roth, Kritik des BGE

Rousseau, Jean-Jaques: Abhandlung über den Ursprung und die Grundlagen der Ungleichheit unter den Menschen, Reclam1998, zitiert: Rousseau, Ungleichheit

Rousseau, Jean-Jaques: Der Gesellschaftsvertrag oder Prinzipien des Staatsrechts, Maris-Verlag 2. Aufl. 2012, zitiert: Rousseau, Gesellschaftsvertrag

Rüther, Tobias: Wir wollten doch erwachsen werden, in: FAS v. 14.4.2019, zitiert: Rüther, Wir wollten doch erwachsen werden

Ruland, Franz: Grundrente ohne Sinn und System, in: FAZ v. 8.4.2019, S. 20, zitiert: Ruland, Grundrente ohne Sinn und System

Russell, Bertrand: Lob des Müßiggangs, Coron-Verlag Zürich 1950, zitiert: Russell, Lob des Müßiggangs

Russell, Bertrand: Wege zur Freiheit - Sozialismus, Anarchismus, Syndikalismus, in: Bedingungsloses Grundeinkommen - Grundlagentexte, herausgegeben von Philip Kovce und Birger P. Priddat, Suhrkamp 2019, zitiert: Russell, Wege zur Freiheit

Sautter, Udo: Geschichte der vereinigten Staaten von Amerika, Kröner Verlag 1976, zitiert: Sautter, Geschichte der USA

Schirrmacher, Frank: Ego – Das Spiel des Lebens, Blessing-Verlag 2013, zitiert: Schirrmacher

Schmid, Carlo: Erinnerungen, Scherz Verlag 1980, zitiert: Schmid, Erinnerungen

Schmidt, Georg: Die Reiter der Apokalypse - Geschichte des dreissigjährigen Krieges, Verlag C.H.Beck 2018, zitiert: Schmidt, Reiter der Apokalypse

Smith, Adam: Der Wohlstand der Nationen, Verlag Zweitausendeins 2009, zitiert: Smith, Wohlstand der Nationen, Buch, Kapitel

Spence, Thomas: Das Gemeineigentum am Boden, Elibron Classics 2007, zitiert: Spence, Gemeineigentum

Spence, Thomas: Die Rechte der Kinder, in: Bedingungsloses Grundeinkommen - Grundlagentexte, herausgegeben von Philip Kovce und Birger P. Priddat, Suhrkamp 2019, zitiert: Spence, Die Rechte der Kinder

Stegner, Ralf: Wider die menschliche Natur, in: Philip Kovce, Soziale Zukunft - Das bedingungslose Grundeinkommen - Die Debatte, Verlag freies Geistesleben 2017, zitiert: Stegner, Wider die menschliche Natur

Steiner, Udo: Sozialstaat ohne Sozialverfassung, in FAZ v. 18.4.2019, S. 18, zitiert: Steiner, Sozialstaat ohne Sozialverfassung

Steinkopf, Leander: Die anderen haben niemals recht, in: FAS v. 20.1.2019, S. 42, zitiert: Steinkopf, Die anderen haben niemals recht

Straubhaar, Thomas: Radikal gerecht; wie das bedingungslose Grundeinkommen den Sozialstaat revolutioniert, Edition Körper-Stiftung 2017, zitiert: Straubhaar, Radikal gerecht

Strenger, Carlo: Diese verdammten liberalen Eliten - wer sie sind und warum wir sie brauchen, Suhrkamp 2019, zitiert: Strenger, Eliten

Ströbele, Hans-Christian: Grundrechte lassen sich nicht kürzen, in: Philip Kovce, Soziale Zukunft - Das bedingungslose Grundeinkommen - Die Debatte, Verlag freies Geistesleben 2017, zitiert: Ströbele, Grundrechte lassen sich nicht kürzen

Tabatabai, Hamid: Der Iran ersetzt Preissubventionen durch Direktzahlungen an alle, in: BIEN-CH, www.bien-ch.ch (Zugriff am 4.9.2013), zitiert: Tabatabai, Der Iran ersetzt Preissubventionen durch Direktzahlungen an alle

Tacitus: Annalen, Kröner Verlag 1964, zitiert: Tacitus, Annalen, Buch, Kapitel

Taureck, Bernhard H. F.: Die Menschenwürde im Zeitalter ihrer Abschaffung, in: Bedingungsloses Grundeinkommen - Grundlagentexte, herausgegeben von Philip Kovce und Birger P. Priddat, Suhrkamp 2019, zitiert: Taureck, Menschenwürde

Taylor, Charles: Kapitalismus ist unser faustischer Pakt, in: DIE ZEIT 2005, Nr. 19, abgerufen in ZEIT-ONLINE am 4.4.2019, zitiert: Taylor, Kapitalismus, Die Zeit

Taylor, Charles: Das Unbehagen an der Moderne, Suhrkamp Taschenbuch Wissenschaft, 10. Aufl. 2018, zitiert: Taylor, Das Unbehagen an der Moderne

Taylor, Charles: Multikulturalismus und die Politik der Anerkennung, Suhrkamp Taschenbuch Wissenschaft, 3. Aufl. 2017, zitiert: Taylor, Multikulturalismus und Anerkennung

Thanner, Hans-Ulrich: Die französische Revolution, Verlag C.H.Beck, 2. Aufl. 2006, zitiert: Thanner, Französische Revolution

Tiedemann, Paul: Flüchtlingsrecht, Springer 2015, zitiert, Tiedemann, Flüchtlingsrecht

Tocqueville, Alexis de: Über die Demokratie in Amerika, Reclam 2014, zitiert: Tocqueville, Amerika

Tolstoi, Leo: Wieviel Erde braucht der Mensch?, Anaconda 2009, zitiert: Tolstoi, Wieviel Erde braucht der Mensch

Vobruba, Georg: Die Entflechtung von Arbeiten und Essen - Lohnarbeitszentrierte Sozialpolitik und garantiertes Einkommen, in: Bedingungsloses Grundeinkommen - Grundlagentexte, herausgegeben von Philip Kovce und Birger P. Priddat, Suhrkamp 2019, zitiert: Vobruba, Entflechtung von Arbeiten und Essen

Vanderborght, Yannick / Van Parijs, Philippe: Ein Grundeinkommen für alle?, Campus-Verlag 2005, zitiert: Vanderborght/van Parijs, Grundeinkommen

Weber, Max: Die protestantische Ethik und der Geist des Kapitalismus, Verlag C.H.Beck, 3. Aufl. 2010, zitiert: Weber, Protestantische Ethik

Weber, Petra: Carlo Schmid - Eine Biographie, Verlag C.H.Beck 1996, zitiert: Weber, Carlo Schmid

Weizsäcker, Carl Friedrich von: Der Mensch in seiner Geschichte, Carl Hanser Verlag 1991, zitiert: Weizsäcker, Der Mensch in seiner Geschichte

Werner, Götz: Ein Grund für die Zukunft: das Grundeinkommen, Verlag Freies Geistesleben, 6. Aufl. 2010, zitiert: Werner, Ein Grund für die Zukunft

Werner, Götz: Einkommen für alle, Bastei Lübbe 2008, zitiert: Werner, Einkommen für alle

Wilkens, Werner: Grundeinkommen im Iran, in: Netzwerk Grundeinkommen, www.grundeinkommen.de/08/02/2011 (Zugriff am 4.9.2013), zitiert: Wilkens, Grundeinkommen im Iran

Wilkens, Werner: Erfahrungen mit Grundeinkommen im Iran, in: Netzwerk Grundeinkommen, www.grundeinkommen.de/22/05/2012, (Zugriff am 4.9.2013), zitiert Wilkens, Erfahrungen mit Grundeinkommen

Willms, Johannes: Tugend und Terror - Geschichte der französischen Revolution, Verlag C.H.Beck 2014, zitiert: Willms, Tugend und Terror

Winkler, Heinrich August: Die Geschichte des Westens - von den Anfängen in der Antike bis zum 20. Jahrhundert, Verlag C.H.Beck, 4. Aufl. 2015, zitiert: Winkler, Geschichte des Westens, Bd. 1

Winkler, Heinrich August: Die Geschichte des Westens - Vom kalten Krieg zum Mauerfall, Verlag C.H.Beck 2014, zitiert: Winkler, Geschichte des Westens, Bd. 3

Zamoyski, Adam: Napoleon - Ein Leben, Verlag C.H.Beck 2018, zitiert: Zamoyski, Napoleon